QUAND NOS ANCÊTRES PARTAIENT POUR L'AVENTURE

DU MÊME AUTEUR

Aux Éditions Mengès

Chasseur d'ancêtres, 1980. Repris sous le titre : *Comment retrouver vos origines*, Le Livre de Poche, n° 7789.

Le Livre d'or de notre famille, 1986.

Aux Éditions Trévise

Drôles d'ancêtres, 1981.

Aux Éditions Robert Laffont

Les Noms de familles et leurs secrets, 19880, Le Livre de Poche, n° 7996.

Ainsi vivaient nos ancêtres, 1989, et Éditions Marabout.

L'homme et son nom, 1992.

Aux Éditions Hachette

Les Schneider, une dynastie, 1986.

Aux Éditions Denoël

Votre arbre généalogique : passeport pour une enquête passionnante, 1989, Le Livre de Poche, 1997.

Les Prénoms et leurs secrets, 1990.

Histoires de familles, 1990.

Aux Éditions Marabout

ABC de la Généalogie, 1992. Repris sous le titre : *La Généalogie facile*, 1996.

Télématique

36.17 RACINA, base de données sur les noms de famille et service télématique où Jean-Louis Beaucarnot peut être consulté.

À paraître en 1997

Aux Éditions des Presses Universitaires de France

La Généalogie, coll. « Que sais-je ? »

Aux Éditions Marabout

Premiers pas en Généalogie

Aux Éditions Calmann-Lévy

Nom de Noms !

Publiés à compte d'auteur

Entre Arroux et Bourbince; L'Odyssée des familles, 1978.

Entre Arroux et Bourbince; Dictionnaire des familles, 1979.

JEAN-LOUIS BEAUCARNOT

QUAND NOS ANCÊTRES PARTAIENT POUR L'AVENTURE

JC Lattès

Pour Emmanuel et Hippolyte,
afin de leur donner le goût de l'aventure.

INTRODUCTION

27 septembre 1764.

En pleine nuit, la foudre vient de s'abattre sur la ferme d'Antoine Journiat, à Lanobre, près de Champs-sur-Tarentaise, en Auvergne. L'alerte aussitôt donnée, les hommes se hâtent de partout, bien démunis contre le vent qui attise les flammes. En quelques minutes, la grange, pleine du foin et des moissons de l'été, se transforme en un gigantesque brasier. Les flammes s'élèvent dans la nuit, la pluie tombe à verse, les paysans hurlent. Quatre hommes, en effet, s'y étaient réfugiés.

Quatre hommes venus de loin, quatre « estrangers ». Vers la fin de l'après-midi, après avoir marché sous un soleil de plomb, ils avaient frappé à la porte d'Antoine Journiat, portant sur leur dos une hotte pleine de trésors qu'ils avaient ouverte devant l'assistance ébahie : de la verroterie, des boutons, des rubans, des images d'Épinal aux couleurs vives..., autant de merveilles auxquelles il était difficile de résister. Et personne ne l'avait fait, chacun s'offrant un menu plaisir. Mais la hotte était à peine refermée que l'on avait entendu le roulement sourd du tonnerre et les quatre hommes avaient demandé s'ils pouvaient passer la nuit au sec, dans la grange.

Tous quatre sont des « merciers-colporteurs ». Il s'agit

d'Augustin Rolland et de ses compagnons, venus à pied d'on ne sait où, de la région de Thiers peut-être, ou du massif de l'Oisans, en Dauphiné, de Villars-de-Lans ou de Bourg, à plus de cent lieues de Lanobre, soit à plus de quatre cents kilomètres. Chez eux, ils sont paysans, mais chaque année, à l'approche de l'automne, ils partent sur les chemins pour une saison de colportage. Ils ont entre trente et cinquante ans ; ils sont sans doute mariés et pères de famille. Ils pourraient être — ils sont peut-être — vos ancêtres. S'en sortiront-ils vivants ? Reverront-ils leur village, leur femme et leurs enfants ?

Ils sont des milliers, comme eux, qui parcouraient autrefois chaque année les routes de notre pays. Des milliers d'hommes, simples et anonymes, qui cheminent à la recherche d'une vie meilleure. Des milliers d'hommes qui jouent chaque jour un formidable quitte ou double avec la vie. Des milliers d'hommes qui, un beau matin, partent pour l'aventure. Car c'est bel et bien une aventure qu'ils vont vivre et poursuivre : une aventure à la fois folle, dangereuse et extraordinaire. En un temps où l'on a son hameau et sa paroisse pour seul univers, ces hommes vont tout quitter pour faire tourner la roue de la fortune. Ainsi, en cette nuit du 27 septembre 1764, le destin d'Augustin Rolland et de ses compagnons peut s'arrêter brusquement dans cette grange en feu de Lanobre, comme il peut les conduire à l'autre bout de la France ou du monde.

Leur condition aurait voulu qu'ils meurent chez eux, dans leur village, auprès des leurs, aussi pauvres que leurs parents, et voilà qu'ils se sont dressés contre elle, comme le font bien d'autres, avec toutes les variantes possibles. Le Béarnais Jacques Sourdens, le Creusois Martin Duphot, l'Alsacien Didier Stemmer, l'Aveyronnais Jean Laveissière, le Dauphinois Émile Charpenel, tous fils de petits paysans, tous partis un jour, à pied, de leur village natal, mourront. Le premier, seul, dans la chambre basse et sombre d'une auberge de campagne au bord d'une route, le deuxième en tombant d'un échafaudage dans le Paris en pleins travaux du baron Haussmann, le troisième du choléra, en Algérie, entre deux Arabes en turban, le quatrième, dans un château — *son* château — en région parisienne et le cinquième multimillionnaire, à Mexico.

Destins divers et émouvants. Destins qui ont toujours provoqué mon admiration, chaque fois qu'au cours de mes recherches généalogiques, j'ai eu l'occasion de les rencontrer ou de les croiser, qu'il s'agisse de l'étranger inconnu retrouvé mort dans un chemin creux et dont le curé, dans son acte de sépulture, va se contenter de décrire les vêtements, ou de l'artisan de passage qui se fixe à l'endroit où il a succombé aux charmes de quelque blonde. Les uns ont été mes ancêtres. Les autres, non. Peu importe... A chaque fois, je me suis demandé ce qui avait bien pu les amener ici et quelle avait été leur route. Et un jour, j'ai voulu savoir, savoir pourquoi Augustin Rolland et ses compagnons dormaient ce soir-là dans cette grange foudroyée, savoir comment Jean Laveissière ou Émile Charpenel étaient devenus millionnaires.

J'ai voulu les approcher et les observer, connaître leurs métiers, leurs habitudes, mesurer leur pari, leur courage. Et, en les étudiant — maçons de la Creuse, bougnats auvergnats, colporteurs dauphinois ou ramoneurs savoyards —, j'en ai découvert d'autres, cheminant auprès d'eux, animés des mêmes forces et des mêmes espoirs, et tout aussi attachants : porteurs d'eau aveyronnais, scieurs de long foréziens, galvachers morvandiaux, rouliers jurassiens, instituteurs ubayiens, châtreurs béarnais, taupiers normands... Sur ces mêmes routes, j'ai eu la surprise de rencontrer aussi des femmes, comme les nourrices bourguignonnes ou les bonnes bretonnes, et de croiser d'autres individus encore, partis de leur pays pour l'amour de Dieu, du roi ou de la patrie, protestants chassés lors de la révocation de l'édit de Nantes, nobles suivant l'armée des Princes en exil pour échapper à la guillotine, Alsaciens quittant leur province devenue allemande... Sur les mers, enfin, j'ai croisé les Normands partis conquérir la Nouvelle-France, les Basques embarqués pour la Pampa argentine, les riches cotonniers corses établis à Porto Rico ou encore les Alsaciens participant à la ruée vers l'or.

Tous ces hommes et ces femmes aux destins attachants, me sont apparus à la fois lointains et très proches, tant ils ressemblent, par bien des aspects, aux migrants de notre XXe siècle : Russes blancs réfugiés à Paris, Arméniens fuyant le génocide, Polonais venus travailler dans nos mines, maçons italiens, bonnes espagnoles ou concierges portugaises... Bien avant Linda de Suza, des milliers d'hommes et de femmes ont porté aussi leur « valise en carton ». Tous ont voulu tenter leur chance, gagner leur « Far West ». Tous ont vécu des nuits d'angoisse et d'orage comme Augustin Rolland et ses compagnons en ce 27 septembre 1764.

Tous m'ont passionné et je fais ici le pari de vous passionner à mon tour en vous racontant leur histoire, l'histoire de ce qu'ils ont vécu en partant pour l'aventure.

CHAPITRE PRÉLIMINAIRE

Par monts et par vaux : la longue marche de nos ancêtres

On croyait les routes d'autrefois désertes et nos ancêtres sédentaires et voici que sur les routes, à travers bois et forêts, par les ponts ou par les gués, on découvre une formidable humanité qui va et qui vient, sans cesse, à pied, à cheval, en voiture, en chariot ou en diligence !

Hommes ou femmes, civils ou militaires, riches ou pauvres, jeunes ou vieux, ils vont en effet par monts et par vaux, seuls ou en bandes. Si les hommes sont les plus nombreux, on verra bientôt certaines femmes les imiter et des familles entières prendre elles aussi la route.

Aux côtés des civils, de loin majoritaires et généralement pauvrement vêtus, un simple balluchon à l'épaule, d'autres cheminent en uniforme, courbés sous le poids de leur havresac, soldats réformés, permissionnaires, déserteurs ou encore militaires inactifs aux temps lointains des armées de mercenaires. A chaque trêve, celles-ci jetaient en effet des hordes de soudards par les chemins, comme elles y jetaient, en temps de guerre, des légions de déracinés et de sinistrés dont on avait rasé ou pillé les maisons. Sans oublier les pitoyables convois de galériens, en marche vers les bagnes de Brest, de Rochefort, de Marseille ou de Toulon, encadrés d'argousins féroces et chargés de fers et de boulets aux résonances presque aussi sinistres que les crécelles des lépreux d'antan.

Ces miséreux croisent parfois les riches équipages de seigneurs voyageant dans de superbes carrosses ou de luxueuses chaises de postes : nobles se rendant à la cour ou regagnant leurs terres, accompagnés de leur suite de laquais, chapelains, secrétaires et caméristes. Ils croisent aussi les colonnes des pèlerins se rendant aux lieux saints, principalement à Saint-Jacques-de-Compostelle, tout à l'ouest de la péninsule ibérique.

Jeunes ou vieux, ils cheminent seuls ou de compagnie, tels les compagnons faisant leur « tour de France » ou les maçons marchois, les gavots de Provence ou les scieurs de long foréziens, certains même accompagnés d'animaux. Dans les pays du sud, les bergers transhumants se déplacent avec d'énormes troupeaux que l'on entend venir de loin comme une armée en marche, avec le tintement de leurs sonnailles. Les montreurs d'ours pyrénéens déambulent suivis de leurs plantigrades et les ramoneurs savoyards s'en vont leur marmotte à l'épaule. Les marchands de bestiaux du Cantal ou de la Planèze se rendent jusqu'en Poitou ou en Charente pour y vendre leurs mulets, alors que les muletiers du Vivarais ou du Velay sillonnent la vallée du Rhône. Marchant au train de leurs bêtes bâtées, au son des grelots et des clochettes, ils descendent des grains, du seigle, des lentilles, des pois, des échalas de vigne ou de la fourme d'Auvergne, et remontent des vins des côtes du Rhône, de l'huile d'olive, du sel, des figues fraîches ou confites. Les emboucheurs du Brionnais ou du Charolais vont vendre leurs bœufs au marché de Poissy, près de Paris, depuis qu'Émiland Mathieu, le riche fermier du seigneur d'Oyé, en a eu le premier l'idée, en 1747, lors d'un voyage de dix-sept jours qui lui avait valu de perdre bien des bêtes en route.

Tous vont et viennent, se croisent et se recroisent, foule grouillante parcourant la France en tous sens et franchissant quelquefois ses frontières.

Si la majorité va à pied, marcheurs infatigables que l'on appelle les « pieds poudreux », d'autres empruntent les rivières et les fleuves, en bateau ou en coches d'eau, transformant la moindre voie d'eau navigable en une véritable autoroute. Dès que le chemin de fer le leur permettra, ils se retrouveront entassés sur les impériales des premiers wagons de voyageurs, puis sur les bancs de bois des voitures de troisième classe, à destination des villes, des ports ou souvent de la capitale.

Qui sont-ils, où vont-ils, que font-ils?

Dans leur immense majorité, nos ancêtres habitent la campagne. Travaillant inlassablement, gagnant peu et vivant chichement, toutes les occasions d'arrondir les fins de mois sont pour eux les bienvenues.

Beaucoup, chaque année, s'en vont travailler dans les régions voisines qui leur offrent des embauches temporaires. C'est, en Provence, la cueillette des olives; dans le Vaucluse, celle des fraises et de la garance; près d'Orange, le « démariage » des betteraves. En Languedoc, l'élevage des vers à soie attire les populations cévenoles. En Vivarais, les hommes descendent en forêt d'Uzès comme « écorceurs de tan » : ils fendent puis arrachent de haut en bas l'écorce du chêne-vert qui sera vendue aux tanneurs. Dans le Lyonnais et le Bugey, ils vont, comme terrassiers, entretenir les étangs de la Dombes. Ailleurs, on va, à la fin de l'été, « battre » le blé, au fléau. Nombreux sont alors ceux qui se font embaucher quelques semaines comme moissonneurs ou vendangeurs, profitant du décalage de saisons entre les montagnes et les plaines. Leurs récoltes faites, ils s'en vont faire celles des régions voisines. Hommes et femmes de l'île d'Yeu passent ainsi en masse, par barques, pour aller moissonner en Bretagne. Par équipes nombreuses, qu'ils appellent des « soques », les habitants de la Haute-Provence gagnent les plaines du bas Rhône, emmenant avec eux leurs femmes qui lieront les gerbes. Le Bassin parisien attire chaque été des milliers de moissonneurs, arrivant avec leur faucille, leur « sape » ou leur faux, et cela jusqu'à ce que le tracteur et les faucheuses mécaniques ne viennent y mettre un terme. Les vendangeurs, en automne, sont également nombreux, tant l'ancienne France est couverte de vignobles qui proposent autant de chantiers temporaires. En 1848, le canton de Villefranche de Beaujolais accueille à lui seul un millier de vendangeurs. Le travail est pénible et mal payé, les conditions inconfortables. Peu importe, on sait s'en accommoder, comme le prouve cette chanson populaire que l'on chante tout au long de la route :

Allons en vendange pour gagner cinq sous,
coucher sur la paille, ramasser des poux,
manger du fromage, qui pue comme la rage,
boire du vin doux qui fait aller partout.

A qui ces travaux ne suffisent pas, il est bien sûr possible de rejoindre les villes, toujours riches en emplois de tout genre. A Toulouse, les « pariés », originaires des hautes vallées ariégeoises de Massat et de Soulan viennent effectuer des travaux de force. Les « gavots » ou « gavouas » des Hautes et Basses-Alpes se laissent volontiers tenter par les villes du sud : Aix, Hyères, Toulon. Marseille surtout, comme les autres grandes villes, attire sur un large rayon, du Languedoc à la Corse, des gars sans cesse plus nombreux, qui y seront « décrotteurs-cireurs », débardeurs ou « portefaix » sur le port. Beaucoup ne font qu'y séjourner à la morte-saison, retournant ensuite au pays pour reprendre leur métier d'agriculteurs. D'autres s'y précipitent comme gagne-deniers, allant par exemple, dès que le printemps arrive, y vendre des pissenlits, de la doucette — sorte de mâche sauvage — des jonquilles ou des fromages blancs. Tous ces hommes appartiennent donc à la fois aux deux mondes très différents que sont alors celui des campagnes et celui des villes. Et c'est tant mieux pour eux, car ceux qui se fixent dans les villes doivent souvent s'entasser dans des faubourgs sordides, encore proches des campagnes, avec prés, étables et porcheries. Dans ces faubourgs, ils vivent généralement sous-payés et méprisés, se marginalisant rapidement et y faisant rarement souche. La ville, alors, est souvent une impasse.

Au fil des temps, cependant, sont apparues d'autres formes de migrations. Moissons et vendanges, villes et faubourgs n'ont plus suffi à répondre à un besoin profond qui s'est surtout fait ressentir dans les régions déshéritées, à commencer par les massifs montagneux. Que ce soit dans le Massif central, le Jura, les Alpes ou les Pyrénées, les mêmes raisons ont poussé nos ancêtres à partir chercher une vie meilleure. Le climat est rude et les sols pauvres et accidentés. Les terres, ingrates et froides, ne permettent guère de cultiver le blé, ne laissant pousser correctement que le seigle, la « petite avoine » ou le sarrasin, avec des rendements dérisoires. Rapidement épuisées, elles doivent souvent rester plusieurs années en jachères.

Dans toutes ces régions, les exploitations agricoles sont, par ailleurs, trop petites et les anciennes coutumes successorales, privilégiant souvent le droit d'aînesse et la dotation des filles mariées, font que beaucoup d'agriculteurs ne peuvent posséder ou, tout simplement, exploiter une surface suffisante pour nourrir leur famille. Mais pour acheter des terres, pour agrandir les leurs — vieux rêve de tous les paysans —, encore faut-il de l'argent, et l'argent, justement, fait dramatiquement défaut dans ces régions. Il y est si rare que, chaque année, le paiement de la taille sous l'Ancien Régime, puis de l'impôt, met le paysan dans une situation tragique et le force souvent à aller frapper à la porte d'un usurier. Que ce soit pour acquérir des terres, payer leurs impôts, rembourser leurs dettes, ou tout bonnement pour s'acheter les quelques biens, chaussures ou vêtements qui leur sont nécessaires, les hommes doivent donc trouver des solutions pour gagner de l'argent.

Ajoutons à cela qu'un hiver plus rigoureux, un printemps trop pluvieux, un été humide ou orageux, compromettent facilement la survie de ce monde qui vit en autarcie.

Sans oublier l'épidémie qui guette toujours les hommes et le bétail, ou, plus simplement, une hausse d'impôts, les frais d'un mariage un peu trop fêté, quand ce ne sont les dépens d'un procès ruineux comme on aime alors à en intenter.

Où trouver cet argent ? Les villes sont rares, à l'exception de quelques bourgs, dénués généralement d'artisanat et d'ateliers et qui ne sauraient en tous les cas absorber le trop-plein de main-d'œuvre des villages dont la population ne cesse, par ailleurs, d'augmenter. L'Auvergne, si elle fournit, dès la fin du XVIIe siècle, quelque dix à douze mille migrants, affiche en 1789 le taux record de 65 habitants au km^2 et, en cinquante ans, de 1801 à 1851, la Creuse passe de 218 000 à 287 000 habitants. Pour ces régions, un délestage régulier de population est donc indispensable, et le phénomène de migration y est attesté depuis longtemps. Dès 1428, on trouve des gens du massif alpin de l'Oisans qui sillonnent la France. Sous Louis XI, des Limousins sont signalés à Arras et, dès le XVe siècle, des Queyrassins gagnent régulièrement la Provence et l'Italie, et des Auvergnats l'Espagne.

En 1790, avec ses vingt-huit millions d'habitants, la France fait figure de « Chine de l'Europe ». Elle peut fournir tous les apports de population nécessaires à ses voisins, et se suffit largement à elle-même. En dehors des frontaliers, elle reçoit donc peu d'étrangers. Les Italiens venus en France sous les Valois, à la suite de Catherine de Médicis, n'ont été qu'une poignée d'artistes et d'aventuriers en rien représentative. Les Polonais montreurs d'ours, les Italiens « blanchisseurs d'églises », travaillant le plâtre et la chaux, les rempailleurs de chaises venus de Vénétie sont tous des cas ponctuels. Les colonies écossaises de Dieppe ou d'Aubigny-sur-Nère et de Saint-Martin-d'Auxigny, en Berry, restent des exceptions, tout comme les Suédois que Colbert fait venir dans les forêts françaises pour y fabriquer le goudron et le brai nécessaires à la construction navale. Il y a, à cette époque, beaucoup plus de familles françaises à l'étranger que d'étrangers en France.

Dans certaines régions désertiques comme le Quercy ou le Périgord ou dans des provinces ruinées par les guerres, comme l'est de la France à l'issue de celle de Trente ans, le roi, les seigneurs, les abbés, avaient parfois eu recours à des politiques de repeuplement. Au XVIe et au XVIIe siècle, on avait fait plusieurs fois appel aux « forains » (autrement dit, à ceux de l'extérieur, selon le vieux mot *foris* signifiant « dehors ») qui étaient arrivés regroupés en « frérèches », associations le plus souvent entre frères, pour remettre en culture des terres en friches qu'on leur concédait. Les hommes des régions trop peuplées, comme les Limousins, les Auvergnats, les Bretons, les Saintongeais ou les Béarnais, avaient alors suffi.

Mais au XVIIIe siècle, ces « soupapes » n'existent plus et les habitants des régions surpeuplées doivent trouver d'autres solutions. La plus fréquente sera celle des migrations saisonnières, qu'adopteront alors massivement la plupart des populations montagnardes. Nos armées de migrants rencontrées par les routes proviennent donc essentiellement des régions de montagnes déversant leur trop-plein dans les plaines.

Dans toutes ces régions où l'hiver empêche, de longs mois durant, de cultiver les terres, les hommes ont tout naturellement songé à mettre à profit cette période d'inactivité. Dès les premiers frimas, ils prennent donc les routes, après avoir fait les semailles d'automne et avant que la neige ne vienne bloquer les chemins, soit dès septembre dans les Alpes, entre la mi-octobre et la Saint-Martin d'hiver, fêtée le 11 novembre, dans les autres régions, pour ne revenir qu'au printemps, pour la reprise des travaux, au plus tard à la Saint-Jean-le-Bouillant, le 24 juin, qui marque souvent le début de la fenaison. Leur voyage durant de six à neuf mois, ils sont absents plus de la moitié de l'année, laissant à la ferme le reste de leur famille. En hiver, les villages de ces régions ne comptent donc alors pratiquement aucun homme valide. La femme assure la survie de la maison, aidée des vieux et des enfants, à moins que la vie communautaire, en regroupant plusieurs générations et plusieurs ménages, ne fournisse suffisamment de bras à la ferme.

De ce fait, ces régions connaissent des démographies perturbées. Malgré le vieux dicton : « A Pâques, on marie les ânes, à la Saint-Jean les bons enfants », c'est entre mai et octobre que se font les mariages, et surtout à la fin d'août et en septembre, entre la fin des travaux d'été et les départs pour les plaines. A Mollèdes, en Haute-Auvergne, où les hommes partent comme terrassiers, la moitié des unions est célébrée entre juin et septembre. Par voie de conséquence, les naissances ont lieu surtout entre février et juin, les femmes accouchant souvent seules en hiver et au printemps. Le curé de Sauvain, en Haute-Loire, qui procède à quarante-trois baptêmes en 1776, note quarante-trois fois « père absent ». Les villages sont véritablement saignés de leurs éléments mâles : à Sainte-Foy-Tarentaise, durant l'hiver 1779, on ne trouve que 385 hommes — le plus souvent de jeunes enfants et des vieillards — contre 766 femmes et filles. Les femmes mariées vivent comme des veuves en attendant le retour du migrant et l'on imagine sans peine combien leurs maisons risquent alors de devenir la proie des voleurs, « chauffeurs » et autres gens mal intentionnés. Seuls les migrants maçons vivent au rythme inverse, le gel et les intempéries fermant les chantiers durant l'hiver. Ceux de la vallée du Giffre, en Savoie, doivent attendre jusqu'en mai que la fonte des neiges leur permette de prendre la route en même temps que les charpentiers. Les maçons émigrent donc l'été, se marient à la fin de l'hiver, mais ils laissent alors à leur femme, à leurs enfants ou à leurs parents la lourde charge des travaux d'été.

Le plus souvent — c'est là une autre caractéristique de ce phénomène —, tous ces migrants partent avec l'idée de retour, et de retour, sinon riches, du moins nantis d'un petit pécule. Pourtant, tous ne rentrent pas, et cela pour diverses raisons.

Ces voyages sont longs et fatigants, et même si nos ancêtres sont de grands marcheurs, bien des dangers jalonnent leur route. Les pages des cahiers paroissiaux, où les curés consignaient autrefois les décès, sont remplies des actes de sépulture de ces voyageurs. Les registres des hôpitaux et hôtels-Dieu en regorgent également, particulièrement ceux situés sur les grands axes de communication.

Un coup de froid, un coup de soleil peuvent s'avérer mortels et les caprices de la météorologie obligent constamment nos voyageurs à braver les giboulées, les vents, le grésil, la neige, aussi bien que la canicule ou les orages qui les font patauger dans la boue lourde et gluante.

Les routes elles-mêmes sont dangereuses. Les gués comme les bacs, principalement en période de crue, sont périlleux. Les chiens errants rôdent partout; dans les bois, les loups suivent les marcheurs de loin et les agressent parfois.

Les accidents sont nombreux : une grange qui s'écroule sur des dormeurs, une auberge qui brûle. Mais le principal fléau n'est autre que l'homme, toujours prêt à détrousser le marcheur solitaire, voire à l'égorger dans quelque fourré pour lui dérober le maigre pécule ou les quelques louis d'or, fruits de sa saison de travail, qu'il serre dans sa ceinture ou cache dans son balluchon. Malheur à l'homme seul! Même en haillons, celui qui chemine ainsi par les routes est toujours soupçonné d'avoir quelques écus, et au coin des bois, au passage des ponts, à l'auberge même, le voleur est là, gourdin en main, prêt à lui faire un mauvais sort. Sur le coche d'eau, le marinier ou un compagnon de route le pousseront volontiers à l'eau pour s'approprier le magot.

D'autres fois, bagarres et règlements de compte à coups de bâton, à jets de pierres ou à mains nues, entre migrants rivaux ou concurrents, entre hommes de villages voisins et ennemis se retrouvant sur la route, se terminent mal. Des rixes éclatent souvent à la sortie des auberges que les gars quittent éméchés.

D'autre part, l'alimentation de nos voyageurs est souvent mal équilibrée; les épidémies font fréquemment rage dans les provinces traversées. « De la peste, de la famine, de la guerre, préservez-nous, Seigneur », prient-ils régulièrement, ajoutant parfois « de l'aubaine, de l'échute et des robins. »

L'*aubaine*, c'est le droit permettant au seigneur de la terre sur laquelle un étranger est décédé en route de récupérer sa succession; l'*échute*, c'est, en Savoie, le droit du propriétaire sur les biens de ses gens morts à l'étranger; les *robins*, ce sont tous les hommes de loi, toujours prêts à vous pousser aux procès et à vous réclamer les honoraires. La route de l'aventure est tout au long semée d'embûches.

Dans bien des cas, donc l'homme ne reviendra pas. Pierre Baud, rémouleur originaire de Mégevette, en Savoie, meurt à trente-quatre ans à l'hôpital Saint-Charles de Nancy, le jour de la Noël 1781. Esprit Collomb, colporteur de Maurienne, tombe malade à Pontaubault, près du Mont-Saint-Michel, dans un cabaret où il a l'habitude de s'arrêter et y meurt, un mois plus tard, à trente-huit ans, en septembre 1779. Le maçon Jean Peuchevrier, âgé d'environ quarante-huit ans et natif de Saint-Agnan-en-Versillat, qui a quitté son chantier, à Paris, suite à un violent mal d'estomac, meurt dans une chambre garnie de la « Cour-de-l'Homme-Armé », rue de la Mortellerie, en octobre 1789. Louis Galland, de Champagnat, meurt à Blanzy, en Bourgogne, en janvier 1739. Jean Bizet, de Briançon, tombe en juillet 1793 sur la route qui le conduit à la foire de Beaucaire...

Le corps de ces malheureux est inhumé par un curé qui, faute de papiers d'identité, se contente souvent de donner un signalement et une description de ses vêtements, insistant davantage sur le fait que le défunt avait ou non reçu les derniers sacrements de l'Église ou qu'il portait sur lui un chapelet, un crucifix, une bible ou quelque objet attestant sa religion. Mais combien de fois le pasteur se borne à indiquer que l'homme a été reconnu comme « chaudronnier overgnat » ou « maçon limousinant » par les outils qu'il portait. Si le mort est identifié, le curé fera passer un message à son homologue de sa paroisse d'origine, qui préviendra la famille. Faute de courrier, la nouvelle peut mettre des mois, mais elle a au moins le mérite d'arriver, alors que pour tous les non identifiés, elle ne parviendra jamais.

A côté de ces morts, il y a ceux qui, quoique bien vivants, ne rentreront pas, ne rentreront jamais. Ceux qui, sur la route, dans une auberge ou un village, aux abords d'un chantier, ont rencontré l'âme sœur; ceux qui se sont sédentarisés en ouvrant un commerce; ceux qui ont préféré la liberté à une famille asphyxiante ou à un père abusif qui, à leur retour, les dépouillait parfois de leurs gains; ceux qui, suite à quelque bêtise, craignant les démêlés avec la justice ou, au retour, la confrontation avec les parents, ont préféré s'engager dans l'armée, parfois décidés par les trois ou quatre rasades de vin offertes par le sergent-recruteur; ceux qui ont trouvé la fortune ou du moins une aisance confortable; ceux, aussi, qui ont eu moins de chance. Combien, en effet, n'ayant pas su résister à la tentation de doubler leur activité de quelque contrebande, que ce soit de sel, d'allumettes ou de tabac, se sont faits prendre par les douaniers! Beaucoup, suite à des rixes, parfois mortelles, à des rapines, souvent commises pour survivre, se sont retrouvés croupissant au fond de quelque cul-de-basse-fosse ou cachot sordide. La criminalité, on le sait, est fille de la misère, et celle-ci guette à tout instant nos migrants. Une mauvaise saison commerciale, une maladie, ne leur permettant pas de payer le voyage de retour, les contraignent au vagabondage, à la mendicité, à la marginalisation, faisant déjà d'eux, sous l'Ancien Régime, des « gibiers de prévôts ». La maréchaussée, brutale, ne leur reconnaîtra guère de circonstances atténuantes.

Pour toutes ces raisons, nos héros sont souvent mal vus. Premiers suspectés au moindre problème, ils ont pour principal défaut d'être « étrangers », c'est-à-dire « extérieurs à la province ». N'être pas « du coin » est en effet, dans les campagnes d'autrefois, le pire des forfaits. Boucs émissaires tout désignés, ils seront accusés de tous les crimes, soupçonnés de tous les vices, tenus pour responsables de toutes les catastrophes. Ce sont eux qui apportent les maladies, dépravent les mœurs, séduisent les filles. A n'en pas douter, ils ont le

« mauvais œil » et sont toujours prêts à jeter des sorts. Que le lait de la vache tarisse, on montre du doigt le migrant passé la veille. Volontiers, on les assimile aussi aux troupes de bohémiens, honnies à travers toutes les campagnes. Certains se voient carrément conspués sur les routes par les habitants des villages traversés. Leur accoutrement souvent typé et leurs manières les font remarquer. Leur jargon et leur accent rustiques ou inconnus inquiètent. On en rit volontiers; on les ridiculise. Chansonnettes et comptines populaires se moquent d'eux, traitant les Marchois de « mangeurs de châtaignes », les autres d'oies, de dindes, de gueux ou de baragouineurs, en référence à ces Bretons errants et demandant autrefois *bara gwen*, autrement dit du pain blanc.

Il faut donc beaucoup de courage à ces hommes, non seulement pour quitter leur village et leur famille, mais pour affronter la suspicion, les malveillances et les railleries qui les attendent tout au long de leur chemin.

Car les routes sont longues, de la Creuse à Paris ou des Alpes en Bourgogne. Pour les Auvergnats allant en Espagne, le voyage dure facilement un mois, si ce n'est deux! La marche est fatigante, même si nos ancêtres sont tous, par la force des choses, de grands marcheurs. Les étapes quotidiennes sont fréquemment de quarante à cinquante kilomètres. Le voyage coûte cher, particulièrement lorsque le migrant doit acquérir un stock de denrées pour les vendre au cours de sa tournée. Plusieurs doivent s'endetter pour partir, gonflant encore ce qu'Abel Poitrineau appelle la « sarabande des prêts ».

Même l'obtention d'un papier d'identité ou d'un passeport coûte cher. Or, à moins qu'il ne se contente d'un simple acte de baptême ou d'un certificat de catholicité, le voyageur doit, pour satisfaire aux obligations de la loi, porter sur lui un minimum de papiers. En principe, il doit avoir un passeport, établissant sa filiation et son origine, qu'il se procure aussi bien chez un juge que chez son curé, puis en mairie, après la Révolution. Mais ce document, revêtu de beaux sceaux de cire rouge ou du cachet de la municipalité, souvent mal conservé, se délite rapidement au fil des ans et des campagnes, et devient vite illisible, détrempé par les pluies ou les chutes dans les rivières, sali par la poussière. Pourtant, qui n'a pas de papiers sur soi risque gros. L'individu « sans aveu » est impitoyablement traqué et l'homme « sans feu ni lieu » lourdement sanctionné. En 1783, à un pauvre chaudronnier auvergnat, il en coûte ainsi l'exposition au pilori sur le marché de Châteauroux, le fouet et le marquage au fer rouge d'une fleur de lys sur l'épaule et enfin cinq ans de galères !

Mesurant tous ces risques et connaissant ces aléas, le migrant, avant de partir, prend souvent soin de régler ses affaires. Il passe chez un notaire, pour signer à sa femme une procuration. Encore un acte coûteux, mais indispensable pour autoriser la femme mariée, alors incapable juridiquement, à régler les affaires courantes en l'absence de son mari, ne serait-ce que la vente d'un mouton, d'une vache ou d'un veau. Souvent il en profite pour dicter au notaire son testament, « au nom du père, du fils et du saint esprit (...) sachant qu'il n'est rien de plus certain que la mort ni de plus incertain que l'heure d'icelle... ». Le sort de ses biens et surtout celui de son âme exigent cette dernière précaution, et l'homme prévoit de nombreuses messes basses et de modiques legs pieux, à l'église ou à l'hôpital, pour assurer son salut.

L'automne arrivé et ces formalités accomplies, il peut alors partir, mais il le fait rarement seul.

Pour se prémunir contre les dangers de la route et les tracasseries judiciaires et administratives, il préfère en effet voyager en bande. Les colporteurs quittent leur village ensemble, les maçons marchent de conserve, souvent sous la conduite d'un maître, les couteliers d'Arconsat vont par brigades de six... La constitution du groupe a été généralement décidée en été, au fil des marchés et des rencontres. Selon les régions ou les professions, on parle de « brigades », de

« compagnies », de « soques ». Toutes regroupent des gens qui se connaissent bien, originaires d'un même village, amis ou le plus souvent parents proches, frères, beaux-frères, neveux. Bandes parfois rivales, prêtes, lorsqu'elles se rencontrent, à se livrer à de véritables batailles rangées.

Souvent hiérarchisées, regroupant apprentis et confirmés, ces équipes de marcheurs suivent des trajets balisés, des itinéraires reconnus, usités souvent depuis plusieurs générations, tout au long desquels elles ont leurs habitudes : auberges, tavernes ou cabarets. A la taverne, on boit le vin « à pot », alors que le cabaretier ne peut servir que le vin « à l'assiette », autrement dit accompagné de nourriture, comme le prévoit encore notre législation pour certains établissements. A l'auberge, on dort. D'année en année, on s'arrête à la même modeste enseigne, représentée par quelque branche de pin ou de houx placée au-dessus de la porte, où l'on sait trouver le couvert et le gîte, ou ce qui en tiendra lieu. La nuit se passe souvent sur la paille de la grange ou, au mieux, sur quelque paillasse crasseuse et nauséabonde d'un cabinet-dortoir aussi sombre qu'insalubre et peu sûr. Mieux vaut y surveiller sa balle ou sa malle d'osier bourrée de marchandises ou d'outils, tenir fermement sa bourse et ne dormir que d'un œil, si l'on ne veut pas se voir dépouiller par quelque mauvais bougre, quand ce n'est par son propre compagnon ou par le gargotier.

Voyager en bande garantit surtout au migrant une assistance en cas de maladie ou d'accident, les compagnons pouvant conduire le malade à l'hôpital ou payer à l'aubergiste une pension pour le nourrir et le soigner. Les compagnons peuvent encore témoigner de l'identité d'un des leurs en cas de perte de papiers, ou — le cas est malheureusement fréquent — l'assister à ses derniers moments, suivre son convoi funèbre et rapporter à sa famille la nouvelle de son décès. De façon générale, toutes ces allées et venues permettent en effet d'acheminer les informations de tous ordres et de les faire circuler. Ce sont les migrants qui informent le pays de la vie politique, comme ce sont eux qui donnent à leurs compatriotes retenus ou fixés à l'extérieur des nouvelles de leurs maisonnées. C'est par ces réseaux que nos voyageurs transmettent l'état de leur santé, de leurs affaires, de leur familles ou se passent éventuellement des commandes d'outillage ou de réassortiment.

Un des traits fondamentaux de ces phénomènes migratoires est, en effet, les fortes solidarités qu'ils génèrent. Solidarités à la fois régionales, villageoises, familiales, professionnelles. Les filières, les réseaux, permettent aussi bien de prendre la route que de trouver des lieux d'hébergement et du travail à l'arrivée. C'est pourquoi les gens d'une même paroisse, d'un même hameau, pratiqueront le même métier et se dirigeront vers les mêmes régions. Dès qu'il en a l'occasion, le beau-père appelle son gendre à son côté, l'oncle son neveu. Ceux qui se fixent à l'extérieur font venir leurs parents : frère, beau-frère, cousin... Au fil des siècles et des générations, il n'est pas rare de voir les mêmes vallées ou les mêmes hameaux fournir des migrants aux mêmes villes ou villages, de voir les membres d'une même famille associer à leur état de paysan la même activité artisanale ou commerciale.

Comme il a ses habitudes tout au long de la route, le migrant en a donc aussi une fois arrivé à destination : le scieur de long ou le galvacher rejoint la même forêt, le colporteur fait la même tournée. Ceux qui travaillent dans les villes retrouvent leurs appentis, leurs soupentes, ou ces « garnis » sordides, mais pas chers, où ils s'endorment sur la même éternelle paillasse. A la campagne, ils rejoignent granges, fenils ou écuries; en forêt, huttes et cabanes en planches. Au terme de leur saison, ils referont la même route à l'envers, s'arrêtant dans les mêmes auberges, dormant sur les mêmes grabats, pour retrouver un jour, chez eux, semblable couchage et promiscuité dans la salle commune de la ferme où s'entassent volontiers une douzaine de personnes, de trois générations différentes, sans oublier les animaux domestiques : veaux, vaches, chèvres ou cochons...

Chaque année, donc, des grappes de migrants se lancent sur les routes de France, désertant et vidant les villages de montagne : Bourg-Lastic, en Auvergne, qui compte 347 feux, voit ainsi 450 hommes prendre la route en automne, et à Magland, en Savoie, ce sont 299 hommes sur 457 ! La province de la Marche, à la fin du XVIIIe siècle, voit s'en aller le tiers de ses hommes vaillants. Elle fournira 13 000 maçons vers 1814, 34 000 en 1846, alors que le département de l'Ain exporte chaque année plus de 7 000 peigneurs de chanvre. En Pays de Sault, c'est la moitié de la population qui est ainsi disséminée, principalement en Roussillon. Vers 1815, l'ensemble de ces migrants peut se chiffrer à quelque deux cent mille personnes, dont plus du tiers viennent des Alpes ou du Massif central.

Chaque région a ses habitudes et ses expressions favorites. Là, les hommes « prennent la besace ». Ailleurs, ils vont « au chaudron » ou « à la drouine », « à la scie », « à la peille » ou « à la marre », s'ils ne se « mettent sur la rivière ». Pour quitter leur pays, et d'abord pour s'en donner les moyens, outre le courage d'affronter les périls du voyage et les mépris qu'ils essuieront, il faut de la force physique, car c'est à la sueur de leur front que la plupart d'entre eux gagneront leur pécule. Que le migrant se lance dans le négoce ou qu'il aille louer ses bras comme manœuvre — les deux grandes catégories d'activités —, les conditions et les données sont les mêmes. Pour aligner les kilomètres en portant sur son dos son chargement ou sa hotte de soixante à cent kilos, le colporteur doit être un homme solide et vigoureux. Tout comme doit l'être le « pionnier » partant faire des travaux de terrassement, le scieur de long taillant les planches dans d'énormes billes de bois, le maçon et son « goujat » d'apprenti hissant d'énormes blocs de pierre en haut des échafaudages. Voilà pourquoi aussi, les femmes sont généralement absentes de ces mouvements, et pourquoi les hommes qui y participent sont plutôt des gars dans la force de l'âge, même si les pères n'hésitent pas à emmener avec eux leurs fils dès lors que ceux-ci — vers treize à quatorze ans — sont en âge de supporter le voyage et de fournir leur part de labeur. Le portrait-robot de notre voyageur est donc celui d'un homme entre dix-huit et quarante ans, vêtu d'« étoffes de ménages » grossières, qu'il fabrique souvent lui-même, quand il n'est pas vêtu de haillons. Un bâton dans une main, il porte ses outils (scie, pic, pioche, hérisson...) dans l'autre, un balluchon sur l'épaule ou une « balle » sur le dos. Aux pieds, il a des bas de chanvre qui lui meurtrissent la peau, des sabots ou de gros godillots.

Il n'a pas vraiment choisi de partir ; ce sont les conditions de vie qui l'y ont poussé, et beaucoup agissent simplement par mimétisme ou encore par obligation familiale ou filiale. Mais souvent aussi, il part pour des raisons plus ponctuelles ou personnelles. Qu'advienne une mauvaise récolte, elle déverse par les chemins une population de miséreux. Un incendie, emportant en flammes le logis et la fortune d'un paysan, fait de lui l'un de ces « quêteurs de brûlé », mendiant son pain de ferme en ferme en présentant un certificat de son curé. Au XIXe siècle, le service militaire et le système de la conscription enrôlent pour sept années celui qui tombe sur un mauvais numéro au tirage au sort et n'est pas assez riche pour s'offrir les services d'un remplaçant, lequel s'achète devant notaire et à prix d'or. Pour échapper à l'armée, certains gars n'hésitent pas à passer les frontières, témoins ceux de Barcelonnette, où, entre 1885 et 1900, 401 des 1 286 jeunes appelés sont déclarés « absents du pays ». Les artisans, de leur côté, sont facilement sensibles à l'appel de la route : ils y voient une occasion d'apprentissage de techniques et de tours de main nouveaux. Enfin, la réussite d'un parent ou d'un « pays », dès qu'elle est connue, provoque des vocations. Ainsi, à Saint-Chély-d'Aubrac, le retour, en 1836, du porteur d'eau François Chassang, les poches remplies d'or, ou à Barcelonnette celui des premiers « Mexicains ». Sans oublier les récits des anciens, racontant aux veillées leurs voyages et leurs équipées, parlant des filles des autres régions et des écus amassés. C'est pour toutes ces raisons que nos ancêtres ont si souvent joué quitte ou double et ont, un beau matin, quitté leur pays, presque toujours décidés à y revenir, et à y revenir riches.

Longtemps, en effet, le migrant garde pour but de revenir se marier dans sa paroisse d'origine et plusieurs, même millionnaires, reviendront y chercher une femme, tant le partage d'une culture conjugale commune continue à compter à leurs yeux. Pour cela, il conserve et cultive autant qu'il peut le faire les liens avec le village et la famille, filières et réseaux de solidarité faisant passer, comme on l'a dit, à la fois les nouvelles et les annonces d'embauche. Il garde toujours le secret espoir de pouvoir y finir ses jours, en propriétaire, après y avoir acheté des terres, et pourquoi pas en châtelain, ou du moins en notable, auréolé par sa réussite. Il s'acharne surtout à penser et à croire que, de toute manière, le moindre pécule rapporté, ajouté peu à peu à ceux des années précédentes, lui garantira de changer de vie.

Amorcés dès le XVe ou le XVIe siècle, ces mouvements migratoires vont connaître leur plein développement au cours de la première moitié du siècle dernier et resteront importants jusqu'à ce que le développement des villes, l'industrialisation et la mécanisation viennent en modifier puissamment les données.

Dans un premier temps, la révolution industrielle va doter les villes de grandes manufactures dévoreuses de bras. Orléans, Nantes, Bordeaux, Lyon, Paris bien sûr, deviennent autant de « villes-champignons », vers lesquelles vont littéralement se ruer les hommes, et bientôt les femmes. Celles-ci viennent « se placer » chez les bourgeois de plus en plus nombreux et riches, et qui, passant l'été dans leurs domaines, y recrutent leur domesticité qu'ils ramènent en ville à l'automne.

Si, au XVIIIe siècle, le percement des canaux, comme ceux du Nivernais, du Berry et du Centre, ont attiré beaucoup de manœuvres, les grands travaux du XIXe vont considérablement amplifier ce phénomène. Que ce soient ceux engagés à Paris, sous le Second Empire, par le baron Haussmann ou les grands chantiers routiers ou ferroviaires, avec sciage de millions de traverses de chêne et pose de rails, construction de gares et de viaducs, dépassant parfois de soixante mètres la cime des plus hauts arbres, creusement de tunnels comme, en 1870, celui du Mont-Cenis, long de treize kilomètres. Sur ces chantiers, les nouveaux ouvriers, que l'on appelle communément les « lignards » ou les « bûcherons du rail », côtoient des tailleurs de pierre et des forgerons. Tous constituent une foule souvent violente, chantant à tue-tête et sachant aussi gronder en cas de mécontentement. Nombreuses sont les bagarres entre leurs groupes ou avec les populations locales, notamment au sortir des cafés, dont les autorités leur interdisent parfois l'entrée. Nombreux aussi les risques d'accidents, l'échafaudage d'un viaduc dépassant nettement en hauteur celui d'une cathédrale gothique ou d'un immeuble haussmannien.

Les conséquences de l'implantation et du développement du réseau ferroviaire seront ici incalculables. Passant de 513 kilomètres de voies en 1841 à 39 000 en 1913, il permet au train d'arriver dans les campagnes et les régions les plus reculées. Dès lors, tout change. Pour les colporteurs, la possibilité d'expédier leur lourde balle par le train les dispense d'avoir à la porter sur leur dos durant de longues marches de jour et de nuit et ils peuvent désormais se contenter de rayonner à pied depuis le chef-lieu de canton où ils l'auront fait livrer. Les maçons rejoignent plus vite leurs chantiers, et ce sont autant de journées de travail gagnées. Tous évitent les fatigues et les aléas de la route. Les femmes peuvent se déplacer sans crainte, comme le feront Morvandelles et Bretonnes devenues nourrices et bonnes à tout faire. Grâce à ce mode de transport rapide et sûr, les nouvelles peuvent circuler, les contacts ne sont plus complètement rompus entre les migrants et leur famille, le retour au pays devient un objectif plus facile à réaliser, voire à organiser, comme le montrera l'exemple des curieux trains de vacances Bonnet reliant Paris à l'Auvergne. Les appréhensions du départ tendent à s'estomper; il devient plus simple d'aller tenter sa chance. Les grandes villes, et surtout la capitale vers laquelle tous les réseaux convergent, ne cessent de voir débarquer sur les quais de leurs gares des gens en quête de travail.

Paris déborde de provinciaux. En 1833 déjà, la moitié de ses habitants sont nés en province. Mais si elle a été longtemps peuplée essentiellement d'individus venus des provinces périphériques : Normandie, Val de Loire, Champagne, Picardie..., elle est désormais composée d'une population de plus en plus hétéroclite. En 1926, pour 2 408 000 habitants, on dénombre 212 000 individus originaires du Massif central (il y en aurait alors 600 000 dans l'ensemble de la région parisienne), 147 000 Bretons, 113 000 Bourguignons et Francs-Comtois, 105 000 natifs du Nord ou de la Picardie, 90 000 Normands, 88 000 Alsaciens et Lorrains, 72 000 Berrichons, Angevins et Tourangeaux, 60 000 Briards, Orléanais et Solognots, 55 000 Champenois, 53 000 Angoumois, Poitevins et Charentais, 44 000 Gascons, 37 000 Languedociens, 35 000 Roussillonnais, Béarnais et Basques, 24 000 Lyonnais et Foréziens, 22 000 Savoyards, 21 000 Provençaux, 13 000 Dauphinois et 7 000 Corses, contre seulement 141 000 natifs d'Ile-de-France. De nouvelles professions, de nouvelles usines ne cessent de proposer des emplois. C'est ainsi que les habitants de Rogny, en basse Bourgogne, se retrouvent en masse conducteurs de tramways, puis d'autobus.

Mais la France entière est bientôt constellée d'ateliers. Les usines se développent souvent à proximité des fermes et des villages et le train va permettre au paysan d'aller travailler la journée à l'usine, tout en continuant d'exploiter le lopin de terre familial, d'y élever quelques vaches et quelques chèvres, arrivant sans peine, avec l'aide de sa femme, à mener parallèlement les deux activités. De même, les ateliers urbains s'ouvrent de plus en plus aux femmes, pour lesquelles on conçoit même d'originales « usines-internat », notamment dans le Sud-Est et en région lyonnaise, comme à Jujurieux, Tarare, La Séauve... Ces véritables « fabriques-couvents » ou « cloîtres industriels », sont le plus souvent des ateliers de tissage, dotés d'un solide encadrement de religieuses.

Le grand virage a lieu dès la fin de la guerre de 1914. Les migrations saisonnières régressent, remplacées par les déplacements journaliers de la ferme à l'usine, ou viagers, conduisant les familles à se fixer définitivement à Paris, où syndicats et surtout associations de compatriotes se multiplient, ou le plus souvent dans la ville voisine, où les activités tertiaires ne cesseront de se développer en suivant l'évolution de la fonction publique et de l'administration. Par ailleurs, les progrès de la mécanisation, avec les faucheuses et les tracteurs, vont rapidement supprimer les besoins de main-d'œuvre traditionnelle. Les mentalités changent : les flotteurs de la Nièvre, les maçons de la Creuse, imprègnent leur département des idées nouvelles, socialisantes et souvent anticléricales; riches ou non, les gars rentrés au pays, rapportent des comportements et des modes jusqu'alors inconnus.

Bientôt, les tâches les plus ingrates rebutent, la démographie nationale s'enraye. Pour la première fois, arrivent des populations étrangères, maçons italiens, mineurs polonais, terrassiers portugais...

Mais la vieille France terrienne s'est ouverte : c'en est fini, et bien fini, de l'autarcie paysanne. Argent et marchandises circulent. L'exode rural bat son plein, les campagnes se vident, définitivement cette fois-ci, perdant d'abord leurs femmes et condamnant au célibat bien des hommes. Les mentalités y sont de plus en plus favorables aux expatriations, puisqu'on sait que l'on pourra, l'âge venu, retourner prendre sa retraite au village et y faire restaurer la vieille ferme familiale.

On est loin des départs d'antan. On ne peut cependant que mieux mesurer la dimension de ces actes qui ont conduit tant de gens simples, tant de ces « obscurs et sans-grade » qui étaient nos ancêtres, à partir pour l'aventure, une aventure qui devait, parfois, les rendre millionnaires.

CHAPITRE I

Des cordons de chapeaux aux préservatifs : les merveilles du « baladeur »

On dit qu'à force de se demander ce qu'il pouvait bien y avoir derrière les montagnes qui, de tous côtés, ferment son horizon, le jeune berger savoyard a voulu aller le découvrir. Sans doute en va-t-il de même, un peu plus au sud, de son voisin dauphinois comme du jeune Auvergnat ou du jeune Pyrénéen. Tout montagnard semble autrefois avoir eu plus ou moins une fringale de voyage, une farouche envie de ficher le camp, un besoin de changer de ciel, d'horizon, de maison, — voire, qui sait ? —, de femme.

Climat rude, hivers longs, pauvreté endémique, isolats surpeuplés, familles nombreuses et patriarcales : toutes les circonstances classiques sont réunies pour fournir à l'habitant des Alpes de bonnes raisons de partir pour l'aventure. Très tôt, il l'a tentée sous différents aspects, halant les bateaux de sel descendant le Rhône, partant « bûcheronner » en forêt ou devenant chiffonnier, mais il l'a surtout vécue sous l'habit du colporteur, un des rares métiers à lui garantir à la fois liberté et indépendance.

Qui exerce cette activité travaille en effet exclusivement pour soi. Parti avec quelques produits de son exploitation, fromages, graines de chanvre ou de lin, il va d'abord les vendre sur les foires et marchés d'alentour et chez les paysans des vallées proches. Avec l'argent gagné, il achètera diverses denrées qu'il revendra plus loin, avec un petit bénéfice, cheminant ainsi tout l'hiver pour revenir à la fonte des neiges retravailler la terre dégelée.

Des mois durant, il porte sur son dos sa « balle », souvent recouverte d'une toile goudronnée pour la garantir contre les pluies. Un fardeau lourd, pesant de quarante à soixante kilos, parfois jusqu'à quatre-vingts ou cent, et qui lui vaut souvent l'appellation de « porteballe », comme aussi de « baladeur », de « mercelot » ou « marchandot ». On l'appelle encore volontiers « bisouard », parce qu'il est souvent vêtu d'une longue veste d'étoffe grise, mais surtout « comporteur » ou « colporteur », parce qu'il porte à l'origine son étalage sur sa poitrine, suspendu à son « col », comme ont longtemps continué à le faire les marchands ambulants de Tourtouse, en Ariège, qui transportaient de fragiles articles de verrerie dans des paniers d'osier.

Le colporteur va donc ainsi, canne au poing, par tout le pays. Dans les villes, il visite chaque rue, « criant » volontiers sa marchandise : « Épingles, aiguilles, peigne de buis, beaux ciseaux, torche-culs... », progressant immeuble par immeuble, jusqu'à ce qu'il rencontre la fatale pancarte « colportage interdit », que le pipelet est prêt à lui faire respecter *manu militari.* A la campagne, il procède village par village, hameau par hameau, ferme par ferme. Le monde rural, qui représente alors l'immense majorité de la France et où les denrées sont rares, est le premier marché du colporteur.

Dès son arrivée dans un bourg, tous les habitants sortent sur le pas de leur porte et lui, courbé sous son fardeau, ne voit guère, à terre, que les sabots des gosses qui lui font une escorte piaillante et excitée. A l'approche de la ferme, les chiens se mettent à aboyer et les femmes, à leur fenêtre, à rêver aux merveilles qu'elles vont admirer et peut-être s'offrir. Rares sont les maisons où on ne le fait pas entrer. Sur une maie, un pétrin, ou le plus souvent sur la table de la salle unique servant à la fois de cuisine, de salle à manger, de chambre et de salon, au milieu d'un carpharnaüm souvent aussi divers que peu ragoûtant, il va se délester de sa malle et l'ouvrir.

A l'origine simple panière ou hotte d'osier, elle est vite devenue une caisse de bois, dont la taille augmentera dès lors que l'homme pourra s'offrir un mulet ou un cheval, ou la faire, plus tard, voyager par le train. Petite armoire compartimentée, à deux battants, elle est généralement munie de tiroirs où sont remisés les objets menus ou précieux. De haut en bas, elle regorge d'articles de toutes sortes, et chaque habitant, homme, femme, vieillard, enfant, y découvre ce qu'il convoite. Le colporteur apporte à domicile les tentations des magasins de la ville. Sa hotte, ouverte, est pour nos ancêtres le catalogue de La Redoute, les « 48 heures-chrono » étant même dépassées par la possibilité d'achat immédiat.

Ce sont tout d'abord des articles de mercerie et des accessoires de couture ou d'habillement : des dés, des épingles, grandes ou petites, vendues par « quarteron », des ciseaux, des boîtes d'aiguilles de Turin, du fil, des pelotes de laine, du coton à repriser, des bobinots de soie, des rubans noirs pour le deuil et d'autres, aux couleurs vives, pour les fêtes, des dentelles fines, des petites nappes, des galons et, naturellement, les précieux fils d'or et d'argent. Ce sont des draps, enroulés en ballots, que l'on tâte et retâte, le marchand en vantant la provenance et la qualité, des cotonnades, de la bonneterie (des bonnets de nuit aux corsets en passant par les gilets et les cravates), des bas d'homme et de femme, des lacets, des cordons à chapeaux, des mouchoirs de poche et de col pour aller faner l'été venu. Ce sont des peignes de bois ouvragés, des broches à tricoter, des ceintures de peau ou de cuir, ou encore en soie, brodées ou incrustées, des bourses en peau ou en maroquin, en taffetas ou en velours, des foulards de soie imprimés et chatoyants, de chauds bonnets de loutre. Ce sont des ustensiles de cuisine ou de ménage : balais de jonc, huile d'olive, coutellerie, quincaillerie, couverts et cuillères en fer-blanc ou en étain, boissellerie, comme aussi blanc d'Espagne, cire, cierges, chandelles, bougies, veilleuses, mèches à quinquets et à réverbères et même des cure-dents ou des colorants précieux comme l'indigo. Ce sont des graines pour le jardin, mais aussi du sucre en pain, du sel et des épices, plus d'une fois rapportées clandestinement d'Espagne et vendues en fraude : poivre, clous de girofle, noix de muscade, gingembre, cannelle, safran... Ce sont des images pieuses, des chapelets de toutes sortes : de bois, souvent de buis, de verre ou d'os, de cristal pour les riches ou lustrés de noir pour les vieux, des petits livres d'heures, des statuettes de la Vierge, plus tard de l'eau miraculeuse de Lourdes et beaucoup d'autres « bondieuseries ». Pour les jeunes, voici des confettis et des mirlitons pour les jours de fêtes et de noces. Pour les enfants, alphabets, grelots, sucres d'orge et poupées de chiffons. Pour les gars, des décorations de conscrits, que le colporteur propose régulièrement les jours de conseil de révision, sur la place du chef-lieu de canton. Pour les vieux, le tiroir aux lunettes et celui aux pastilles contenant réglisse, feuilles d'arnica, eau de fleur d'oranger, des « beaumes cordiaux » et le fameux sirop d'escargot, contre les rhumes et les maux de gorge. Pour les femmes et les filles, ce sont des miroirs, des jarretières, des flacons de garance et des savons, violemment parfumés au lys du Cachemire ou à la violette de Parme et bien emballés dans de fins papiers à l'effigie de grandes dames. Enfin, voici le tiroir aux bijoux, renfermant non seulement des boutons de soie ou de verre, nacrés ou dorés, mais des peignes en os, des épingles à cheveux, des boucles métalliques ouvragées pour les chaussures et les ceintures, brillantes comme si elles étaient d'argent, des bagues et des anneaux de cuivre et des boucles d'oreilles, tout cela précieusement conservé dans de la sciure de bois. Pour les hommes voici encore des cartes à jouer, mais surtout des outils, marteaux, clous, vilebrequins; autrefois, de la poudre fine d'arquebuse de chasse, vendue dans de petits barils, remplacée ensuite par des cartouches de plombs. Mais c'est surtout, pour eux, le tiroir aux oignons et tocantes, contenant ces grosses montres fabriquées dans le Jura et vendues à prix d'or, et un dernier, tout en bas, à demi caché, rempli de rasoirs, de tabatières de poche (pour priser), de tabac, d'allumettes, de pierres à briquet, de pipes et même de cigares espagnols, vendus à la pièce. Le « patron » les achètera fréquemment en cachette, lorsque sa femme aura été chercher l'argent, caché dans le bas de laine ou la cassette, pour payer les autres achats. On le voit, quel que soit son âge, ses goûts, son rang et sa fortune, chacun y trouvera son bonheur. Même le « Monsieur », le propriétaire, qui vit tout à côté dans la belle « maison de maître », y trouvera de l'encre en poudre, des « plumes-à-écrire » de différents calibres, du papier et de la cire à cacheter, qu'il lui faudrait sans cela aller quérir en voiture à cheval, à la ville voisine. Même les servantes, qui s'approchent aussi, trouveront quelques babioles de pacotille pour dépenser leurs faibles gages. Aucun article, aucun besoin n'est oublié, certains marchands proposant même discrètement des « noisettes » aux jeunes gars : ainsi appelait-on alors les préservatifs.

Il faut imaginer quelle caverne d'Ali Baba cet étalage représente pour nos ancêtres, pour des femmes dont bon nombre ne va jamais dans la moindre ville ni le moindre bourg, laissant leur homme y aller, seul, deux fois l'an, vendre les veaux ou les cochons. Il faut imaginer la magie de ce déballage sur la table d'objets que l'on ne trouverait dans aucun magasin à moins d'une journée de marche. Le regrattier du chef-lieu de canton, ancêtre de notre épicier, ainsi appelé parce qu'il vend les articles par petites quantités, les grattant et les « regrattant », n'en a lui-même jamais autant vu. Vraiment, la balle du colporteur, c'est l'hypermarché à domicile, sans avoir à faire la queue à la caisse et avec la possibilité de négocier les codes-barres. Qui pourrait y résister ? Personne. Voilà pourquoi, dans chaque maison, chacun y va de son achat.

Les affaires faites, la vieille tradition d'hospitalité veut que l'on invite le marchand à trinquer. On lui sert quelque chopine de piquette locale ou quelque verre de « goutte » ou d'eau-de-vie familiale. Les hommes sortent leur pipe, on s'assied. Avant de reprendre sa route, le colporteur va raconter les dernières nouvelles, quelque histoire véridique « arrivée voilà moins d'un mois » : tel crime, tel fait divers, telle ou telle bataille, donner des nouvelles de la santé du roi ou de l'empereur. Il ouvre les campagnes sur la vie du monde, du pays, sur l'actualité. Deux fois par an, il apporte aux paysans leur « journal télévisé ».

A cela s'ajoute souvent quelque message transmis par un frère ou un cousin établi au loin, à vingt ou trente kilomètres, dans un hameau par où passe sa tournée. Chacun est content : lui, de sa vente ; eux, de leurs achats, parfois faits à crédit, ce qui lui fournira l'occasion de repasser. De ce fait, on lui est fidèle, même si on le sait un peu filou sur les bords.

Perçus comme mi-marchands mi-voleurs, réputés rusés et souvent soupçonnés de contrebande, plus ou moins amalgamés aux vagabonds, les colporteurs, en effet, inquiètent parfois. Certains, notamment ceux originaires de la vallée de l'Ubaye, impressionnaient avec leurs pantalons noirs ou couleur de craie, relevés et maintenus par des jarretières rouges ou vertes, une blouse ou un gilet d'étoffe blanc sur une chemise de coton parée de poignets ou sur un habit fin orné de gros boutons dorés, étincelants, régulièrement briqués à la peau de chamois et frappés de têtes de sangliers, de bouquetins ou de loups, un large chapeau de feutre « monté », retroussé en pointe et coiffé légèrement en arrière. Mais les plus modestes se présentent souvent sous un jour moins engageant, plus ou moins faméliques, parfois même aveugles.

Les plus importants sont détestés des boutiquiers qui les dénigrent sans cesse et tentent d'entraver leurs affaires. Tous sont honnis des maris jaloux, des maîtres tyranniques et des patriarches radins, mais tous sont attendus impatiemment par les femmes et les ménagères qui savent qu'ils les rendront belles, quitte à ce qu'elles doivent parfois les payer de leur chevelure, qu'elles portent en ces temps-là naturellement longues et qu'ils seront toujours prêts à leur acheter pour les revendre aux perruquiers des grandes villes.

Le colporteur, en un mot, fait partie de la vie. S'il sait se donner de la peine, il sera largement payé de ses efforts et dédommagé des lieues parcourues à pied, et qu'il soit des Alpes, du Massif central ou d'ailleurs il aura des chances de réussir. On en prendra pour preuve l'attention que lui prêtera l'État en le soumettant, au siècle dernier, au paiement d'une patente. Cela ne l'empêchera pas, dès qu'il le pourra, de s'acheter une charrette à deux roues et, pour la tirer, un mulet ou un cheval, un de ces robustes et lestes chevaux « de marais » que les colporteurs du Queyras iront parfois acheter jusqu'en Charente. Certains, enfin, parviennent à s'établir comme merciers dans les gros bourgs où ils ont su fidéliser une clientèle et où ils traitent directement avec les grossistes.

L'établissement du colporteur en ville est souvent facilité par le fait qu'au fil des temps il se sera spécialisé, en fonction de ses goûts et compétences ou de ce que sa région d'origine lui aura permis d'exporter. Dès lors, des spécificités apparaissent. Comme chaque groupe, chaque individu aura ses régions et cantons de prédilection.

En Auvergne, beaucoup de colporteurs se sont vite orientés vers la chaudronnerie : ils sont « magnins », ferblantiers, potiers d'étain... D'autres se spécialisent dans le commerce des toiles, souvent originaires de la région de l'Artense, qu'on appelle la « Terre sainte » de la toile, tant les marchands y ont été nombreux. A Thiers, l'activité coutelière propose aux hommes des montagnes alentour des spécialités originales. En 1863, Jean-Marie Peurière part avec 734 douzaines de couteaux fins, ordinaires et « fermant », 61 douzaines de ciseaux et 22 de tire-bouchons. Les colporteurs d'Arconsat, près d'Ambert, diffusent, quant à eux, les produits des papeteries locales. Souvent déguisés sous de vieux uniformes de hussards ou de chasseurs à cheval, ces derniers se font passer pour vétérans, déserteurs ou prisonniers de guerre rentrant de Russie et vendent leurs articles en quémandant quelque secours pour s'en aller ensuite jusqu'en Champagne se louer comme vendangeurs. Dans les Pyrénées orientales, des armées de colporteurs vont en Cerdagne vendre des bas de laine, comme les hommes de Duault, dans les Côtes-d'Armor, vont proposer des sabots dans le Trégorrois, pendant que d'autres, en Normandie, colportent les tissus fabriqués à la Ferté-Macé. Mais nos marchands ambulants des Alpes, de loin les plus nombreux et surnommés couramment les « brûleurs de loups », ont un éventail de spécialités plus diversifié encore.

Les uns véhiculent rouennerie et mercerie : tissus, dentelles, bas, accessoires de couture et d'habillement, souvent fabriqués à partir de la filasse du chanvre et du lin cultivés au village. De petites industries lainières locales leur fournissent une partie de la matière première, comme toiles de laine, cadis, serge et cordillat dans la vallée de l'Ubaye. Ce commerce n'exige ni grandes compétences ni grosses mises de fonds, et bien des articles qu'ils revendent peuvent être achetés à crédit. Ils proposent donc des aulnes de toiles de coton de couleur, de gros coutil bleu principalement prisé pour les tabliers, de pilou pour les longues chemises de nuit d'hiver et de drap grossier dans lesquelles les paysans feront couper des pantalons par le « tailleur d'habits », lui aussi ambulant. Ils vendent encore des indiennes, du velours et de la ratine, sorte de drap frisé. Toutes ces étoffes sont bien souvent de couleur grise, mais variant sur toute la gamme, du gris couleur de souris au gris blanc en passant par les gris ardoise ou perle.

D'autres transportent ustensiles de ménage et articles de quincaillerie, objets plus encombrants, constituant un véritable bazar qui exige souvent une carriole. Ils suivent volontiers les forains de l'une à l'autre des nombreuses et grosses foires qui ont cours dans tout le pays.

D'autres encore sont spécialisés en bijouterie et optique. Pour avoir fait les campagnes de l'Est et avoir acheté des dentelles à de pauvres femmes aux yeux fatigués par leur ouvrage, ils ont eu l'idée, leur route traversant le Jura, d'y prendre de petits chargements de lunettes, qu'ils ont complété par divers bijoux de pacotille ou objets de boissellerie couramment fabriqués dans la région, produits de « tournerie » de Saint-Claude à base de racines et de branches de buis. Ces lunetiers ambulants, quand ils arrivent sur la place du village, se font annoncer à roulements de tambour et voient accourir la pratique. Ils essaient différents verres, les « montent » et équipent en un tour de main n'importe quel myope ou presbyte.

Plus rares ont été les « allumettaires » qui fabriquent leurs marchandises dans de petits cylindres de bois de peuplier et les trempent dans un bain de soufre, puis dans du phosphore. Ils seront rapidement éliminés par l'installation du monopole d'État, en 1890, et, dès la guerre de 1914, par le briquet à amadou.

Spécialisés professionnellement, la plupart des colporteurs le sont aussi géographiquement. Le marchand itinérant est fidèle à ses habitudes, aussi bien à ses circuits, à ses clients, qu'à ses fournisseurs. Le Jurassien Jean Auroy part ainsi à chaque arrière-saison pour la région d'Époisses-Autun, en Bourgogne, entre Auxois et Morvan, puis visite le bassin industriel du Creusot-Montceau-les-Mines. Par Étang, Toulon, Gueugnon et Digoin, il gagne ensuite le Bourbonnais et rallie l'Auvergne. A Thiers, sa malle vide, il fait le plein de couteaux et de ciseaux, pour aller à Ambert compléter son éventaire avec lacets, galons et jeux de cartes. Chez Fiacre Ouvry, il trouve un immense choix de chapelets qu'il achète par douzaines, sachant que les fêtes votives de l'été épuiseront ses stocks. Il pousse enfin jusqu'au Puy, pour y faire provision de dentelles, achetant au passage, dans les bourgs environnants, des grelots et des sonnailles pour les vaches et de petites outres en peau de chèvre. Sa malle remplie, il reprend alors le chemin inverse pour la rapporter chez lui, à nouveau vide.

D'autres spécialités ont vu le jour. Le fait qu'un homme en choisisse une et l'exploite avec succès suffit généralement à convertir tout un village ou toute une vallée. Les villages de Magland ou de Saint-Roch, en Faucigny, fournissent ainsi des légions de ferblantiers et de chaudronniers, celui de Mieussy, toujours en Savoie, envoie des troupes de potiers et de merciers vers la Lorraine et la Picardie.

En automne, c'est un interminable défilé et, comme le départ des hirondelles, celui des colporteurs annonce l'hiver. Au Bourg-d'Oisans, dès la fin d'octobre, on les voit chaque jour, par groupes entiers, s'engager sur la route de la vallée de la Romanche pour aller s'approvisionner avant d'entamer leur tournée. Ce sont, dans l'ordre, les merciers de Villard-Reymond, qui partent pour sept mois avec leurs mulets, les épiciers de Villard-Notre-Dame, puis les vendeurs de toile de Saint-Christophe, partant à pied pour six mois, juste avant les « fleuristes de Venosc ». Suivent les marchands d'aiguilles et de ciseaux d'Ornon, d'Huez, d'Auris ; les rouenniers plus cossus de La Garde, du Freney, de Mont-de-Lans ; les marchands de comestibles et les « étalagistes » d'Oz et de Vaujany, ceux que l'on nomme les « traîne-bazar », vendant de menues merveilles de verroterie. En décembre, partent encore les gens d'Onnion, spécialisés presque tous dans le commerce des outils tranchants, qu'ils doublent d'activités d'aiguiseurs, comme les habitants de Taninges, en Savoie, fabriquent et commercialisent des faux. Vers Noël seulement, viennent les bijoutiers et marchands de lunettes, « gens graves et barbus, demi savants demi campagnards », qui constituent une caste fermée. Enfin, au tout début du printemps, des marchands de graines et de semences fermeront la marche.

Ces colporteurs aux spécialités diverses se comptent par centaines. Dans bien des communes alpines, plus de 80 % des chefs de famille émigrent ainsi chaque année et les chiffres vont sans cesse augmentant, notamment après que Napoléon Ier aura fait aménager la route de l'Oisans.

Tous travaillent volontiers en famille, tels ces sept colporteurs en tissus apparentés, faisant chaque année, de la Toussaint en mai, la tournée de la Trambouze, entre les monts du Lyonnais et la plaine de Roanne. Tous, évidemment, bravent les dangers déjà décrits, comme Pierre Eugène Vial, aubergiste et roulier (transporteur) au Lauzet, qui se déplace aussi bien à pied qu'en carriole ou en traîneau lorsque les routes sont enneigées, et qui mourra victime d'une avalanche, en pleine nuit, en mai 1865.

Ils font parfois la tournée deux par deux, logeant ensemble et se partageant les maisons ou les rues des villes et villages visités. Certains, même, s'offrent un petit bout de chemin par bateau sur la Saône ou la Loire, ou plus tard par le train. Ils se dirigent vers les foires ou marchés de Provence, mais surtout, vers les régions voisines : Bas-Dauphiné, Lyonnais, quitte à y croiser des bimbelotiers italiens ou, en Bourgogne et dans le Centre, les concurrents auvergnats. Les lunetiers vont traditionnellement démarcher les populations de l'Est. Certains, enfin, n'hésitent pas à passer les frontières, en marche, quelquefois, vers des destinations lointaines.

Fin avril-début mai, recommence le flot inverse. Tout ce monde, régulier comme le soleil, remonte semer, faire les foins et les moissons et faire paître les troupeaux dans la montagne. Si la tournée a été bonne, nos marchands investissent leur pécule, qu'ils ont parfois expédié régulièrement à leur femme, dès que les postes l'ont permis. Les uns achètent des terres. D'autres, plus commerçants dans l'âme, se font temporairement maquignons en achetant des bêtes qu'ils engraissent pour les revendre avant de repartir. D'autres encore ramènent des juments maigres qu'ils iront, après l'été, revendre en Piémont. Ceux qui ont le mieux réussi n'oublient pas l'église. Comme ils vont tous, avant de prendre la route, faire quelque offrande à Notre-Dame-du-Bon-Secours ou dans une autre chapelle ou oratoire, ils offrent volontiers quelques deniers à leur curé. Les plus fortunés font don de vitraux ou d'objets de culte : retables, chasubles ou encore ostensoirs, ciboires ou calices d'or sur les pieds desquels ils ont soin de faire graver leur nom. Les descendants de Jean Nougues, natif de Briançon et décédé à Tucuman en Argentine, en 1850, offriront une inscription pieuse à l'église de son village natal. Théodule Pache fonde, dès 1665, une chapelle à Flumet, et les frères Clavel, riches marchands établis à Prague, en font construire une dans leur paroisse d'origine où ils se feront représenter sur un tableau. François Biollay, natif d'un modeste hameau près de Sallanches, jure, s'il fait fortune, de construire un calvaire. Ayant bien réussi à Augsbourg, il fera élever la « Croix du Pauvre » près de sa maison natale. Claude-Joseph Poncet, originaire de Saint-Sigismond-en-Faucigny, négociant aisé en Hongrie puis à Vienne, se bat pour faire ériger son hameau natal, La Frassé, au rang de paroisse, ce qui ne plaît guère au curé de l'ancienne, mécontent de se voir ainsi privé d'une partie substantielle de ses dîmes.

Que ce soit en France ou à l'étranger, nombre de ces migrants connaîtront de belles fortunes, tel Blaise Treille faisant venir de Barcelone, en Espagne, des couvertures qu'il ira revendre dans le monde entier, des Antilles au Proche-Orient, en passant par l'Afrique du Nord. Les Carton et les Beauvoir, natifs d'Auvergne, parcourent les îles méditerranéennes, de la Sardaigne à la Grèce, en vendant, notamment en Sicile, des centaines de fusils et de pistolets provenant des armureries de Saint-Étienne. Les Pernat fondent en Souabe des fabriques de savon. Un petit livre d'or des réussites montagnardes dans le colportage étonnerait sans doute, que ce soit celles des Auvergnats, des Alpins ou des gens venus d'ailleurs.

Qui se souvient que le général Cathelineau, le célèbre chef vendéen, était un ancien colporteur lainier? Qui connaît l'épopée des Tourlonias, originaires d'Olliergues, près de Marat, dans le Puy-de-Dôme, dont l'ancêtre marchand-voiturier, autrement dit transporteur, partit pour l'Italie vers 1750, épousa une Italienne et devint changeur à Rome, où son fils fondera la banque Torlonia avant de devenir marquis, duc, prince, puis banquier du Saint-Siège et des États pontificaux?

Dans les Alpes, c'est Antoine Angley, de Termignon, en Maurienne, qui deviendra banquier à Naples, pour avoir passé les frontières comme nombre d'Alpins. Beaucoup descendent vers l'Alsace, à Neuf-Brisach et en Val d'Orbey, où ils forment une importante colonie. D'autres vont à Munich et sillonnent la Bavière, la Pologne, et d'autres encore jusqu'aux Antilles et en Amérique, aux Indes ou en Perse, comme ce Fevellaz, originaire de Mégevette, alors que le marchand Claude Bargin sera capturé par les pirates barbaresques lors d'une expédition commerciale vers l'Orient.

Voici encore Xavier Ruel (1820-1900), d'abord colporteur en région parisienne, où il emploie des « vendeurs au panier » ou « au parapluie » qu'il disperse à travers les rues de la capitale. Très vite, il remarque que c'est à l'angle de la rue des Archives et de la rue de Rivoli que les affaires marchent le mieux et l'idée lui vient d'y fonder un magasin. Il s'apprêtait à la mettre en œuvre lorsqu'un hasard lui aurait donné l'occasion d'arrêter l'équipage des chevaux emballés de l'impératrice Eugénie. Cela lui aurait valu de toucher une importante récompense et de réaliser son rêve en ouvrant le Bazar Napoléon, ainsi nommé en hommage à sa bienfaitrice et plus tard « républicanisé » en Bazar de l'Hôtel de Ville.

Cette ronde des colporteurs sur les routes de France durera jusqu'au tout début du XXe siècle. Si certains villages savoyards voyaient au XIXe un chef de famille sur quatre, voire sur trois, s'expatrier saisonnièrement, on n'en comptera plus qu'un sur quarante en 1921. C'est qu'avec le train, est né un nouveau personnage, celui du commis-voyageur. Les progrès des transports et la vitesse ont radicalement transformé les circuits. Seuls survivront quelque temps encore, localement ou isolément, de petits colporteurs comme, avant la dernière guerre, le curieux personnage du « planteur de caïffa ». Parcourant la campagne sous une casquette de cuir bouilli au nom de la firme qui l'emploie, il transporte sa marchandise dans une charrette qu'il tire à la main, à moins qu'il ne le fasse faire par un ou deux chiens. A l'intérieur de cette petite boutique en forme de grosse malle à roulettes, une mini-épicerie propose sucre, chocolat à croquer, lentilles du Puy, gâteaux secs et pains d'épices, huile et vinaigre, savon et lessive, sardines en boîte, chicorée Leroux et, bien sûr, le fameux café Caïffa, sponsorisant le tout. Mais l'automobile et les véhicules frigorifiques permettront bientôt à tout détaillant de faire ses propres tournées régionales, perpétuées aujourd'hui par les diffuseurs de produits congelés et surgelés. Curieusement, on note pourtant depuis quelques années, même si les temps ont évidemment bien changé, le retour d'« outilleurs auvergnats », tentant de reprendre et de réexploiter la vieille tradition colporteuse.

CHAPITRE II

De l'amaryllis pourpre à la Description des pets *:* *les « seigneurs » du Dauphiné*

Au-delà de Bourg-d'Oisans, au pied du massif des Écrins, à 1 000 m d'altitude, le village de Venosc est aujourd'hui moins connu que ses voisins des Deux-Alpes ou de l'Alpe-d'Huez. Autrefois, pourtant, alors que les habitants de ceux-ci végétaient sans pouvoir imaginer le futur développement des sports d'hiver, nombreux étaient ceux de Venosc qui se taillaient de belles fortunes. Car eux aussi prenaient régulièrement la route, s'en allant proposer et vendre, parfois au loin, des spécialités bien à eux : celles des fleuristes qui se sont illustrés dans le monde entier.

Où avaient-ils récupéré cette spécificité ? Qui l'avait, le premier, exploitée ? Nul ne le sait plus très exactement. Quoi qu'il en soit, ils sont bel et bien devenus « les seigneurs du colportage ». Avec les lunetiers, ils sont les seuls à porter des « complets » et les plus riches d'entre eux rapportent d'une seule campagne quatre à cinq fois l'équivalent du gain d'un colporteur en rouenneries, six à sept fois celui d'un colporteur-mercier classique.

L'initiateur aurait été un certain Pierre Vanel, de Venosc, qui, au XIXe siècle, se serait lancé dans la commercialisation des fleurs de montagne : rhododendron, gentiane, edelweiss... Ayant constaté combien ces espèces rares et recherchées séduisent les riches propriétaires de jardins d'agrément, il décide, vers 1825, de vendre les bulbes et les racines de ces plantes somptueuses, dont il fait réaliser des images en couleurs.

Les affaires de Vanel s'avérant vite... florissantes, ses compatriotes décident tout naturellement de l'imiter, y compris ceux des communes voisines de Mont-de-Lans, du Ferney, etc. A l'automne, tous partent, l'air important, les mains vides, mais le portefeuille bien garni. Ils emportent des images coloriées au pochoir, illuminées du vermillon de l'aralia ou de l'indigo de la gentiane. Rapidement, ils diversifient leurs produits, ajoutant aux premières fleurs glycines, azalées, camélias, asphodèles, lis impériaux, sans oublier les roses les plus extraordinaires, purpurines, vertes, ou porteuses de noms valorisants : « duchesse de Montpensier » ou « duchesse de Vallambrosa », variétés rares, chères et, évidemment, par chance supplémentaire, éphémères.

Très tôt, leur aisance va leur permettre d'emprunter le chemin de fer et ils n'hésiteront pas à aller s'approvisionner à l'extérieur, chez les fleuristes des bords de Loire ou de la région parisienne, pour compléter leur éventail. Un peu plus tard encore, ils iront tout simplement s'achalander chez de gros fournisseurs, comme Vilmorin, dont ils diffuseront les catalogues. Aux fleurs simples, ils ajoutent alors des graines de semence et les voilà partis pour la France entière, l'Europe (Bruxelles, Cologne, Berlin, Prague, Cracovie), mais aussi pour Beyrouth, Jérusalem, Constantinople, Odessa, Kiev... La Russie des tsars, du fait de ses longs hivers, se révèle une grosse consommatrice de ces bulbes que les colporteurs lui vendent d'autant plus cher que beaucoup des éléments emportés gèlent durant le voyage.

Beaucoup font le tour du monde, préférant s'embarquer sur les cargos ou les bateaux de pêche aux tarifs plus économiques. Les voici à Hong-Kong, à Saïgon, au Japon, à Madagascar, au Costa Rica, à Cuba, au Brésil, au Mexique, aux États-Unis...

La vie de Claude Chouvin, marchand fleuriste originaire

de La Garde, est parfaitement exemplaire. Amené à la profession par un beau-frère, il entreprend, entre 1894 et 1901, plusieurs campagnes, qui le conduisent successivement à San Salvador, au Chili et à Rio de Janeiro, d'où il rapportera, en une seule visite, une véritable fortune. Rapidement, il acquiert un hangar à Angers, où il stocke sa marchandise. Il investit dans la publicité, publiant des annonces dans les journaux, se faisant imprimer des catalogues où les fleurs sont dessinées par des peintres-artisans spécialisés, des planches somptueuses présentant l'amaryllis pourpre au cœur doré, la gentiane bleue aux étamines d'or ou encore l'aralia rouge.

Plusieurs de ces marchands ouvrent des pépinières, dont certaines, importantes, existent encore aujourd'hui en Anjou, où elles sont restées entre les mains de leurs descendants. D'autres fondent des boutiques de luxe, chères et bien situées, dans les grandes villes de France ou de l'étranger. Les Balme font ainsi fortune à Mexico, les Veyrat à Malaga, les Giraud à Grenade, où ils deviendront consuls. Un futur maire de Venosc paiera 400 dollars par mois le plus beau magasin de Saint-Louis, aux États-Unis, où il emploiera un interprète en attendant de maîtriser lui-même la langue.

Eux aussi exercent souvent leur métier en famille. Vers 1914, quatre colporteurs-fleuristes de Venosc dont trois proches parents, associés, se répartissent, en hiver, entre un beau-frère à Casablanca, un autre à Alexandrie, un troisième au Caire et un neveu en Russie, à Odessa et Saint-Pétersbourg.

Les uns reviennent riches, les autres ruinés, mais on ne connaît, bien sûr, que les souvenirs des premiers. Tel d'entre eux aurait vendu des roses bleues à la reine d'Angleterre, tel autre, à la tsarine, un troisième aurait reçu un bonnet d'astrakan et un sabre offerts par un prince caucasien. Un autre encore se vante d'avoir vendu au président de la République des bulbes de jacinthes tricolores, qui n'ont naturellement jamais réellement marié ces couleurs.

Si les colporteurs-fleuristes abusent quelquefois leurs

clients, d'autres sont, sur ce plan, encore plus forts qu'eux. A leur émigration s'est en effet vite ajoutée, comme en satellite, celle des colporteurs-droguistes. Marchands de drogues, aussi appelés « herboristes », médecins sans diplôme, vétérinaires marron et parfois marchands d'orviétan et charlatans caractérisés, ils portent eux aussi des vestons, ont les « mains blanches » et se présentent sur des mulets ou des chevaux harnachés et pomponnés, l'air grave et docte. Ils partent souvent début octobre pour ne revenir qu'en juillet, après la grande foire de Beaucaire.

Au vu de la réussite de leurs confrères, ils se sont spécialisés dans les plantes médicinales, exportant la violette des Alpes, la véronique d'Allionii, le génépi, l'arnica. A ces plantes en l'état, ils ajoutent bientôt des tisanes comme le « thé suisse » ou « thé des Alpes », aux vertus réputées purgatives. Des plantes odorantes pour les liqueurs aussi, que le client distillera lui-même, à moins qu'ils ne proposent les leurs, confectionnées à partir des récoltes faites par leurs femmes et leurs enfants.

Mais de la plante médicinale aux drogues, le pas est vite franchi, comme il l'est aussi des conseils d'utilisation aux soins médicaux, et la porte est ouverte à bien des abus. Chacun prétend savoir soigner les trois grandes maladies des paysans de ces époques : le chaud-froid, si rapidement attrapé par les hommes lors des travaux des champs, le « sang tourné des femmes » et les vers que les enfants contractent au voisinage des animaux. Contre cela, nos « herboristes » vendent sirops, vermifuges, onguents, antimoine, huile de cade et, bien sûr, de quoi faire les inévitables cataplasmes — soit toute la pharmacopée de l'époque. Ils n'hésitent pas, non plus, à formuler des diagnostics en s'appuyant éventuellement sur celui de leur « bouteille magique », flacon contenant de l'éther et de l'eau, séparés par leur différence de densité, ce qui permet de verser l'un ou l'autre, au choix, sur la main du consultant. Selon que le liquide s'évapore lentement (lorsqu'on fait couler de l'eau) ou rapidement (si c'est de l'éther), on prescrit des remèdes ou on déclare la guérison. Ils agissent de même avec le bétail, quitte, souvent, à se rendre à l'aube, alors que les fermiers dorment encore, dans le pré des vaches pour leur administrer une poudre provoquant des symptômes qu'ils sauront guérir le soir, en passant providentiellement par là.

D'autres n'hésitent pas à se faire dentistes et « arracheurs de dents ». Sur la place du marché, ils opèrent en public, retirant à la tenaille, sans la moindre anesthésie, la dent malade de la mâchoire du patient qui n'en peut plus de hurler, le tout dans une mise en scène adaptée et accompagné de solennels roulements de tambour qui, outre qu'ils assurent la publicité, couvrent largement les cris du malheureux.

Évidemment, tous ces « droguistes » et autres charlatans, repassent rarement deux fois aux endroits où ils ont fait des dupes. Ils n'en amassent pas moins de l'argent, avec lequel, rentrés au pays, ils se livrent à ripailles et parties de chasse ou de boules, en tenant le haut du pavé.

Mais si les colporteurs-fleuristes et droguistes-herboristes incarnent longtemps l'aristocratie de la profession, ils se verront supplantés par une autre branche, celle des colporteurs-libraires. Le livre, en effet, objet noble et culturel, valorise leurs tournées et va leur ouvrir un règne sans partage, les conduisant parfois aux sommets du métier.

Depuis l'origine ou presque, le « baladeur » avait pris l'habitude de mettre dans sa malle des images pieuses et quelques livres religieux ou de prières. Nos ancêtres, massivement croyants et pratiquants, lui achetaient volontiers des psautiers, recueils de psaumes largement illustrés afin d'être à la portée du grand public illettré, qui y trouvait en somme l'équivalent de nos bandes dessinées. La tentation de commercialiser ces articles est d'autant plus forte pour les Savoyards et autres marchands alpins que l'imprimerie genevoise est active et toute proche. Un arrêt de 1609 a permis aux « merciers-joailliers-grossiers » de vendre des almanachs et des alphabets enfantins, auxquels un autre arrêt a ajouté, en 1616, des petits livres d'heures et de prières. Cette autorisation, pourtant, s'est rapidement révélée dangereuse pour les autorités, en lutte incessante contre la « R.P.R. », la Religion Prétendue Réformée, et l'on comprend combien les livres de prières fabriqués à Genève leur sont dès lors rapidement apparus suspects et pernicieux. Une fois interdits en France, de tels ouvrages vont bien sûr circuler sous le manteau, en l'occurrence la longue houppelande grise du « mercelot », et pour mettre un terme à cette pratique, un édit de 1757 punira de mort le colportage de livres clandestins. La surveillance ne se relâchera que sous la Révolution, pour être relancée à la Restauration. On vise cette fois une nouvelle catégorie d'ouvrages, les « livres obscènes, écrits impies ou absurdes, propres à faire naître ou à perpétuer des erreurs nuisibles, des préjugés funestes et des superstitions que réprouve une religion éclairée ». Depuis longtemps déjà, ces ouvrages doivent être frappés d'un timbre officiel, expression de la censure préventive, lorsque, en 1849, une commission est créée pour condamner tout « ce qui est irreligieux, immoral et antisocial ».

Toutes ces mesures le montrent : la réglementation du commerce ambulant des livres préoccupe les gouvernants, qui mesurent parfaitement leur influence sur l'opinion publique. Car cette activité n'est nullement marginale. En 1814, *Le Corsaire*, de lord Byron, diffusé par ce canal, atteindra cent mille exemplaires en un an et, au début du Second Empire, ce ne sont pas moins de neuf millions de livres qui sont, chaque année, diffusés par le colportage !

Mais quels livres ?

Outre les images gravées, représentant des sujets pieux, des scènes bibliques ou profanes, tirées de la culture populaire ou de la littérature courante (tableaux de vies de saints, fables de La Fontaine...), provenant de plus en plus souvent des imageries d'Épinal qui les dotent des superbes et vives couleurs qui ont établi leur réputation, les stocks des colporteurs-libraires sont essentiellement constitués de livres imprimés. Livres de chansons, à commencer, au XIXe siècle, par les fameux recueils de celles de Béranger. Chansons « recommandables », comme ce *Recueil de chansons propres à la récréation des mères de famille religieuses et personnes proposées à l'éducation des enfants*, ou moins avouables comme celles que réunit ce *Chansonnier des buveurs*.

Longtemps dominent les livres de piété : évangiles, missels, les pléthoriques vies de saints — chaque région a son saint patron, honoré et populaire —, ou autres écrits édifiants et formateurs, pouvant compter de huit à cent pages, aux titres aujourd'hui aussi pittoresques que désuets : *Avis salutaires aux pères et mères pour l'éducation de leurs enfants, Miroir de la confession générale ou instruction pour apprendre à se bien confesser et communier, Catéchisme des grandes filles...*

Viennent ensuite les ouvrages pédagogiques : abécédaires, livres d'arithmétique « grosse et petite », livres techniques empreints des connaissances scientifiques, et des livres pratiques reprenant la culture populaire, comme l'*Histoire générale des plantes et des herbes, Le Maréchal expert* (sur les races, les maladies des chevaux et l'art de les guérir). Les livres de médecine, tel le *Médecin des pauvres*, véritable « best-seller », ont forcément beaucoup de succès en ces temps d'obscurantisme. De la médecine à la magie, le pas est évidemment vite franchi, au risque d'entrer carrément dans la « magie noire », tant redoutée de nos ancêtres naïfs et superstitieux. Aussi, quitte à circuler eux aussi « en douce », des titres, comme *Le Bâtiment des recettes ou les secrets d'Alexis le Piémontais* ou, plus encore, le fameux *Grand Albert*, célèbre traité confinant à la sorcellerie et mis au rang des ouvrages interdits par Louis XIV dès 1709, s'arrachent-ils facilement.

D'autres livres traitent de l'actualité. Au XVIIIe siècle, ce sont ces vies de Mandrin ou de Cartouche, les « terroristes romantiques » de l'époque, ou *Ce qui se passe de plus remarquable sous sa Majesté Louis XV*; plus tard, les récits des *Batailles de Napoléon*. D'autres proposent des pièces de théâtre : la *Tragédie de Sainte-Catherine*, les *Œuvres burlesques de Scarron*, la *Tragédie française des parfaites amours de Zerbin et d'Isabelle-la-Fugitive*. Plus populaires encore sont les livres distrayants et bouffons, dans la tradition des fabliaux du Moyen Âge, dont ils reprennent volontiers des thèmes inusables, conjugaux ou scatologiques, proposant histoires de maris trompés et de femmes mécontentes de leurs hommes sous des titres largement évocateurs, comme le *Catéchisme des Maltotiers*, la *Malice des femmes*, le *Sermon des cocus*, la *Description des six espèces de pets* ou encore les *Tracas de Paris en vers burlesques*, sans oublier les opuscules plus « osés » et subversifs, qui changent au fil des temps. En 1731, c'est, selon la mode de l'époque, le long titre descriptif du *Magnifique et superlicoquentieux Festin fait à Messieurs, Messeigneurs, les Vénérables Savetiers, Careleurs et Réparateurs de la chaussure humaine, par le sieur Maximilien Belle-Alesne, nouveau reçu et aggrégé au Corps de l'État, avec la liste de tous les régales, services de table, mets, desserts et préparatifs du festin, et la Réjouissance, les Danses et autres divertissements de l'Illustre Compagnie*, se gaussant des savetiers qu'il se plaît à décrire comme ivrognes, encombrants, dépravés, indiscrets, bavards et prétentieux. Plus tard, voici le très rabelaisien *Catéchisme poissard*, sous-titré *Recueil indispensable pour passer gaiement le Carnaval, dédié aux amis de la Joie*, puis ce prometteur *Catéchisme des amants ou l'art de faire l'amour*, même si, alors, le mot désigne moins l'acte physique que la démarche sentimentale.

Les petits romans, enfin, occupent une place de choix dans cet inventaire, ouvrages où les lecteurs retrouvent bien souvent leur quotidien comme dans cette *Histoire du Bonhomme-Misère* (1719), qui, riche d'un simple poirier, réussira à tromper la mort, ou comme son pendant, narrant la vie du *Bonhomme-Richard*. Des contes, aussi, où les lecteurs trouvent à la fois espoir, évasion et émotions. Les récits de la vie de Mélusine ou des *Conquêtes du Grand Charlemagne* font rêver, toutes générations confondues. Les histoires de *La Bonne mère* et de *La Mauvaise mère* font, à la veillée, pleurer des familles entières, et *Fortunatus, Orson et Valentin, Huon de Bordeaux, Pierre de Provence ou Jean de Paris* proposent à nos ancêtres des héros dignes de ceux de nos séries télévisées, d'*Hélène et les garçons* à *Dallas*. Partout, on y trouve noirceur et extravagance, enfances persécutées et pères tyranniques qui n'ont rien à envier au sadisme de notre actuel J.R. Ewing lorsqu'ils jettent « des regards cruels sur la pauvre fille dont l'âme venait d'user toute sa force ». A chaque page, l'homme « au cœur dur et sauvage » y croise le hors-la-loi ou le brigand noble et généreux qui séjourne dans le pire des cachots, « chambre noire dont l'obscurité était capable d'atténuer en peu de jours un corps vigoureux », cela, jusqu'à ce qu'arrive le dénouement, souvent aussi spectaculaire que rapide, et toujours moralisateur et édifiant.

Mais le « best-seller » absolu reste, à n'en pas douter, l'almanach. De diffusion régionale, voire nationale, il est souvent le seul livre que l'on s'offre, comme, dès 1693, le *Calendrier des Bergers*, qui aurait alors dépassé les trois cent mille exemplaires, soit plus que n'importe quel livre de Voltaire. Plus tard, l'*Almanach du Bon Laboureur* rassemble à la fois hagiographie et météorologie populaires, signification du temps par l'observation des oiseaux, astronomie et calcul de l'heure de la nuit, conseils vestimentaires, anatomie humaine, recettes de cuisine et remèdes, phases de lunaison et calendrier des semailles, sans oublier les inévitables « histoires à rire » concoctées par les « grosses têtes » de ces époques... *Digests* de tous les autres livres, ces almanachs sont largement illustrés, afin d'être clairs même aux illettrés. Encyclopédie complète de la vie à la campagne et des connaissances pratiques, l'almanach est autant le livre des paysans que celui des propriétaires terriens ou encore des bourgeois et des nobles. Vendu par le colporteur, c'est le *Quid* de nos ancêtres !

Tous ces ouvrages forment ce que l'on a souvent appelé la « Bibliothèque Bleue », en référence à la couleur de leurs couvertures. Longtemps imprimés sur du « papier bouffant à la chandelle », vendus à des prix très modiques (2 à 35 centimes pièce, selon le nombre de pages, au XIXe siècle), ils sont, de ce fait, qualifiés de « romans à quatre sous ». Leur pénétration dans les campagnes reste longtemps considérable, d'autant qu'aux livres vont, au siècle dernier, s'ajouter des journaux comme ce *Petit Journal*, créé en 1863, qui se vendra un sou et qui tirera à trois cent mille exemplaires en

1870, grâce, en partie, à un atout inestimable : les romans-feuilletons. C'est l'époque où Louis Hachette pense à conjuguer colportage et chemin de fer pour la vente de ses livres dans les gares, sans craindre de se heurter à Napoléon Chaix et, à travers lui, à l'Imprimerie et Librairie centrale des Chemins de Fer.

L'âge d'or de ce livre de colportage durera jusqu'à ce que la scolarité obligatoire ait réellement porté ses fruits et que l'école de Jules Ferry se mette à lutter pour les « bons livres ». En attendant, l'État continue à se battre contre les livres immoraux et met en place tout un arsenal législatif destiné à remplacer la surveillance des colporteurs, condamnant lourdement ceux qui travaillent sans autorisation ou patente.

Le livre de colportage continuera pourtant à régner dans les campagnes jusqu'à ce que le chemin de fer ait modifié les circuits et que les librairies commencent à se répandre dans les villes moyennes. De quelque trois cents colporteurs-libraires en 1853, employant chacun environ dix à douze commis, représentant donc trois mille cinq cents personnes, on tombera entre quatre cents et cinq cents dans les années 1880. La fin du siècle est donc fatale à cette spécialité aussi, et nos montagnards rentrent chez eux, à l'exception, évidemment, de ceux dont la réussite est plus établie et durable, car, là encore, certains hommes et certaines familles se sont taillés de belles fortunes.

En tête de ce palmarès, on doit d'abord citer ceux par qui le livre s'est développé. La Bibliothèque Bleue serait née à Troyes, chez un certain Nicolas Oudot. Dès le XVIIe siècle, sa famille, qui est installée dans la « librairie-édition », deux activités allant alors de pair, a l'idée de proposer des livres bon marché, différents de ceux reliés habituellement en peau et gravés à l'or. Pour réduire les coûts, les Oudot pensent même à utiliser des caractères usagés et à fabriquer des ouvrages non reliés, sans dos. Le succès est immédiat. En 1760, leur maison emploie deux cents personnes et, quelques années plus tard, la veuve de Nicolas Oudot ouvre une boutique à Paris où elle vend des livres, « rue de la Harpe, vis-à-vis la rue du Foin, à côté de la rue des Deux-Portes, à l'image Notre-Dame-de-Paris ». Les Oudot publient régulièrement deux catalogues des titres qu'ils diffusent, essentiellement au nord de la Loire, dans les régions de langue d'oïl, car, plus au sud, la multiplicité et la plus grande variété des parlers et patois régionaux constituent pour longtemps encore une réelle entrave au commerce des livres. En 1769, les Oudot vendront leur fonds à leurs vieux concurrents, les Garnier, Troyens également, et c'est leur successeur, Baudot, qui aura l'idée, en 1863, de lancer le fameux *Petit Journal*.

Devant le succès grandissant de ce commerce, il n'est pas étonnant que plusieurs régions aient vu leurs habitants s'y consacrer.

Les premiers ont peut-être été les Commingeois, issus des cantons de Saint-Gaudens, Bagnières-de-Luchon et Bagnières-de-Bigorre, secteurs depuis longtemps gros fournisseurs de colporteurs, étameurs, merciers ou marchands de sangsues. En 1855, on peut ainsi dénombrer six mille départs de ce type dans le seul arrondissement de Saint-Gaudens, et quelques communes comme Lourdes, Frontignan-de-Comminges, Saléchan ou Boutx, voient la majorité de leurs hommes se spécialiser dans le commerce ambulant du livre. Ils pratiquent souvent la double saison : un colportage d'été, qui les conduit aussi bien en Normandie ou en Bretagne que dans le Massif central ou le Midi, et un colportage d'hiver, qui les amène dans le Centre, en Berry, en Bourgogne, en Picardie et en Champagne. Ils voyagent le plus souvent en groupes, commandés par un maître, qui, du fait qu'il leur apprend ce métier, se dispense de payer ses équipiers. Ils vont à pied, par étapes de sept à huit lieues (soit vingt-cinq à trente-cinq kilomètres), se partageant les fermes et villages, vêtus de blouses grossières, emportant pour eux juste de quoi se changer, mais vingt-cinq à quarante kilos de livres sur le dos ! Leur « bonhommie câline » est, paraît-il, de grand effet sur les populations.

Viennent ensuite d'autres libraires ambulants, descendus de la région de Chamagne, dans les Vosges. Nombreux (on en a recensé quatre cent soixante entre 1824 et 1861), ils portent presque tous la barbe, et voyagent parfois avec femmes et enfants, n'hésitant pas à aller loin : à Lyon, à Orléans, à Cherbourg... Sans doute, ces « chamagnons » ont-ils été conduits à cette profession par le voisinage d'Épinal, où est installé Pinot, et où la vieille maison Pellerin et Compagnie s'affirme comme leader de son activité dès 1881. La présence de Gangel et Didion, à Metz, explique sans doute aussi la vocation des « libraires » de Charmes-sur-Moselle.

En Basse-Normandie, dans la région de Coutances, douze à quinze paroisses ont également connu de nombreux départs de « merciers-libraires », parfois accompagnés d'enfants vendant almanachs et images, et qui s'approvisionnent volontiers à Rouen, ville qui s'est rapidement affirmée comme la grande concurrente de Troyes en matière de livres.

Mais c'est encore dans les Alpes que ces hommes sont les plus nombreux et que l'on observe les réussites les plus magistrales. Car si, en Comminges, on remarque le cas de Jean-François Ollé, né en 1823 à Ardiège dans une famille d'agriculteurs-tisserands habituée à « la marchandise », parti à seize ans, devenu libraire à Nîmes et dont les descendants s'en iront travailler jusqu'au Mexique, on ne saurait dénombrer les familles savoyardes ou briançonnaises connaissant le même destin. Il est vrai que le voisinage des cantons suisses protestants leur a facilité le commerce des livres prohibés à la révocation de l'édit de Nantes qu'ils ont souvent su écouler à prix d'or. Beaucoup ont donc monté des établissements à travers la France, et au-delà, choisissant les cités les plus riches, fondant éventuellement leur propre banque, mais toujours s'appuyant sur de vastes réseaux de parentés et conservant des liens familiaux étroits avec leur montagne.

Les Droz, de Chambéry, s'établiront à Strasbourg. En Briançonnais, la petite ville de Monêtier-les-Bains a fourni à elle seule les Aillaud, libraires au Portugal, à Lisbonne et à Coimbra, mais aussi à La Haye et à Paris; les Bompard, libraires à Gènes, Naples et Rio ; les Bouchard, établis à Florence, Bologne, Rome, Metz et Chambéry ; les Gravier, à Malaga, Rome, Gènes, Paris, Turin et Bologne ; les Reycend, à Amsterdam, Lisbonne, Parme et Milan. Les Bonnardel, de Briançon, sont installés à Lisbonne, Barcelone et Turin ; les Niel, de Saint-Didier-en-Dévoluy, tiennent boutique à Avignon et Lyon... Autant d'implantations qui sont souvent anciennes : dès 1754, le libraire François Grasset constate que le commerce de librairie en Espagne et au Portugal est entièrement entre les mains des gars d'un même village du Briançonnais. Il s'agit évidemment de la paroisse de Monêtier-les-Bains, berceau des libraires, solidaires entre eux, le plus souvent apparentés et alliés, tels les Delorme, issus de ce village et quasiment parents, tout comme les Brentano — riches libraires des bords du lac de Côme, en Italie —, de tous les grands libraires d'Europe.

Monêtier-les-Bains, un petit chef-lieu de canton perdu, à quelque 1 500 mètres d'altitude. Avec à peine quatre cents habitants à la fin de l'Ancien Régime, ce bourg oublié de tous, a pourtant fourni de forts contingents de colporteurs et de porteurs de lanternes magiques, ravissant les yeux de nos ancêtres de splendides enluminures et d'images de mondes exotiques et lointains. Ce bourg, qui a dispersé par le monde entier ses colporteurs-libraires devenus souvent millionnaires, ne s'en est pas pourtant tenu là.

CHAPITRE III

Des plumes d'oies du Queyras aux pluies de piastres : la fortune des Barcelonnettes

Les troupes de colporteurs-libraires qu'exporte le petit bourg de Monêtier-les-Bains pose une énigme. Comment, en des temps où quatre-vingt-quinze Français sur cent sont illettrés, ces migrants, généralement de condition très modeste, pouvaient-ils réussir dans cette profession où il fallait savoir lire ?

En fait, les raisons de leur réussite tiennent à une autre habitude, celle qui, à chaque automne, fait partir de Monêtier et des villages voisins, des groupes d'hommes que l'on nomme les « bits » et qui méritent d'être mieux connus.

Eux aussi s'en vont régulièrement, s'égrenant par les chemins, souvent vêtus de capes de gros drap blanc, et portant curieusement une, deux ou trois plumes d'oies à leur chapeau de feutre.

Vers quelle nouvelle aventure ces hommes courent-ils, dès la fin des travaux d'été, cheminant pour un temps avec la légion des colporteurs, des fleuristes et des herboristes, et reprenant une tradition ancestrale qui remonterait au Moyen Âge ?

Ils sont généralement âgés de vingt à vingt-cinq ans, leurs rangs comportent parfois quelques femmes en coiffes blanches, dans lesquelles sont plantées les mêmes plumes d'oies. Tous descendent ainsi jusqu'aux bourgs et villes de Haute ou Basse-Provence. Là comme ailleurs, octobre est un mois riche en foires où se vendent les récoltes de l'été et les animaux engraissés dans les alpages. C'est là qu'ils vont se « mettre en location », comme le font alors couramment tous les domestiques.

Véritable institution de l'ancien monde rural, la « louée » a généralement lieu deux fois par an. A la première, qui se tient traditionnellement le jour de la Saint-Jean ou de la Saint-Barnabé, les gars se proposent pour les moissons ou les labours d'automne. A la seconde, le plus souvent fin septembre, à la Saint-Michel, ou en novembre, pour la fête de saint Martin, ils se louent carrément à l'année. Selon les régions et l'activité proposée, chacun se signale par un signe de reconnaissance. Le charretier tient un fouet, le garçon-farinier porte un sac vide sur ses épaules, le berger une touffe de laine, la fille se proposant comme servante met un bouquet de fleurs ou tout simplement une rose à son corsage, le candidat laboureur porte une branche de châtaignier et le moissonneur un épi de blé à sa blouse ou à son chapeau. Chacun attend l'employeur potentiel qui tâtera souvent les biceps pour juger de la force physique et avec qui les gages seront âprement discutés.

Il n'est pourtant guère qu'aux foires automnales de Digne, de Gap, de Valence, de Nyons, de Vaison ou de Carpentras que l'on peut rencontrer nos insolites candidats à plumes d'oies et les embaucher. Les embaucher comme maîtres ou maîtresses d'école. Les « bits », en effet, se louent régulièrement pour des saisons d'« écolage » et le nombre de plumes d'oies qu'ils arborent à leur chapeau ou à leur coiffe révèle leur degré de connaissance et leur éventail de compétences. Une seule plume indique que l'homme ne saura enseigner que la lecture, deux qu'il y ajoute l'écriture, trois « le chiffre », autrement dit le calcul. Rarement, une quatrième se référera à la pratique du latin. Ils ont généralement pris la précaution de se munir d'un certificat l'attestant, rédigé par leur curé ou par l'évêque lui-même. Certains, d'ailleurs, évitent de passer par le canal des « louées », préférant trouver leur clientèle par l'intermédiaire des prêtres. D'autres se font embaucher par des municipalités ou des communautés d'habitants, tel Pierre Hugonis, originaire de Saint-Paul, dans la vallée de Barcelonnette, qui arrive à Cucuron le 22 septembre 1544 et signe un contrat aux termes duquel il est engagé « pour recteur d'école, en enseignant diligemment et en bonne doctrine tous les enfants des manants et habitants du présent lieu, de toute sa puissance et pouvoir, tant des pauvres que des riches, sans y faire nulle difficulté, différence, ni spécificité, lesquels enfants lui seront mandés en la maison qui lui sera attribuée par ladite communauté, aux coûts et dépens d'icelle ». Le contrat, établi en la « maison de la charité », équivalent de l'hôpital, prévoit un engagement d'un an, à compter de la Saint-Michel (le 29 septembre), et une rémunération de trente florins, payable en quatre versements trimestriels. Mais cet exemple n'est guère représentatif. Les conditions, généralement, sont moins alléchantes et moins valorisantes.

Le plus souvent, nos « écoleurs » quittent leur ferme ou leur bergerie à la Toussaint, descendent les montagnes du Queyras, de la Maurienne ou du massif de l'Oisans et se dirigent, les premiers vers les Alpes du Sud et la Provence, les autres vers la vallée du Rhône, l'Ardèche et parfois le Languedoc.

Là, durant les sept longs mois de la « morte-saison », ils enseigneront les enfants de leurs recruteurs, et parfois ces recruteurs eux-mêmes, pour des gains généralement très modiques, souvent partie en argent et partie en nature, vin, pain et graines de semence. Des salaires si maigres qu'ils devront fréquemment les compléter, les hommes par des travaux de domesticité à la ferme, comme le nourrissage du bétail ; les femmes par des tâches de servantes ou de femmes de chambre. D'autres y ajouteront une activité d'écrivain public, fort prisée en ces temps où le savoir fait si cruellement défaut.

Qui sait alors lire au village ? Mis à part le curé et, quand il y en a un, le notaire ou le châtelain, personne. Dans la plupart des paroisses et des régions de France, c'est longtemps le curé qui lit, en public, les livres de la Bibliothèque Bleue que le colporteur a vendus à ses ouailles, sauf à ce que quelque vétéran des armées, retiré au pays et pourvu de quelques rudiments, ne puisse lui-même le faire lors des veillées, une fois ses propres récits achevés.

Qui sait compter? Qui sait écrire? Qui sait signer? Autant de notions bien différentes. C'est peut-être le calcul qui a longtemps été la notion la plus répandue, chaque paysan devant pouvoir faire ses comptes. Il disposait pour cela de nombreuses méthodes peu académiques, utilisant baguettes à encoches et doigts de la main. Souvent, sur le point de conclure l'affaire avec le maquignon, il prétextait d'avoir à aller « épancher de l'eau » (pisser), histoire de vérifier discrètement à sa façon, sans avoir à rougir de sa gaucherie et de son ignorance, si la somme donnée correspondait bien à son attente.

Le fait de savoir signer va longtemps rester un signe d'évolution sociale. Qui l'ignore doit se contenter d'apposer une marque, généralement une croix, en référence à son engagement fait sur la croix du Christ. Qui signe, sous l'Ancien Régime, trace ou dessine le plus souvent de malhabiles bâtons qui nous semblent bien enfantins. Autant dire qu'il ne sait en fait ni lire ni écrire. Qui sait réellement écrire signe de son nom, calligraphié, qu'il a soin d'orner d'un paraphe, enchevêtré à tel point qu'il est souvent appelé un « nid d'abeille », sorte de « botte » personnalisée et difficilement imitable.

La France, longtemps, reste illettrée. Entre 1686 et 1690, 21 % seulement des jeunes époux signent leur acte de mariage, dont deux hommes pour une femme, et curieusement, la majorité de ces « signants » vivent au nord d'une ligne Saint-Malo/Genève, révélant une opposition géographique qui va aller se renforçant. Le Sud est sous-éduqué! Selon les spécialistes, cette différence tiendrait pour partie aux sols et aux climats. Les habitats plus groupés de la France septentrionale auraient favorisé les initiatives scolaires communautaires alors que, au sud, l'habitat plus dispersé et les hivers plus rudes, isolant les hameaux montagnards, auraient été dissuasifs sur ce plan.

Au sud de cette fameuse ligne, un département se démarque toutefois, celui des actuelles Hautes-Alpes, qui, dès l'époque de Louis XIV, décroche la première place en matière d'instruction avec 64 % des hommes capables de signer. En 1820, ce sont 75 % des époux qui apposent leur signature au bas de leur acte de mariage. Des taux énormes, qui s'expliquent incontestablement par les talents de nos maîtres d'école, mais qui ne nous disent pas quelle en est l'origine. Seraient-ils dus à une présence particulièrement affirmée du clergé ? A moins que les vieilles habitudes de migrations saisonnières n'aient, depuis longtemps, grâce aux colporteurs, donné aux populations de ces régions la possibilité d'ouvertures culturelles ? De la seule région du Monêtier et de Barcelonnette, n'en voit-on pas, à l'automne, partir de quinze cents à deux mille ?

Peu importe. Les faits sont là. Nos « bits » savent non seulement signer, mais lire, écrire, compter et réciter les déclinaisons latines. Ils peuvent éduquer leurs semblables et ils le font, sachant parfaitement tenir compte de leurs mentalités, de leurs besoins et de leurs attentes, quitte à ne guère se départir du vieux *Cochon rôti, ou méthode très facile pour bien apprendre à lire en latin et en français*. Ce premier livre de lecture, qui porte sur sa couverture l'image d'un cochon tournant sur une broche, a, dès le XVIIe siècle, associé dans ses pages les images et les syllabes que les instituteurs peuvent ainsi faire épeler et ânonner à leurs élèves. Leurs confrères colporteurs-libraires le leur fournissent aisément, tout comme les divers alphabets et abécédaires dont ils peuvent avoir à se servir.

La loi Guizot, en 1833, portera un coup fatal à nos enseignants alpins en exhortant les municipalités à ouvrir des écoles primaires publiques, dont on confiera la charge à plus instruits qu'eux, même si la première école normale du département est justement fondée à Barcelonnette, dès cette même année 1833. L'école de Jules Ferry, un demi-siècle plus tard, leur portera le coup de grâce.

Si cette activité n'a guère permis aux habitants de ces contrées de faire fortune, elle leur a pourtant donné leur chance. Un chercheur a récemment découvert que Frédéric Chopin, que l'on croyait d'origine lorraine, avait en fait ses racines à Saint-Crépin, près de Guillestre, région exportatrice d'« écoleurs », racines qui pourraient bien expliquer les destinées de la famille. En tout état de cause, ces habitudes enseignantes ont sans nul doute été un élément valorisant pour les populations de ces régions. On sait lire, dans la vallée de Barcelonnette; les hommes s'en sentent plus forts et plus sûrs d'eux et ils vont bientôt le prouver en d'autres occasions et sous d'autres cieux. Les uns feront fortune à Dijon, à Lyon, à Bruges ou à Amsterdam; les autres, plus loin, comme les Faque et les Vasserot, d'Aiguilles, qui, après avoir vendu et réparé des parapluies à Chambéry, s'embarqueront à Nice pour le Brésil, où ils ouvriront des magasins, imités par certains de leurs compatriotes à Montevideo, au Chili, en Bolivie, à Bogota... Mais c'est au Mexique que les réussites les plus spectaculaires attendaient les enfants de Barcelonnette.

Au début du siècle dernier, les habitants de la vallée de Barcelonnette se racontaient volontiers l'histoire d'un des leurs, Joseph Laborde, qui s'en était allé quelque cinquante ans plus tôt pour le Mexique, où il avait amassé une immense fortune. On le disait si riche que, à son enterrement, le char funèbre serait allé de sa maison à l'église et au cimetière sur un chemin de barres d'argent tirées de ses propres mines de Mora y Millagro. Beaucoup y songeaient, au cours des longs hivers de six à sept mois, qui coupent de toute communication avec l'extérieur leur pays de neiges, d'ubacs et de glaces, en faisant comme une « île de montagne ». Ce pays, bergers et paysans le maudissaient parfois lorsqu'au printemps les rioux et torrents déchaînés ravageaient leurs terres et parfois même leur maison.

Est-ce à Joseph Laborde qu'a pensé Pierre Arnaud, en 1821, lorsque la petite fabrique de soie que sa famille possède à Jausiers doit fermer ses portes, ne pouvant plus soutenir la concurrence des usines mécanisées des vallées basses qui proposent des étoffes plus fines ? Est-ce à lui qu'il pense lorsqu'il déclare vouloir partir pour les Amériques ? On le dit fou, insensé. Peu lui importe ! Il s'embarque pour La Nouvelle-Orléans. De là — était-ce son intention ou change-t-il fortuitement de stratégie ? —, il gagne rapidement le Mexique où l'arrivée au pouvoir du général Iturbide, qui vient de vaincre les Espagnols, est marquée par une nette volonté d'ouverture sur l'extérieur. Une volonté qui est peut-être due aux origines étrangères de la famille du général, basque, comme son nom le laisse deviner.

Arrivé à Mexico, Pierre Arnaud ne tarde pas à rencontrer un Français, Maillefer, avec lequel il s'associe pour fonder *El Cajon de Ropa de Las Siete Ueras*, le Magasin de Tissus des Sept-Portes, en plein milieu de la rue des Portes du Ciel. Et c'est le succès. Un succès tel qu'Arnaud appelle ses deux frères dont le départ ravive les conversations : Joseph Laborde, Pierre Arnaud. Ne dit-on pas : « Jamais deux sans trois » ? Les hommes de la vallée de l'Ubaye ont tous le regard tourné vers le Mexique. Un certain Couttolenc, qui n'est autre que le propre fils du maire de Barcelonnette, en froid avec son père, s'y embarque sur un coup de tête, y fait à son tour fortune dans les mines de cuivre de Chalchicomula : et de trois ! Le Mexique devient un pays de Cocagne. N'y frappe-t-on pas librement monnaie du fait de l'abondance des mines d'argent ?

Les années passent, les Arnaud travaillent dur, recherchant principalement la clientèle des riches *hacienderos*, propriétaires de terres immenses, et de leurs nombreux *péones*, qu'ils démarchent lors de longues tournées à cheval de plusieurs mois à l'intérieur du pays. Des tournées périlleuses, puisque l'un des frères y laisse la vie, assassiné en escortant un transport d'argent à Guanajuato.

Mais les deux survivants seront, eux, largement récompensés de leurs efforts, à tel point qu'en 1833, après douze années passées là-bas, les Arnaud décident de fonder une usine de tissus imprimés et cherchent à qui ils pourraient en confier la gestion et la direction. Devant la carence du marché de l'emploi local, ils proposent à trois de leurs compatriotes dont ils connaissent les qualités et les compétences de venir les rejoindre. Le signal du départ est donné.

Tel ancien colporteur se précipite au Mexique et se couvre d'or en y fondant une pharmacie; tel autre, dans la tannerie. De 1833 à 1847, on comptera environ trois nouveaux départs par an. En 1842, Gassier part y fonder *La Ciudad de Londres*, un autre magasin de tissus. L'année suivante, à la suite des inondations et ravages provoqués par les torrents en crue, ce sont dix garçons qui s'embarquent. Bientôt, deux des gérants de l'usine Arnaud, rentrant à leur tour avec en poche l'énorme somme de deux cent mille francs-or, achèvent d'enfiévrer l'imagination de leurs compatriotes.

En 1848, les suivent vingt-sept jeunes gens, puis d'autres, toujours plus nombreux. Agés de seize à vingt ans, parfois même dès quatorze ans, habitués au vieux rythme ancestral, ils partent souvent en automne, à l'image des anciens colporteurs, avec en poche tout juste de quoi payer la traversée qui coûte cher quand les frais n'ont pas été avancés par ceux qui les font venir. Ils prennent la diligence pour Gap, puis le train pour Bordeaux, où ils attendent plusieurs jours ou plusieurs semaines le départ d'un bâtiment de commerce à voiles. La traversée dure cinquante à soixante-dix jours, quelquefois davantage, selon les caprices des vents; des semaines durant lesquelles ils seront soumis sans ménagement au soleil accablant des tropiques, entassés à plus de deux cents sur les ponts et dans les entresols.

Arrivés au port, Indiens en pantalons blancs et *guarachis* (sandales de cuir) les impressionnent fortement. Mais, pour rejoindre leur destination, ils doivent encore effectuer à dos de mules les quelque deux cent cinquante à trois cents kilomètres séparant la côte de Mexico, dormant à la belle étoile et se nourrissant, dans de minables auberges, de *ciles*, sortes de gros poivrons farcis, ou de petits haricots noirs que l'on nomme *fricoles*. Traversant les plaines sableuses, ils doivent affronter les piqûres des insectes des forêts bruissantes des chants de colibris multicolores, éviter les mortelles morsures des serpents, sans parler des embuscades, qui les guettent à tout instant. Après vingt jours de voyage, enfin, ils aperçoivent à l'horizon les terrasses et les clochers des quatre-vingt-six églises de leur « Far West », dominé par le dôme étincelant de Notre-Dame-de-Guadalupe : Mexico est là, devant eux, où leurs compatriotes les attendent et leur demanderont avant tout, dans leur dialecte ubayen, des nouvelles du pays natal.

A cette époque, et toujours grâce à Iturbide, les relations commerciales et humaines franco-mexicaines ne cessent de se multiplier. Depuis 1840, soixante-quinze navires de commerce français déchargent chaque année leurs cargaisons dans les ports mexicains, les Français exportant autant au Mexique qu'aux États-Unis ! Cargaisons de tissus, bien sûr, dont la mode des jupons superposés ne fait qu'augmenter la demande, mais aussi cartons, livres, conserves, gravures, orfèvrerie, parfumerie... autant d'articles qui pourraient aussi attirer les femmes.

Les femmes, pourtant, seront longues à arriver. L'émigré travaille, comptant, une fois ses affaires lancées, même s'il doit souvent laisser passer la quarantaine, retourner en chercher une là-bas, dans la vallée. Les sœurs Fortoul, âgées de seize et dix-sept ans, ont été les premières à rejoindre la colonie.

Après une traversée romanesque de plus de trois mois, elles ont, dès leur installation, monté un petit commerce de bonneterie où elles proposent des articles qu'elles confectionnent elles-mêmes. Mais les années passent et les affaires ne démarrent pas ; bientôt, elles ne pourront plus survivre. Elles décident alors de se rendre chez l'impératrice, la suppliant de faire passer son carrosse dans leur petite rue mal achalandée afin que la cour prenne l'habitude d'y venir. L'impératrice, émue, leur accorde davantage en les reconduisant elle-même et en leur achetant l'intégralité de leur stock, faisant ainsi des deux « petites mains » les fournisseuses officielles de la cour. Un beau conte de fées qui bercera l'enfance de Patrice Gouy et sera à l'origine de sa passion d'historien pour les Barcelonnettes. Un conte de fées qui s'éclaire un peu, cependant, lorsque l'on sait que l'impératrice du Mexique n'était autre que Charlotte de Belgique, l'épouse de l'empereur Maximilien allié de Napoléon III.

La guerre du Mexique n'a en effet guère gêné les activités des Barcelonnettes, tenus en bonne estime générale. L'intervention militaire française, en 1862, n'a fait que développer chez les Mexicains le goût du luxe et de la dépense, et l'installation sur le trône, par Napoléon III, de l'empereur Maximilien a renforcé cette tendance. Le gouvernement ouvre des lignes de chemins de fer. Une ligne maritime régulière relie désormais Saint-Nazaire à Veracruz. De deux mois et plus, la durée du voyage tombe à un; elle sera réduite à quinze jours en 1910. Le coût du transport des marchandises par cargo baissant, les patrons des magasins peuvent régulièrement retourner s'approvisionner en Europe. La guerre de Sécession, en entamant la prédominance commerciale des États-Unis, va elle aussi largement profiter à la colonie française. Les États du Sud, principaux producteurs de coton au plan mondial, ne sont plus en mesure de fournir au pays les stocks nécessaires pour fabriquer les uniformes de ses troupes, les cours grimpent en flèche et les firmes mexicaines récupèrent dans des conditions plus qu'avantageuses le marché américain. Maximilien disparu, les liens avec la France se maintiennent. La guerre de 1870 porte un coup fatal au commerce avec l'Allemagne, jusque-là assez important, laissant les Français maîtres du jeu, à commencer par 673 personnes originaires de la vallée de Barcelonnette. Lorsque les maisons allemandes ferment, les Français en tiennent 150, dont 118 appartiennent à des Barcelonnettes.

Arrive alors au pouvoir le général Porfirio Diaz, qui instaure un régime capitaliste autoritaire. D'emblée, il se révèle favorable aux investissements étrangers qu'il encourage par tous les moyens. A la colonie française et à nos « valéians » — comme on appelle les ressortissants de la vallée de l'Ubaye fixés là-bas —, il ouvre un véritable âge d'or.

C'en est fini de la vie mouvementée des trente premières années, où les commerçants, souffrant souvent du climat rude et de l'environnement insalubre, victimes de maladies comme la typhoïde, avaient toujours à craindre, lorsqu'ils étaient en prospection dans le pays, les bandits qui arrêtaient les diligences et enlevaient les passagers pour les rançonner. Si, jusque vers 1864, on risquait partout de se trouver face à un *pronunciamento*, quelque général révolté ou banni se livrant au brigandage, nos riches négociants peuvent désormais voyager sans avoir à emporter une panoplie d'armes. Ils peuvent, en toute quiétude, donner libre cours à leur esprit d'entreprise. A Mexico et dans d'autres villes du pays, leurs magasins poussent comme des champignons.

Après, *El Cajon de Ropa de Las Siete Ueras* de Pierre Arnaud, après *La Ciudad de Londres*, voici *El Puerto de Liverpool* ouvert en 1847 par Ébrard, un autre migrant venu de Jausiers, puis *Las Fabricas Universales, El Centro Mercantil, El Puerto de Veracruz*... D'autres encore, parfois hors de Mexico, comme *Las Fabricas de Francia* à Aguascalientes, *La Ciudad de Mexico* ou *La Gran Sombrereria Francesa* (la Grande chapellerie française) à Puebla. En 1864, on compte quarante-six maisons employant plus de quatre cents Barcelonnettes, réparties entre la chapellerie, la pâtisserie, le roulage ou le courtage, mais essentiellement spécialisées dans la vente des tissus et « nouveautés ». En 1910, on recensera au Mexique 250 maisons tenues par des Barcelonnettes, depuis les magasins de nouveautés jusqu'aux pharmacies, dont 143 à Mexico, 14 à Puebla, 10 à Chihuahua...

Au début, ces magasins n'ont rien de luxueux. Ils sont souvent nés dans de simples vestibules, pour passer ensuite dans des boutiques basses et sombres aménagées dans de vieilles bâtisses, que François Arnaud lui-même décrit ainsi : « Une enseigne en toile clouée sur un cadre en bois, tenant tout le travers de la maison, attirait le chaland; au-dessous, trois, cinq ou six grandes baies, toutes ouvertes, sans vitrine ni étalage, fermées le soir par des portes massives et doublées de fer et solidement maintenues par une grosse poutre, la *barrouira*. Le magasin, d'une seule pièce, blanchi à la chaux, était divisé en deux par un long comptoir tenant tout le travers, le *mostrador*. Devant, la foule bariolée, bruyante, piaillante d'Indiens et d'Indiennes, la cigarette aux lèvres; derrière, les commis affairés, empressés. »

Mais, de plus en plus, ces magasins se modernisent. A l'instar de leurs modèles européens, ils ambitionnent de rivaliser de luxe et d'importance avec ceux que les Parisiens de l'époque voient s'ouvrir comme la Belle-Jardinière ou le Bon Marché. Ils prennent des airs de palais, le Magasin des Sept-Portes donnant le ton avec sa grande cour carrée et sa galerie supérieure supportée par des colonnes de marbre blanc.

En 1891, Joseph Tron, fonde ce qui sera le plus grand magasin de Mexico. Il en a confié la conception et les plans à un architecte parisien à qui il a demandé une construction à la fois adaptée aux temps modernes et les incarnant. La solution préconisée a naturellement été d'utiliser le fer, à l'imitation de la tour qu'Eiffel vient d'offrir à Paris et qui symbolise l'Europe moderne aux yeux du monde. Et Tron a construit *El Palaccio de Hierro*, le Palais du Fer, un immense magasin de près de 1 000 m^2, alliant les éléments de métal, que l'on a fait venir de France, à la belle pierre locale de Chiluca, qui ressemble au granit. Aux yeux des Mexicains, cet imposant bâtiment est un véritable « gratte-ciel de la nouveauté ». Comme ses homologues, il sera somptueusement inauguré. Chacun pourra alors y apprécier les innovations de Joseph Tron et admirer les trésors qu'il y a rassemblés.

Tron, en effet, innove au plan commercial. Tout d'abord, les prix sont désormais fixes et « marqués », alors qu'auparavant le marchandage et parfois le troc avaient encore cours. Il innove aussi pour la conception et l'occupation des espaces. Le traditionnel *mostrador*, ce grand comptoir séparant les vendeurs des acheteurs, est supprimé. Les clients déambulent entre des murs de tissus et d'articles divers, pour lesquels des étiquettes de toile, collées ou piquées sur chaque échantillon, indiquent la provenance. Après avoir traversé un rez-de-chaussée luxueux, des ascenseurs les conduisent aux étages remplis, du sol au plafond, de rouleaux de tissus rigoureusement empilés sur de gigantesques étagères de bois ciré. Tout respire le bon goût, le luxe et la richesse. Le magasin est éclairé par de grandes vitrines, où les objets les plus précieux sont présentés dans des écrins. Au dernier étage du bâtiment, sont aménagés les logements des employés, équipés de l'eau courante, laquelle est récupérée sur le toit. Au rez-de-chaussée, une immense cour intérieure sert de lieu de réception et de départ des livraisons, expédiées tant chez les clients que dans les magasins du reste du pays. S'ajoutent, outre les importantes écuries qu'exigent les transports, quatre autres bâtiments, soit 26 000 m^2, abritant des ateliers où un millier d'ouvriers fabriquent chemises, tissus, tapis, rideaux, mais aussi meubles, porcelaine, cristallerie et faïences.

Le Palais du Fer fait véritablement figure de caverne d'Ali Baba, ne serait-ce que par son rayon des tissus où sont présentées toutes les variétés imaginables, toutes les étoffes d'Europe et d'ailleurs : indiennes, toiles, cotonnades blanches, draps, soies, siamoises, percales, casimirs, brocardelles bigarrées et tissées d'or, damas demi-soie à fleurs blanches, gazes brochées, soufflées, gaufrées ou imprimées, étoffes aux noms étranges comme l'alpaga, la balzoline, la brillantine, le calamenco, le baïpour ou le bural... On y trouve des soieries fabriquées aux quatre coins du monde et brillant de « lueurs mystérieuses, de reflets de Chine, d'Inde et d'Arménie », et encore toutes les catégories de laines, fines ou croisées, fabriquées en Angleterre, à Roubaix, à Amiens ou à Beauvais, dans toutes les couleurs de l'arc-en-ciel : rouge coquelicot, noir de ciel, gris cendré... On y trouve aussi de la confection, de la bonneterie, du linge de corps et de maison, des ombrelles, bref tous ces « articles de Paris » qui font alors fureur et qui vont littéralement s'arracher, sans oublier les traditionnels *tapalos de burato*, châles très prisés ici, faits de laine et de soie, agrémentés de franges festonnées ou brodés à jours. Comment les Mexicains, — et les Mexicaines ! — pourraient-ils résister ?

A la fin du siècle dernier, toutes les principales artères de Mexico et des autres grandes villes du pays se voient bordées de ces hautes et imposantes constructions, rivalisant de colonnes de marbre blanc. Toutes prennent pour modèle les établissements de Joseph Tron, tant dans leur architecture intérieure et extérieure, dans la création de succursales en province, généralement confiées aux ex-commis voyageurs, que dans leur principe de « concentration verticale ». Pour fabriquer les articles vendus à *El Centro Mercantil*, les usines de Tizapan, font travailler jusqu'à 2 700 ouvriers. Pour éviter d'avoir à aller régulièrement s'approvisionner à Manchester ou à Paris, certains négociants y ouvrent des maisons d'achats où ils envoient un membre de leur famille comme agent permanent.

Car nos négociants sont depuis longtemps, et pour parler en termes actuels, « passés à la vitesse supérieure ». Forts de leurs fabuleux chiffres d'affaires, estimés par millions, détenteurs d'énormes capitaux, ils ont eu soin de réinvestir l'argent gagné dans le commerce de détail. Très tôt, comme on l'a vu avec les pionniers qu'ont été les Arnaud, ils se sont engagés dans l'industrie textile, n'hésitant pas à envoyer leurs fils se former en France, à l'École de tissage et de filature de Mulhouse. Puis est venu le temps des grandes affaires. Dès 1889, on voit plusieurs des propriétaires des grands magasins barcelonnettes, dont le fameux Joseph Tron, s'associer pour fonder la *Compagnie industrielle d'Oribaza*. Ils achètent des terrains pour y édifier des usines, comme celle de Rio Blanco qui sera, en 1892, inaugurée en grande pompe par le président Porfirio Diaz en personne, et emploiera jusqu'à six mille ouvriers en 1907. Quatre années plus tard, un autre groupe de Barcelonnettes fonde la *Compagnia Industrial de Veracruzana*, dont l'usine de Santa Rosa sera elle aussi inaugurée en 1898 par le président Diaz, et dont la filature de coton tissera toiles, indiennes, mousselines, cretonnes, percales, calicots et flanelles. A ce train, nos Barcelonnettes ne tardent pas à posséder 70 % des usines textiles du pays, et se partagent constamment les prix et les médailles lors des Expositions universelles, à Paris comme à Saint Louis, aux États-Unis. A ces établissements viennent parfois s'ajouter des fabriques de cigarettes et bien d'autres, ainsi que d'immenses plantations de coton, le tout encouragé par le développement du réseau ferré national et protégé par le régime de Diaz. En taxant à 135 % le coton importé, le gouvernement prouve encore largement son appui à nos industriels, appui assorti par ailleurs de troupes armées mises à leur disposition pour juguler les grèves qui pourraient éventuellement les menacer.

De l'industrie, l'emprise économique des Barcelonnettes va tout naturellement s'étendre à la banque et aux marchés financiers. En 1897, Porfirio Diaz, décidément plein de prévenances, a l'idée d'abolir le monopole d'État sur la banque. Il n'en faudra pas davantage pour voir le pays se couvrir d'établissements de crédit et passer, en huit ans, de deux à trente-huit banques. Deux ressortissants de la vallée de l'Ubaye s'empressent de participer à la fondation d'*El Banco Nacional de Mexico*, qui comptera en 1906 vingt-sept succursales et vingt-quatre agences, et notre entreprenant Joseph Tron se retrouve vite à la tête d'*El Banco de Londres y Mexico*, qui, en 1952 encore, sera présidée par un Français. En 1895, on fonde même une *Banque de Barcelonnette*, dans l'intention de faciliter les affaires en France. Ces établissements, bien sûr, prennent rapidement des participations dans les principales affaires du pays, tous secteurs d'activités confondus. Une de ces sociétés investit même dans la dynamite et les explosifs, et nos Barcelonnettes y sont, cette fois, associés avec les propres fils du président Diaz ! On mesure le chemin parcouru par ces hommes depuis les froids ubacs de leurs Alpes natales et leur arrivée à dos de mulets à Mexico... mais aussi la quantité de travail qu'ils durent fournir et les difficultés qu'ils eurent à affronter.

Car la vie quotidienne du Barcelonnette au Mexique n'est pas une sinécure. Soit que la colonie établie lui ait fait signe et l'ait accueilli, soit qu'il ait fait le voyage de lui-même, sachant qu'il pouvait, arrivé à Mexico, se rendre chez Eugène Caire, un des Barcelonnettes qui avait répondu dès 1833 à l'appel des Arnaud et dont la maison de commerce a longtemps tenu lieu d'« office de placement », notre arrivant a été, dès son arrivée, soumis à un rude apprentissage.

Ciseaux en main, crayon sur l'oreille, il ne cesse d'aller et venir, de sept heures du matin à la nuit, entre le comptoir sous lequel se trouve le tiroir de la recette, les murs d'étoffes du magasin, empilées sur des étagères de bois blanc peint, et la *trastienda*, cette arrière-boutique débordant de marchandises. Pour eux, de l'ouverture à la fermeture, c'est le « stress » permanent. « C'était à qui vendrait le plus et le plus cher, au-dessus des prix fixés par le patron et marqués en lettres cabalistiques sur les pièces d'étoffes », écrit Arnaud lui-même. Un stress auquel s'ajoute l'apprentissage même des tissus... et de la langue.

Durant toute la première année, le nouvel arrivé n'est que nourri et logé et le salaire qu'il reçoit ensuite reste longtemps très modique. Le travail est harassant, Arnaud en témoigne encore : « Les derniers arrivés balayaient le magasin, déballaient, emballaient, couchaient la nuit sur le comptoir et faisaient les travaux les plus pénibles de la maison. » Tous mènent une vie dure et austère : « Dans la semaine, les commis ne sortaient pas, ou peu et, fatigués, regagnaient volontiers leurs lits, placés à trois ou quatre dans de petites chambres : deux au moins d'entre eux couchaient sur le comptoir. Le dimanche, le magasin était fermé à la vente et on utilisait la matinée au déballage, au pointage et à la mise en place des marchandises. Dans l'après-midi, chacun allait à ses plaisirs, qui au café, qui au *boliché* (jeu de quilles), qui ailleurs. » Très peu de jours de congés. « Pas de fréquentation de la société mexicaine ou espagnole, on n'avait pas le temps ; pas de mariage pour les commis, par crainte des charges de famille ; pas de cercles, pas de voyage en Europe (...) ; le voyage était trop long. »

En revanche, ce système donne au migrant toutes ses chances : « Par sa bonne mine, par son savoir-faire, (il) était à même, dès le premier jour, de faire montre de ses capacités, de mériter une augmentation de traitement ou une participation aux bénéfices. » Jamais, les anciens ne le méprisent. Derrière les étagères, à côté de l'arrière-boutique est « la salle à manger, où commis et patron, le magasin fermé, dînaient tous ensemble à la même table ». S'il donne satisfaction, notre homme peut donc gravir un à un les échelons de la hiérarchie, passant par exemple du magasin au comptoir, puis au bureau des écritures et, de là, à la représentation. Il fait alors longtemps sa tournée à dos de cheval, suivi d'une caravane de mules bâtées, portant jusqu'à deux malles chacune, avant de pouvoir prendre le train lorsque le réseau sera établi.

Peu à peu, cependant, la « colonie » s'est organisée. Le dimanche, le Club-France propose des loisirs. Le clan s'est structuré et n'a cessé de s'affirmer. Dès son arrivée, d'ailleurs, le jeune Barcelonnette parle avec ses collègues de travail le dialecte de sa vallée, à la chambre et à la cantine comme dans le magasin même, afin de mieux se préserver des oreilles étrangères.

A force de célibat, d'endurance et de travail, notre homme arrive généralement à faire des économies. Il cherche alors un associé parmi ses collègues ou ses parents, à l'intérieur du « clan » et, lorsqu'il l'a trouvé, se lance à son tour dans les affaires, toujours prêt en principe, comme ses compatriotes l'ont fait avec lui, à aider le nouvel arrivé des Alpes, mais souvent aussi — il faut le dire — à le mener durement, et à se montrer plus violent et autoritaire encore avec la main-d'œuvre indigène. A ces ouvriers, il est interdit de lire, même dans le dortoir, par crainte des doctrines subversives ; ils ne peuvent pas non plus recevoir, sous prétexte des risques de vol, le patron les tenant, ni plus ni moins que ses homologues paternalistes alors nombreux en métropole, dans un état de totale dépendance.

Telles sont les trajectoires les plus courantes, que suivent des jeunes de la vallée, de plus en plus nombreux, véritablement happés et éblouis par le « rêve mexicain ». Ils partent pour un voyage dont la durée, on l'a vu, n'a cessé de se réduire et dont les conditions sont de plus en plus confortables. Un voyage qui reste cher, cependant, et que tous ne peuvent s'offrir. Les uns empruntent ; d'autres font prendre en charge leur traversée par la maison qui les emploiera et qui ne leur envoie naturellement qu'un aller simple. Leur itinéraire, désormais, les fait passer presque inévitablement par Paris, où ils rejoignent l'Hôtel des Étrangers, rue des Petites Écuries, tout prêt de la maison d'achat fondée par Reynaud en 1893. De là, ils rejoindront Saint-Nazaire, après une à deux journées d'emplettes. Dans la capitale, on leur donne en effet la liste du trousseau qu'ils doivent emporter, leur avançant souvent de quoi aller l'acheter, au Bon Marché ou ailleurs. Imaginez nos montagnards, arrivés en sabots ou brodequins, se retrouvant avec « deux paires de chaussures sans clous, deux complets trois pièces, quatre chemises aux manchettes empesées et quatre cravates » ! A peine en croient-ils leurs yeux, et leurs estomacs aussi, lorsqu'ils se retrouvent à quarante ou cinquante compatriotes pour se voir offrir, la veille du départ, un grand banquet avec toasts portés à leur réussite dans des coupes de champagne !

Ils vont partir à plus de neuf mille kilomètres de leur pays natal et pour longtemps, le temps de réussir, de se donner corps et âme à la bonne marche du magasin qui les emploie, puis du leur, les retours étant les récompenses de leur labeur et de leur persévérance. Des années durant, ils en rêvent, l'attendant pour manger les traditionnelles *ravioles* du pays et pour y montrer leur richesse : belles montres en or avec leurs chaînes, fusils de chasse à cinq ou huit coups, et surtout pour y prendre femme, souvent à plus de quarante ans, sans oublier le retour enfin définitif, les poches pleines à ras bord et le compte en banque bien approvisionné, but ultime de leur aventure.

Les réussites des Barcelonnettes au Mexique sont aussi nombreuses que spectaculaires, que ce soient celles des Arnaud, de Joseph Tron, débarqué avec son frère en 1864 et fondateur du fabuleux Palais du Fer, ou celle de Joseph Ollivier, arrivé comme simple employé à la *Ciudad de Londres*, qui fondera, quatre ans plus tard, *La Estrella*, puis des maisons d'achats à Manchester et à Paris et brassera les piastres par millions ; celle d'Eugène Lions, qui ouvrira à Puebla *La*

Ciudad de Mexico et plus tard la *Banque de Barcelonnette*, ou de Sébastien Robert, à ses débuts simple employé du précédent et promu rapidement son associé avant de devenir agent de la Compagnie Transatlantique, conseiller de la Banque nationale du Mexique (à 60 % française), et de se fixer à Paris comme directeur d'une maison d'achats.

Tous ces parcours, toutes ces réussites, obéissant aux mêmes règles, offrent de nombreuses ressemblances, à commencer par les patronymes, souvent les mêmes, trahissant leur appartenance aux mêmes vieilles souches aux imbrications généalogiques aussi multiples que complexes et anciennes. Ils se nomment Tron, Proal, Charpenel, Signoret... Dans leur immense majorité, tous sont partis jeunes, voire très jeunes : Joseph Tron à seize ans, Émile Charpenel à quinze, Eugène Lions à treize ! Ils sont issus de familles modestes et nombreuses : Eugène Lions a douze frères et sœurs et son père est tailleur; Émile Charpenel en a quatorze. La plupart sont partis avec un parent, en ont rejoint un, ou ont été sensibles au prestige d'un Barcelonnette revenu passer ses vacances au pays. Eugène Lions, qui est parti avec un oncle, sera rejoint par deux de ses frères. Arrivés au Mexique, beaucoup, nous l'avons vu, ont profité de l'accueil, des conseils et du crédit d'Eugène Caire. Après des débuts comme simples employés, ils sont allés d'affaire en affaire, passant du magasin de nouveautés au moulin à blé ou à huile, à la fabrique de savon, à l'exploitation d'une hacienda... Une fois établis, ils sont revenus se marier au pays, parfois après dix ou vingt ans de « Mexique ». Léoncie Tron, venue de France se marier à Oribaza en 1921, fait figure d'exception : en fait, elle avait été demandée en mariage deux ans plus tôt par son cousin Damien avant son départ pour l'Amérique. Enfin, dès qu'ils ont quelque argent, beaucoup de nos « valléians » aident leurs vieux parents, leur achetant des bêtes ou leur constituant des rentes. Fortune faite, quelques-uns se retirent à Paris. A Cannes, le millionnaire Joseph Tron œuvrera dans la bienfaisance. Mais presque tous préfèrent rentrer à Barcelonnette, désireux de doter leurs enfants d'une solide éducation française.

Plutôt que de restaurer la vieille ferme ancestrale, ils font construire, en ville, des demeures dignes de leur réussite. Depuis la première villa construite à Jausiers pour 80 000 francs-or sous le Second Empire, une cinquantaine de maisons, plus somptueuses les unes que les autres, ont été édifiées, souvent au milieu de grands parcs, la plus importante coûtant six millions de francs-or en 1930. Dans un premier temps, ces villas ont servi de résidences d'été, nos « Mexicains » enrichis s'y recevant entre eux au cours de réceptions princières où ils se rendent en voitures américaines conduites parfois par des chauffeurs noirs en livrée. Autre signe de leur réussite, ils se font édifier, au cimetière, des mausolées monumentaux, dont le plus gros, celui des « Tron du Lavero », sorte de chapelle à quatre nefs, appartient aux descendants d'un homme ayant fait fortune à trente-cinq ans !

Pour mieux afficher encore cette réussite, ou par réel souci de bienfaisance ou de patriotisme, certains consentent d'importantes libéralités à leur cité ou village natal. La ville de Barcelonnette, déjà nantie de son quartier chic, tout comme le village d'Aiguilles dont les enfants sont rentrés d'Amérique du Sud cousus d'or, se verra ainsi offrir un hôtel de ville, une nouvelle église, un presbytère et la restauration de son hôpital. En 1870, c'est la patrie elle-même qui profite de ces fortunes : les Barcelonnettes du Mexique offrent 150 000 francs-or pour participer au rachat de la rançon que la France doit verser à l'Allemagne.

Devant tant d'éclat, on comprend aisément la fièvre dont ont été saisis les gars de la vallée, fièvre qui sera lente à se refroidir, même lorsque, dès le début du siècle, le « mirage mexicain » ira s'estompant. François Arnaud aura beau multiplier les écrits et déclarations dissuasifs, vantant les vertus du travail, de la terre, du pays et les joies de la famille, il aura beau déclarer que « les deux bras d'une fille adorée et aimante sont un plus doux oreiller qu'un sac de piastres », les gars ne l'entendront pas et resteront comme hypnotisés, continuant à se précipiter dans la voie qu'il avait tracée, vers un Mexique qui a de plus en plus de mal à tenir ses promesses.

C'est qu'en janvier 1907, la révolution a éclaté à Mexico. Les ouvriers pillent et incendient des magasins français. Après trente années de pouvoir, après avoir assisté officiellement à trente fêtes du 14 juillet organisées par la colonie barcelonnette, le vieux président Diaz, octogénaire, abdique et s'exile... en France. Les troubles se succèdent, compromettant les affaires des Français, jusqu'à ce que, en 1917, le pays se dote d'une constitution libérale et s'engage dans une politique sociale restreignant également l'immigration. La guerre de 1914, fournit donc à nombre de Barcelonnettes sentant venir le vent, outre l'occasion d'exprimer leur patriotisme, celle de rentrer en France. Le tiers de la colonie s'embarque pour servir son pays. Chaque grand magasin compte et affiche glorieusement la liste des noms de ses mobilisés : ils sont 46 au *Puerto de Veracruz*, 47 au *Centro Mercantil*; au total 1 238 jeunes gens, sur 4 026 personnes ! Le *Regina Maria Christina* ramène quatre cents mobilisés français, que des volontaires mexicains suivent. Les pertes seront énormes, et c'est ce qui explique que les noms de nombreux Mexicains figurent curieusement aujourd'hui sur certains de nos monuments aux morts...

Entre les deux guerres, même si les Barcelonnettes sont encore bien présents au Mexique, les choses ont changé. Certes, ils ont créé une société de bienfaisance pour l'accueil et l'assistance aux nouveaux venus, avec un organisme de secours mutuel et une compagnie d'épargne. A Mexico même, cette société gère un hôpital, un orphelinat, un lycée franco-mexicain, une maison de retraite et un cimetière, et développe des associations sportives et culturelles. Mais le gouvernement multiplie de son côté les réformes sociales, contrecarrant les efforts des Français. Avec la Deuxième Guerre mondiale, les États-Unis s'imposent enfin comme partenaire commercial privilégié. En 1940, il reste à peine deux mille cinq cents Barcelonnettes au Mexique, qui sont le plus souvent ceux qui, comme cela se fit à partir du déclin, ne sont pas retournés chercher leur femme au pays et ont épousé une autochtone. Leur famille se « mexicanise » alors rapidement. Le Palais du Fer sera vendu en 1955, année où l'on enregistrera justement les tout derniers départs pour le Mexique.

Comme l'avait craint François Arnaud, la plupart de ceux qui partent reviennent désormais sans fortune... lorsqu'ils peuvent se payer le voyage du retour. Certains, après avoir essuyé des faillites douloureuses, rentrent pour reprendre l'exploitation de la terre ancestrale. Rares, au retour, sont ceux qui parviennent à négocier une reconversion, comme sauront le faire ceux qui lanceront la station hivernale de Pra-Loup. Avec les anciens, ils préfèrent souvent évoquer les souvenirs du rêve, évanoui pour les uns, bien réel mais passé pour les autres. Avec des sentiments mêlés, ils regardent la Villa des Tourelles, devenue la Maison de la Vallée, les Mélèzes, vendue en appartements, L'Ubayette, rachetée par le département qui y a installé la sous-préfecture, La Grande Épervière, devenue un hôtel trois étoiles, et bien d'autres de ces somptueuses villas qui abritent désormais l'EDF, l'ONF ou la Compagnie générale des eaux, pendant que la BNP rachetait la vieille *Banque de Barcelonnette*. D'autres fois, ils se promènent le long de la rue Porfirio Diaz, la seule voie de ce nom au monde, hommage que le vieux dictateur avait, somme toute, bien mérité.

Évidemment, on a tendance à tout idéaliser, à oublier les patrons tyranniques et grossiers, les jalousies et le népotisme entravant ou ralentissant les promotions. On oublie les mauvaises ententes familiales, à l'origine parfois de faillites ou de fermetures, comme cela avait été le cas pour Le Palais du Fer. On oublie l'esprit de castes des « valéians » ayant réussi, évitant, de retour au pays pour les vacances, de frayer avec leurs parents proches pour mieux se retrouver entre soi, car les Barcelonnettes ont moins le souci du groupe familial que ne pourront l'avoir les Auvergnats.

Aujourd'hui, au Mexique, les descendants de familles de Barcelonnette sont sans doute plus nombreux que dans leur vallée d'origine, comme Mgr Bertie, évêque de Tijuana, descendant d'une famille arrivée en 1921. Sur l'annuaire de Mexico, figurent encore nombre de Proal ou de Charpenel, à commencer par la chanteuse mexicaine Patricia Charpenel, elle-même fille d'un présentateur de télévision.

En France, les vieilles souches ont souvent à nouveau quitté leur vallée pour de nouvelles destinations, n'hésitant pas, on l'a vu, à vendre ou à donner à la ville le château de famille, symbole de leur réussite. Leurs descendants se sont alors dilués dans la société. Qui sait ainsi que l'abbé Pierre, de son vrai nom Henri Grouès, issu d'une famille de Saint-Paul-sur-Ubaye, avait un père négociant et industriel au Mexique, un grand-père marchand toilier, et pour arrière-grand-père un propriétaire-cultivateur-colporteur ? Qui se souvient que l'ancien président du Conseil, Paul Reynaud, était le fils d'un des fondateurs de *Las Fabricas de Francia* ? Lui, en tout cas, ne l'oubliait pas, qui déclarait fièrement en parlant de l'aventure mexicaine : « Voilà ce qu'on fait les paysans de la haute montagne qui mangeaient du pain de seigle durci et buvaient de l'eau claire. »

CHAPITRE IV

Quand on descendait dans les cheminées : les malheurs des petits Savoyards

Sait-on qu'il est, à Paris, un groupe d'hommes, qui, chaque matin, joue aux dés son travail quotidien ?

Ce sont les commissionnaires de l'hôtel Drouot. Cent dix hommes costauds et solides, que l'on appelle les « cols rouges », parce que leur veste noire est agrémentée d'un col de cette couleur, sur lequel leur numéro est brodé en lettres d'or. Outre leur uniforme, tous ces hommes ont un point commun : ils sont Savoyards, et presque tous originaires de la seule vallée de Chamonix !

Pourquoi, comment, depuis quand ? Là encore, c'est une vieille histoire... On a dit que ce privilège aurait été accordé à la région en 1860 par Napoléon III, en guise de cadeau de bienvenue lors du rattachement de la Savoie à la France. En fait, l'Union des commissionnaires existait bien auparavant, puisqu'elle avait été créée dès 1834, avec pour uniforme une « veste de drap gris fer » déjà assortie d'un « collet écarlate » et d'une plaque portant l'inscription « Service des commissaires-priseurs ». Mais ces premiers hercules n'étaient pas savoyards : beaucoup étaient des Auvergnats qui avaient rapidement préféré faire le commerce des meubles plutôt que s'échiner à les porter, laissant peu à peu la place à d'autres.

Quoi qu'il en soit, plus qu'une habitude, c'est aujourd'hui une véritable organisation, sous la forme d'une Société en nom collectif, gérée par trois brigadiers élus pour deux ans, chargés de l'organisation générale du travail. Le recrutement se fait par parrainage et cooptation générale, le retraité étant remplacé par son fils ou, à défaut, par un parent ou un enfant de son village ou de son canton. Deux secrétaires les assistent, recrutées elles aussi au pays. Levés tôt, ils organisent et président la ronde des camions venant prendre ou déposer des livraisons à l'hôtel des ventes. Leur société possède elle-même un parc de dix-huit véhicules, tous de couleur verte et légèrement barrés d'un liseré rouge, en rappel du fameux col. Ce sont ces cent dix hommes qui ont la charge d'acheminer les meubles en tout genre, tapisseries, bibelots ou tableaux, « de la croûte au Van Gogh ». Ce sont eux qui démontent et remontent les plus encombrants, emballent et déballent les autres, les nettoient, les encaustiquent ou les fourbissent selon le besoin. Ce sont eux, encore, qui assistent les commissaires-priseurs et surveillent, dans les salles d'exposition, les meubles et objets qu'ils y ont placés. Autant de tâches qu'ils tirent entre eux chaque matin aux dés, en jouant au « zanzi », sorte d'ancêtre du 421. Ceux qui ont tiré les nombres les plus faibles sont chargés de la surveillance des ventes. La partie a lieu dans leurs locaux, tapissés de photographies de leurs vallées savoyardes devant lesquelles ils aiment à partager des tartines de beaufort, le fromage de chez eux. De tous temps, ils se sont ainsi retrouvés au fil des journées de travail, évoquant le pays, le don du traditionnel pain-béni qu'ils ont fait ou feront à l'église de leur village, les repas du dimanche autour de l'incontournable « farcement ».

Ces « cols rouges » sont parmi les derniers survivants de ces migrants temporaires ou saisonniers auxquels ce livre est consacré. L'un d'eux, interrogé par *Le Parisien*, ne dit-il pas clairement : « On descend à Paris pour vivre, pas pour y vivre », reprenant à son compte les paroles et les motivations de ces milliers d'hommes qui ont autrefois quitté leur pays, derniers héritiers d'une longue tradition montagnarde et surtout régionale, depuis que leurs voisins « chauffagistes » ont cessé leurs voyages vers 1990.

Cette migration originale est parfaitement circonscrite, puisqu'elle est partie de la commune de Mieussy et de ses environs, à la fin du siècle dernier, sous l'impulsion d'un certain François Bertrand, descendu à Paris comme chauffeur de chaudière. A force de travail, il avait fini par devenir l'un des actionnaires et dirigeants d'une grande société de chauffage et de fabrication de chaudières et avait rapidement fait venir ses « pays ». Aux approches de l'hiver, à la Toussaint ou dès octobre, parfois dès l'ouverture des écoles, les hommes de Mieussy laissaient femmes et enfants à la ferme pour prendre le train pour la capitale. Là, six mois durant, pour le compte de gérants d'immeubles, ils accomplissaient des travaux sales et pénibles, faisant le plein des chaudières, d'abord en charbon et en coke, puis en fioul, les nettoyant, les entretenant, remontant même autrefois des caves les résidus de mâchefer sur les trottoirs. Rapidement, ils ont conquis le monopole de ces travaux dans les établissements publics, les ministères et les administrations, les grands magasins, les gares. La gare Saint-Lazare et la rue de Londres figuraient parmi leurs quartiers généraux, et le palais de l'Élysée lui-même ne leur échappa pas. Ils étaient plus d'une centaine, à l'époque de la Seconde Guerre mondiale, à pratiquer régulièrement cette migration, basée elle aussi sur les liens familiaux et villageois assurant recrutement et entraide, et qui ne s'est éteinte que très récemment.

Mais les spécialités des Savoyards ne s'arrêtent pas là. Nulle part ailleurs, sans doute, l'émigration ne fut plus importante que dans leur province, au point qu'au temps où elle appartenait aux ducs de Savoie, ceux-ci s'en sont émus à plusieurs reprises, d'autant plus que l'absence régulière des hommes entravait considérablement le recrutement des régiments. Régulièrement — en 1645, en 1767 —, les autorités ont donc réitéré la défense faite à tout habitant de quitter le duché. Pourtant, si elles sont parvenues à arrêter l'hémorragie, elles sont restées impuissantes devant les départs saisonniers.

Vers 1800, la vallée de la Maurienne voit ainsi plus de 1 500 hommes prendre la route chaque automne, chiffre qui monte à 4 000 en 1818 ! A Saint-Colomban-des-Villards, le tiers des hommes fait de même. A Sallanches, « 337 hommes ou garçons sont hors de la paroisse ». Une situation générale dont les autorités savoyardes vont finalement s'accommoder, concluant que l'émigration est « le poumon de l'économie savoyarde », puisqu'elle élimine des bouches à nourrir en hiver et qu'elle est pourvoyeuse d'argent liquide en provenance de France.

Les hommes de Savoie émigrent donc massivement, ceux d'Arâche comme horlogers, ceux du Faucigny comme rémouleurs ou aiguiseurs... Tous vont gagner de l'argent, et le plus souvent à Paris. Dès le XVIIIe siècle, ils y sont présents et actifs, s'adonnant généralement aux tâches les plus physiques. Certains travaillent durement dans les ateliers de pelleterie. D'autres, sur les bords de la Seine, sont employés dans les ports spécialisés (port au bois, port au cuir, port au vin...). Ils sont essentiellement porteurs ou portefaix, transportant leurs charges à l'aide de crochets qui leur valent également l'appellation de « crocheteurs » ou « bretelleurs ». Mais à cette activité, ils ne tardent pas à en ajouter d'autres, se faisant frotteurs de parquets, chaudronniers... Le soir venu, on les trouve souvent à la sortie des multiples salles de théâtre, des maisons de jeux ou des salles de réunion. Une lanterne en main, ils attendent les bourgeois pour leur proposer de les raccompagner jusque chez eux. De plus en plus, les Savoyards se chargent surtout des commissions et messages en tous genres et, de là à remplacer les Auvergnats quittant l'Hôtel des Ventes, le pas sera évidemment vite franchi, d'autant que le développement de la poste leur avait souvent apporté une rude concurrence.

Mais bien plus nombreux que les commissionnaires, les

migrants savoyards sont avant tout concentrés dans une autre branche, celle des désormais légendaires « petits ramoneurs », devenus véritablement, dès le siècle de Louis XIV, la figure emblématique de l'émigration savoyarde.

Dans l'esprit des Parisiens d'autrefois, ramoneur rime à ce point avec Savoie que l'on nomme « Savoyard » quiconque exerce ce métier, qu'il soit natif ou non de cette province. Si celle-ci, en effet, partage plus ou moins le monopole des ramoneurs avec le plateau de l'Artense, un petit terroir auvergnat situé aux confins du Puy-de-Dôme, du Cantal et de la Corrèze, entre les vallées de la Rhue et de la Dordogne, à quelque 900 mètres d'altitude, le dictionnaire de Lachâtre, en 1805, énonce nettement que « Savoyard s'entend particulièrement des fumistes, badigeonneurs et ramoneurs qui viennent par bandes tous les ans de Savoie », précisant même que, familièrement, « on appelle volontiers "Savoyard" l'individu grossier, sale et sans éducation ».

Pauvre ramoneur ! La réalité est en fait bien plus triste et pitoyable et, de tous les migrants, le petit Savoyard est sans aucun doute celui qui mérite le plus de compassion, ne serait-ce que du fait que, de tous, il est sans conteste le benjamin.

Si la plupart de nos voyageurs, en effet, partent habituellement de leur village vers seize ou dix-huit ans, au pire vers treize ou quatorze, les petits Savoyards le font, eux, avant douze ans révolus et plus généralement entre sept et dix ! La raison en est qu'ils doivent être de très petite taille afin de pouvoir passer dans les conduits des cheminées, qu'il est alors absolument obligatoire de ramoner régulièrement. Les autorités ne cessent de le rappeler, afin de combattre les feux de cheminée, qui ont longtemps constitué un danger majeur du fait qu'ils dégénéraient souvent en incendies généralisés, à cause, notamment, des couvertures anciennes en chaume. Dès le règne de Louis XIV, des ordonnances ont enjoint les propriétaires de tenir leurs tuyaux « toujours nets » et ont créé la charge de « ramoneur des maisons royales », profession longtemps exercée par des travailleurs originaires du Piémont ou de Lombardie. Ce souci de la prévention du feu de cheminée sera constant et durable. Deux siècles plus tard, en 1884, une ordonnance de police fera obligation aux habitants de Paris, et en premier lieu aux boulangers et aux restaurateurs, de procéder à des ramonages de leurs installations, précisant que « ceux qui négligent de faire ramoner les cheminées sont passibles d'une amende de cinq francs. En cas de récidive, d'un emprisonnement de un à cinq jours ».

Mais s'il est alors simple de ramoner les cheminées des châteaux, assez larges pour permettre le nettoyage depuis l'extérieur, il en va différemment pour celles des immeubles des villes, qui sont longtemps restées beaucoup plus étroites. Avec la généralisation progressive du charbon, dont la suie colle et fait croûte, l'intervention à la main devient indispensable.

C'est ce qui explique que la capitale attire chaque année des milliers de ramoneurs, dont la majorité va être fournie par quelques cantons bien précis : Bozel, Fontcouverte, La Chambre, Saint-Étienne et Saint-Jean-de-Maurienne. Dans ce dernier canton, plus de 150 maîtres-ramoneurs emmènent avec eux chaque automne plus de 400 gamins. Les pays de Thônes, de Faverges, d'Ugine, les vallées de Belleville et des Villars essaiment partout leurs enfants : dans toute la Savoie, ce sont plus de 300 adultes qui partent chaque année ramoner et se dirigent le plus souvent vers la capitale, accompagnés de 1 200 gosses, des enfants qui quittent rarement leur maison de leur plein gré. Nombreux sont ceux qui sont purement et simplement loués par leurs parents à un entrepreneur en ramonage, généralement un colporteur reconverti, et cela pour une bouchée de pain. On a même dit que certains parents n'hésitaient pas à donner leurs filles, en les déguisant en garçons.

Pour rejoindre Paris, les étapes sont longues : quarante à cinquante kilomètres par jour, lorsqu'ils ne cheminent pas de nuit, leur patron préférant le plus souvent éviter de rencontrer la maréchaussée, toujours prête à verbaliser tout ce qui ressemble à de la mendicité. Les voyages sont pénibles pour les petites jambes et les pieds, chaussés de lourds sabots que beaucoup veulent ménager en marchant pieds nus. Le repos est trouvé dans la paille et, arrivés à destination, les attend l'inévitable entassement dans des taudis malsains et sur d'immondes paillasses.

D'autres patrons emmènent leurs recrues pour de grandes tournées de ramonage dans les provinces et les grandes villes, allant ensuite de paroisse en paroisse. Chaque maître-ramoneur a son itinéraire et son fief attitré, aussi bien au plan du travail que du recrutement. Joseph Laurent raconte ainsi une de ces campagnes : « A l'automne, on partait faire de grandes tournées jusqu'au printemps. La première fois que je suis parti, c'était avec le chef Fidèle. On allait de commune en commune, on couchait dans des granges ou dans des écuries, parfois dans des hangars, c'est là qu'on avait le plus froid. On se couvrait avec des sacs à suie vides, mais qui étaient aussi noirs que nous. On mangeait ce que les paysans voulaient nous donner et on avait chacun une musette pour les morceaux de pain ou de lard que l'on mangeait au moment du repas. »

A Paris, au XVIIIe siècle, les ramoneurs se réunissent volontiers près de la porte Saint-Denis, d'autres se tiennent jour et nuit dans des bureaux de placement, à la disposition des usagers avec lesquels ils débattent le prix en fonction de l'étage. Dans les rues des villes et des villages, ils annoncent leur arrivée par des chansonnettes poussées de leur voix grêle et plaintive, long cri lugubre : « Ramonez ci, ramonez là, la cheminée de haut en bas », qu'ils abrègent souvent en « Haut-ta-bas ». Du coin de la rue, on les voit débarquer, l'air naïf et gai, noirs de suie, les dents blanches, grossièrement vêtus, portant genouillères, coudières et culottières de cuir pour éviter de trop se râper le corps dans les conduits, coiffés de bonnets de laine ou de coton (autrefois de petits tricornes) et chaussés de gros souliers. Ils portent leurs outils, notamment un fagot, de préférence de bouleau ou de houx bien sec, parfois une corde à nœuds et, à la ceinture, l'indispensable râclette de métal que, dans leur patois, ils nomment la *rucla*.

La pratique sort, hèle le gamin qui, sans attendre, grimpe alors sur le toit, retire ses chaussures et rabat, telle une cagoule, son bonnet sur ses yeux et ses oreilles pour se protéger de la suie. Il envoie d'abord le fagot, pour décrocher le plus gros de la saleté, puis descend pour remonter lentement, s'aidant d'une petite échelle ou d'une crémaillère. Buffon prétend que c'est en observant les marmottes que le Savoyard a appris à grimper dans les conduits des cheminées. Quoi qu'il en soit, c'est en remontant dans le conduit qu'il effectue son labeur ingrat de grattage et de raclage, détachant au fur et à mesure de son ascension l'enduit déposé par la fumée de bois et de tourbe. Tout en ramonant, il doit avoir soin encore de récupérer la suie dans de petits sacs, car, en ces temps-là, tout est recyclable. Beaucoup l'utilisent pour chauffer l'abri où ils dorment, à moins que le maître-ramoneur ne préfère la vendre à son profit, soit que les viticulteurs la lui achètent comme engrais, soit qu'il l'expédie aux usines du Creusot où elle sera utilisée pour tremper les aciers, ou qu'il ne la destine aux fabriques de teintures qui sauront en sortir une assez belle couleur jaune que l'on nomme le « bidanet ».

Sa besogne terminée, le gamin, s'extirpant de la cheminée, débarque sur le toit en entonnant quelque couplet souvent douteux, comme ceux que propose Joseph Laurent Fénix :

Les filles du village, prenez garde à votre pucelage
Que le ramoneur ne l'emporte pas, lalera...
Les filles de la ville prenez garde à votre chemise
Que le feu ne s'y mette pas.

Le curé de Saint-Denis qui confesse les filles au lit
Et qui mettait la clef dans la serrure...

Madame la Baronne, qui voulait qu'on la ramone
Mais son mari ne voulut pas.
Madame la Comtesse, qui n'avait pas de poils aux fesses.
Mais plus bas il n'en manquait pas...
Madame la cuisinière, qui a pissé dans la chaudière
Pour y faire du bouillon gras...

Les gens sortent pour l'écouter, les filles rougissent, et le gamin, sa chanson achevée, redescend du toit pour se faire payer, le client ajoutant parfois une pièce ou quelque menu cadeau. A la campagne, les paysans lui offrent volontiers des noix ou un quignon de pain sec, alors qu'en ville les bourgeois pestent contre la saleté provoquée par l'opération ou la statue de la Sainte Vierge qu'il a noircie, au-dessus de la cheminée. Mais déjà le petit ramoneur se hâte vers un autre toit. Ne doit-il pas, chaque soir, rapporter à son exploiteur, une somme fixée à l'avance selon que le jour est ordinaire ou férié. Pour cela, il lui faut ramoner quatre à cinq cheminées par jour, six à sept jours par semaine, trouvant à peine le temps, le dimanche, de se débarbouiller rapidement avec ses camarades, en s'aspergeant d'eau froide dans la cour d'un immeuble, lorsque le froid n'est pas trop vif.

Ses quelques moments de loisirs ou plutôt d'inactivité, quand la nuit tombe ou que le gel l'empêche de monter sur les toits, il les met à profit pour décrotter et cirer les chaussures des passants, jouer de la vielle dans les rues, plus tard du limonaire ou de l'orgue de Barbarie. Volontiers, il promène sur son dos une « lanterne magique » ou montre un petit animal qu'il sort d'une boîte, cochon d'Inde, chien costumé en marquis, singe, et d'abord sa fameuse marmotte, qu'il fait danser aux rythmes de sa musique. Bien souvent, il mendie purement et simplement, et là encore, pour le compte de son maître, implorant « un sou, un petit sou, pour le pauvre petit Savoyard », développant, ce faisant, un véritable mythe.

Car c'est bel et bien un mythe que celui du petit Savoyard tel qu'il a longtemps été véhiculé tant par la littérature que la chanson ou la peinture. A Versailles, la cour de Louis XVI a assisté aux représentations d'une comédie ballet intitulée *Les Deux petits Savoyards*, création qui les met en scène avec leurs inséparables marmottes, et Greuze, Watteau, Fragonard se sont plu à les représenter, tout heureux de l'aubaine de leurs noirs profonds. Les chansons grivoises aussi les récupèrent sous les sous-entendus du « ramonage », comme les romances sentimentales font pleurer sur son sort :

Ayez donc pitié, Mesdames,
De ces pauvres ramoneurs
Qui portent sur leurs épaules
Un fardeau bien douloureux...

Des sortes de « bandes dessinées » publiées par Pellerin, à Épinal, racontent sa vie en plusieurs « tableaux » édifiants et deux livres de la *Bibliothèque Rose* narrent les histoires d'enfants livrés à des tortionnaires et recueillis par des personnes compatissantes. Longtemps aussi, son image a illustré la lettre « R » dans les anciens abécédaires.

Le petit ramoneur émeut les cœurs. Qui réfléchit à sa condition ne peut en effet qu'être révolté. Il y a d'abord la dureté du labeur lui-même, la raclette pénible à mouvoir, arc-bouté à la paroi de la cheminée, et les cruelles conditions de travail. Il y a les coudes et les genoux écorchés, souvent passés à la bougie pour endurcir la peau, les rougeurs des yeux... Le froid et les intempéries provoquent bien des maladies, la poussière des infections pulmonaires, le contact permanent de la suie des cancers du scrotum (la peau des testicules). Sans parler des multiples risques d'accidents : chutes des cheminées ou des toits, jambes ou pieds cassés, risque aussi de rester bloqués dans le conduit et de s'y asphyxier, à quoi s'ajoutent les mauvais traitements couramment infligés par les maîtres à celui qui n'a pas été assez rentable. Certains de ces entrepreneurs se dispensent d'ailleurs de les nourrir, les obligeant à mendier leur pain en simulant toutes sortes d'infirmités. On l'a compris : les rangs des infortunés ramoneurs sont sans cesse décimés par une mortalité catastrophique !

La réalité est laide, aboutissant à l'exploitation de l'enfant par l'homme, et, ce qui est sans doute le plus effroyable, avec le consentement de ses parents. Entre le père et le maître-ramoneur est parfois passé un accord verbal, aux termes duquel l'enfant, loué pour six à huit mois, servira de toutes ses forces et de tous ses moyens, en échange de quoi il recevra ou non une rémunération, sera ou non vêtu, logé et envoyé à l'école. Curieusement, l'employeur s'engage parfois aussi à rapporter de sa tournée des cadeaux à l'intention de la mère ou des sœurs de l'apprenti. C'est donc au père, et non à l'enfant, que le patron (lorsqu'il n'est pas les deux à la fois) versera un très modeste pécule au retour de campagne, si tant est qu'il en verse un : estimant que le fait d'avoir procuré un travail au gamin aura retiré à son père une bouche à nourrir, l'homme garde souvent pour lui seul l'intégralité des sommes encaissées.

Très tôt donc, le sort du petit ramoneur a préoccupé, l'opinion. Dès 1664, un ecclésiastique parisien charitable, l'abbé Joly, a consacré sa vie à soulager ses détresses physiques et morales en fondant l'Œuvre des Petits Ramoneurs. En 1735, l'abbé de Pontbriand, agit de même. Désireux de remédier à « l'état déplorable où sont réduits dès l'âge le plus tendre ces pauvres enfants et les élever dans la piété », il leur fait enseigner le catéchisme et fournir éventuellement quelques secours en sus. Enfin, l'abbé de Salignac-Fénelon crée en 1777 l'Œuvre des Petits Savoyards, sans doute plus efficace. Allant les visiter dans leurs greniers, il les soigne lorsqu'ils sont malades, ce qui lui vaudra le surnom d'« évêque des Savoyards ». Sous la Restauration, bien des diocèses imitent ces saints hommes, tout comme des laïcs, tel le chimiste Darbier, originaire de Moutier, qui crée, en 1833, la Société Philantropique Savoisienne, subventionnée jusqu'en 1860 par le roi de Sardaigne régnant sur la Savoie, puis par la ville de Paris. Partout, des maisons d'accueil sont ouvertes, proposant des dortoirs moins insalubres que ceux fournis par les patrons. Des associations caritatives voient le jour, d'autant que sous Louis-Philippe des gens ont été pris en flagrant délit de faire mendier des enfants déguisés en ramoneurs et que la presse avait, en 1840, dénoncé cette « traite des blancs ».

Les lois sociales républicaines de 1874 et 1892 vont prendre le relais en réglementant sévèrement le travail des enfants, désormais interdit à ceux de moins de treize ans. C'est enfin Jules Ferry qui, en instaurant en 1881 l'obligation scolaire, mettra un terme final à cette sordide exploitation. Mais déjà l'évolution technique, l'apparition du hérisson lancé en 1848 par un quincaillier parisien, l'élargissement des conduits de cheminées des nouveaux immeubles de la génération haussmannienne l'avaient déjà ralentie.

Le calvaire du petit Savoyard touche à sa fin, calvaire d'autant plus tragique qu'il était presque toujours une impasse. Au travail très jeune, il n'avait pu suivre la moindre scolarité. Vers l'âge de seize à dix-sept ans, les plus forts ou les plus débrouillards arrivaient quelquefois à devenir chefs des équipes de ramoneurs de leur patron, se hâtant alors de faire subir aux autres gosses ce qu'ils avaient subi eux-mêmes. Plus âgés, certains se sont parfois reconvertis comme chiffonniers, marchands de peaux de lapins ou dans d'autres petits métiers de la récupération, à moins qu'ils n'aient préféré se sédentariser dans les villes où ils avaient ramoné, comme cireurs de chaussures ou portefaix, n'échappant pas, alors, à la marginalisation... Rares ont donc été les petits Savoyards qui ont pu réellement chanter ce chant à la mode à l'époque de la réunion de leur pays à la France :

Ah ! salut mon pays
Salut chères compagnes
Je revois mes montagnes
Tous mes maux sont finis.

Jean-Baptiste Cléaz, de Bellentre, ramoneur à ses débuts, qui deviendra fournisseur des armées impériales et marchand à Vienne près la cour d'Autriche, fait ici figure d'exception. De tous nos aventuriers, le petit ramoneur est en effet celui qui a sans nul doute enduré les plus grands maux pour en tirer le moins de profit. Mais de tous les migrants, le Savoyard a souvent été aussi celui qui a le moins investi et construit, se contentant de tirer parti de sa seule force physique. Que n'a-t-il pris modèle sur l'Auvergnat !

CHAPITRE V

Chiffons, bassinoires et sacs d'or : quand le Massif central semait à tous vents

Comme les Alpes, et pour les mêmes raisons, le Massif central a ses migrants. Comme les Alpes, il a ses colporteurs. Mais ici, pas d'herboristerie, de bulbes délicats ni de livres ou d'almanachs. L'Auvergnat est plus pratique, son commerce plus utilitaire. En revanche, la palette de ses spécialités sera beaucoup plus large. L'historien Marc Prival en a recensé quatorze, chacune d'elles étroitement associée à une région, voire à un canton, montrant ainsi qu'à lui seul le Massif central fournit l'éventail presque complet des activités exercées par les migrants saisonniers. Du plateau de Millevaches, à l'ouest, au Forez et au Livradois, à l'est, des monts de l'Aubrac, au sud, à ceux de la Madeleine, au nord, en passant par la chaîne des puys et l'Artense, il a autrefois orchestré un véritable ballet de travailleurs allant, venant, se croisant et se recroisant.

Du Limousin, des hommes vont chaque année faire les moissons en Cézallier, dans le Cantal, dont les prés, souvent trop pentus, feront longtemps échec aux faucheuses mécaniques. Ils se sont fait engager aux « louées » de juin et juillet, notamment à celle de la fête de sainte Madeleine, à Marchastel, où ils sont arrivés avec leurs hardes et leurs outils, la faux démontée, le marteau et une enclume de poche pour battre sa lame lorsqu'elle s'émousse. Sans rechigner, ils acceptent de longues journées de quatorze à seize heures de travail.

D'autres, du plateau de Saugues, en Margeride, gagnent les régions du Sud pour participer aux récoltes (cueillette des olives en Languedoc, des asperges dans le Gard, des pommes en Limagne, ou encore ramassage des châtaignes ou vendanges en Beaujolais...), à moins qu'ils n'aillent en Picardie participer aux récoltes des betteraves sucrières.

Du Velay, descendent chaque année des marchands de mules. De l'Artense, partent traditionnellement des ramoneurs, ressemblant trait pour trait à leurs homologues savoyards, mais se dirigeant plutôt vers les provinces de l'Ouest que vers la capitale, où ils trouveront un régime et des conditions de vie et de travail plus clémentes.

La Creuse exporte ses maçons ; le Livradois et le Forez leurs « pionniers », appelés aussi « marreurs » et leurs scieurs de long. Ce sont là des spécialités importantes, méritant des chapitres à part, tout comme les fameux porteurs d'eau et bougnats parisiens.

On va, on vient, les uns croisant à tout instant les autres. Si des maçons de la Creuse vont maçonner en Quercy, cette région envoie ses hommes comme tuiliers en Creuse. Si l'Artense est la région d'émigration des vendeurs de toile et des ramoneurs, elle reçoit régulièrement des sabotiers venus des « Bois-Noirs », dans la montagne bourbonnaise, au nord-est, aux confins du Puy-de-Dôme, de l'Allier et de la Loire, dans la région de La Prugne et de Saint-Priest. Les hommes de cette région prennent les routes en équipes de charbonniers ou surtout de « galochiers », pour aller fabriquer et vendre des sabots. Le métier est évidemment florissant puisque, en ces temps-là, le sabot est la première et souvent la seule chaussure. Protégeant du froid et de l'eau, ne glissant ni dans la neige ni sur le verglas et ne s'enfonçant pas dans les terrains mous, il est indétrônable. Sa fabrication, plus qu'un métier, est presque un art, exigeant un savoir-faire que l'on se transmet souvent de père en fils et des connaissances précises, notamment quant aux types de bois à utiliser.

Ces sabotiers de la montagne bourbonnaise, qui vont parfois jusque dans l'Yonne, gagnent pour nombre d'entre eux l'autre extrémité du massif, l'Artense, le Cantal ou la vallée de la Dordogne, où ils savent trouver les bois durs et intéressants du hêtre ou du bouleau, difficiles à creuser. Là, comme les charbonniers, ils vont vivre au cœur même des forêts, dans des « loges », sortes de huttes en pierres sèches couvertes de chaumes ou de fougères.

Ils travaillent obstinément, se répartissant volontiers la tâche entre les « formeurs » et les « creuseurs ». Les premiers travaillent le bois, préférant l'essence tendre du peuplier ou du tilleul au bois vert, le bois sec et sain et le cœur de l'arbre, plus sombre voire presque noir, au centre du tronc. Avec une « hache-à-bûcher », ils ébauchent le sabot à même la bûche, le passant aux formeurs qui le moulent avec « l'herminette » avant de le terminer au « paroir », sorte de long couteau, que la superstition du métier commande de n'utiliser que par des nombres impairs de coups. Avec des « tarières », des gouges et des cuillères, comme la « chouette », outil au bec tordu, ils creusent peu à peu le sabot, solidement bloqué dans des « coches ». Avec une sorte de varlope nommée tantôt le « butoir », tantôt le « butavon », ils façonnent les talons et les lissent ensuite au racloir. Enfin, selon le type de produits, sabot de tous les jours ou sabot de luxe, ils les décorent, à l'aide d'une molette, d'entailles et de moulures qui s'entremêlent en spirales et entrelacs, avant de les cirer, de les vernir, ou plus simplement de les noircir à la fumée. Les variétés de sabots sont en effet multiples. Ils peuvent être plus ou moins pointus ou massifs, légers ou lourds, ferrés ou non, agrémentés parfois d'une garniture de cuir. Les sabots de cérémonie ou de mariage, fins et décorés, creusés généralement dans des bûches d'aulne ou de noyer, sont presque aussi légers que les pantoufles de vair de Cendrillon, se prêtant à la danse la plus endiablée de l'époque, la bourrée.

Enfin, leurs fabrications achevées, nos sabotiers rentreront au pays pour aller souvent écouler leur production aux deux grandes foires annuelles de Clermont, les 9 mai et 11 novembre, où ils pourront les vendre à des marchands venus de Lyon, de Bourges, voire de Nantes ou d'ailleurs, et cela jusqu'à ce que bottes et sabots de caoutchouc ne viennent détrôner ceux de bois.

Si d'autres Auvergnats migrent comme cordonniers, beaucoup de spécialités ne laissent pas d'étonner, telles celles des colporteurs de parapluies, des marchands de toile, des négociants en vins, des cochers de fiacres et chauffeurs de taxi, des marchands de couteaux, rémouleurs, étameurs et chaudronniers, ou encore celle des chiffonniers-récupérateurs, pour nous faire, en fin de compte, découvrir une « aristocratie » : celle des boulangers-minotiers.

Les marchands de parapluie, s'ils nous semblent aujourd'hui un rien désuets et pittoresques, n'en ont pas moins été actifs. Tout aurait commencé à Marmanhac, une commune voisine d'Aurillac, avec un certain Périez. Spécialisé dans le raccomodage ambulant des ustensiles usagés, il avait dû se voir souvent confier la réparation de baleines cassées et avait fini par ouvrir, à Aurillac, une fabrique de parapluies.

Se lancer dans la fabrication et le commerce des parapluies était regardé, en plein milieu du XIXe siècle, comme aussi hasardeux qu'audacieux. Longtemps, en effet, l'objet est resté inconnu. « Quelques-uns commencent à dire ce mot (parapluie), mais il n'est pas établi et tout au plus on ne peut le dire qu'en riant, et c'est ce que l'on appelle un parasol », peut-on lire dans le *Dictionnaire français* de Richelet, imprimé en 1718. Un siècle plus tard, les choses n'ont guère changé. Presque personne n'en utilise et, dans les campagnes, l'objet est quasiment inconnu. Paysans et bergers, lorsqu'il pleut vraiment trop fort, revêtent leur grande

« limousine », sorte de grand et long manteau épais, tissé dans des laines grossières, avec ou sans manches, s'abritant par de gros chapeaux de feutre à très larges bords. Le parapluie reste davantage utilisé pour se protéger des rayons du soleil. Objet rare, il est considéré comme un article de luxe et il ne saurait être question, comme d'ailleurs pour tout objet, d'abandonner un modèle abîmé. Lorsqu'elle est trouée, accidentellement ou par les mites ou les souris, sa grosse toile, le plus souvent de couleur unie, bleue ou rouge, est changée, comme ses baleines sont réparées lorsqu'un coup de vent malencontreux les a endommagées. Un parapluie doit vous faire une vie, voire plusieurs.

Le mérite de sa démocratisation reviendra donc à Périez et à ceux qui l'ont suivi dans cette voie. L'industriel aurillacois rayonnera jusqu'en Hollande et en Allemagne et suscitera, dans les régions proches, maintes vocations de marchands-colporteurs de parapluies, capables non seulement de les vendre mais encore d'assurer le « service après-vente » en les réparant. La mode séduit beaucoup de Corréziens voisins. Le village de Pouymas-Haut, près de Gimel, en Corrèze, compta ainsi à lui seul une bonne dizaine d'hommes qui s'en vont volontiers travailler jusque dans la région lyonnaise.

Autres héritiers des colporteurs à avoir su se spécialiser, les marchands de toile auvergnats sont célèbres. Un certain Laporte, originaire d'Égliseneuve d'Entraigues, dans le Puy-de-Dôme, ayant participé à la campagne d'Algérie, a, à son retour, décidé d'y retourner comme marchand et s'y est enrichi. Selon le processus classique, cette réussite a impressionné ses compatriotes qui l'ont suivi. Particulièrement dans la deuxième moitié du siècle, ils prennent le train à Issoire et s'embarquent à Marseille. Arrivés à destination, ils se procurent une voiture à cheval et partent pour une longue tournée, généralement d'octobre à avril, visitant les colons pour leur proposer de la toile à la coupe et des draps, sillonnant le pays tout entier, d'Alger à Oran, poussant même jusqu'à Sidi Bel-Abbès ou Tlemcen. D'Égliseneuve, le mouvement a évidemment gagné les communes voisines, à commencer par celle d'Espinchal, qui doit à la réussite de ses marchands de « rouenneries » d'avoir été, au début de notre siècle, le village possédant le plus d'automobiles par habitants. La plupart des marchands de toile se contentent des classiques tournées d'hiver dans les provinces françaises, lorsqu'ils sont sûrs de trouver les paysans chez eux, proposant volontiers, à dater de la IIIe République, leurs articles à crédit. Astucieux, verbeux, commerçants, ils font de bonnes affaires et, très vite, cette spécialité gagne tous les cantons d'Artense et du Cézallier, la région de Mauriac, de Riom-ès-Montagne et même la Corrèze, jusqu'à Neuvic et Meymac, où l'un d'eux fera fortune pour avoir su négocier un nouveau virage professionnel.

Jean Gaye-Bordas, natif de Davignac, en Corrèze, est colporteur de parapluies et de vieux chiffons à Bordeaux, sous la monarchie de Juillet, quand il a l'occasion de changer de spécialité. En 1859, les premiers puits de pétrole ont été forés en Pennsylvanie et, bientôt, l'éclairage au pétrole gagne les villes. Les lampes à pétrole se répandent, notamment celles que fabrique Rockefeller, en cuivre, et qu'il envoie gratuitement en Europe pour mieux favoriser leur adoption. Gaye-Bordas s'en procure un stock important et décide d'aller prospecter le pays, et, comme en plus de son pétrole il a des idées, il songe à profiter des envois de vins que font les propriétaires du Bordelais, notamment vers les régions du nord et la Belgique, pour les accompagner avec ses marchandises. En fait, il oubliera vite les lampes pour le vin, plus rémunérateur, et rentrera au pays, fortune faite. Il se fera construire à Meymac un château avec tourelles et statues, et arrosera la population de ses largesses.

Il aura beau dilapider sa fortune et mourir presque aussi pauvre qu'il était né, Gaye-Bordas n'en donnera pas moins le désir de l'imiter à plusieurs familles. Les Pécresse, de Combressol, s'enrichiront en vendant des vins en Belgique durant la guerre de 1870 et acquerront en Médoc le domaine de Château-Bellevue. D'autres, de Meymac à Argentat, les imiteront avec le même bonheur, sillonnant surtout les Ardennes et la Belgique. En 1900, la région de Meymac compte ainsi trois cents marchands de vins ambulants, bien différents des colporteurs qui transportaient autrefois le vin à dos de mulets dans des outres de peau. En partie grâce aux chemins de fer, le vin devient donc un filon qui comble les Corréziens, mieux que d'autres filières plus modestes.

A Paris, ils se sont en effet taillé un quasi-monopole : celui des cochers de fiacres. La profession proposait elle aussi une activité saisonnière, essentiellement en hiver, lorsque les bourgeois de la capitale avaient quitté leurs domaines campagnards pour regagner leurs hôtels urbains et reprendre la vie citadine.

Longtemps, leur principal mode de circulation avait été la chaise à porteurs. Gros rentiers goutteux allant percevoir leurs loyers, agioteurs se rendant à la Bourse, ou douairières charitables en route vers l'église ou visitant leurs pauvres, tous traversaient ainsi les rues fangeuses et étroites du Paris d'autrefois. Elles étaient toutefois déjà si embarrassées que l'on avait dû interdire la circulation de ces chaises après midi, afin d'éviter les embouteillages. Tout le matin donc, ces équipages allaient et venaient, portés par deux gars suant sang et eau, arc-boutés à leurs manches, et cela jusqu'à ce qu'apparaisse une sorte de pousse-pousse dénommé la « vinaigrette ». Porteurs de chaises comme pousseurs de vinaigrettes venaient souvent déjà du Lyonnais, du Limousin ou de l'Auvergne (notamment de Saint-Pierre-la-Bourlhonne, d'où sortira entre autres le cocher personnel de Blériot), et plus précisément des deux départements de la Corrèze et de l'Aveyron.

Peu à peu, se sont répandus les attelages à chevaux, à la fois voitures de louage et de place, rapidement appelés « fiacres », du fait qu'à leur début, vers 1640, ils remisaient rue Saint-Antoine, dans l'Hôtel Saint-Fiacre. Vers 1880, ce sont vingt-cinq mille voitures qui parcourent quotidiennement Paris en tous sens, vingt-cinq mille voitures tirées par des chevaux souvent efflanqués et exténués, qui n'ont guère plus le temps de manger que n'en a leur cocher. Sans cesse, le provincial ou le bourgeois, pressé, demande de fouetter la rosse et d'augmenter la vitesse du fiacre qui, lancé dans une course folle, se heurte aux bornes, aux trottoirs, aux timons des voitures, quand ce n'est pas aux autres fiacres. Quelle vie pour la pauvre bête qui le tire, même si son maître, en été, a la délicate attention de la coiffer d'un élégant chapeau de paille de forme conique, dont la mode a été lancée au moment de la grande Exposition universelle de 1889. Mais un proverbe ancien ne dit-il pas que Paris est « le paradis des femmes et l'enfer des chevaux » ?

Pour le cocher, ça va. Le métier, qui n'exige au départ aucune compétence particulière, garantit longtemps liberté et indépendance, des avantages appréciables, sans oublier la possibilité de jouer sur les horaires illimités, les pourboires et le prestige du chapeau haut de forme. Un Corrézien dut un jour y trouver du travail, il y attira un autre et le mouvement fit tache d'huile. Bientôt, c'est une véritable mafia qui se constitue et qui se partage les professions de palefreniers et surtout de cochers, qui comptent des milliers de personnes regroupées en trois grandes compagnies. La plus importante, la Compagnie générale, qui en regroupe plus de dix mille, est dirigée par un Aveyronnais. En 1911, 866 cochers parisiens sont ainsi originaires de la Corrèze et 731 de l'Aveyron. Sentant tourner le vent, ces derniers, dès le début du XXe siècle, vont se transformer en chauffeurs de taxis et les autres en laveurs de voitures. Dans la capitale, ils forment cependant une colonie très unie, parlant le même patois, fréquentant les mêmes cafés, lisant *Lou Cantou*, ne manquant aucun des banquets annuels des Corréziens de Paris, prenant enfin leur retraite dans les mêmes villages, au pays. Le bourg de Meymac, à lui seul, compte encore quinze de ces retraités en 1978.

La ville de Thiers, elle, vit tout entière de la coutellerie, de même que ses environs, à commencer par le village voisin d'Escoutoux, dont elle emploie le quart des habitants. Dans d'autres communes, cependant, comme à Arconsat ou à Celles, on ne se contente pas de la vie sédentaire des ateliers. Les jeunes prennent des patentes, se regroupent par six ou huit et partent vendre à l'extérieur les productions de leur région. Ils emportent couteaux et ciseaux, de tous genres et de tous prix, et se rendent à Lyon, à Paris, mais aussi, pour certains, à Bordeaux, Montpellier, Toulon, ou même à l'étranger (Espagne, Italie, Prusse, Autriche, Russie). Ils rentrent évidemment chaque année au pays, où ils prennent une femme, qu'ils laisseront avec leurs enfants durant chaque tournée. C'est surtout vers 1820, lorsque se dessinent les premières réussites, que le mouvement connaît une véritable flambée. Le maire d'Arconsat, qui, cette année-là, a pu recenser cent trente-trois partants, se dit impressionné par l'argent qu'ils rapportent. Les achats de terres vont bon train et le commerce sera florissant jusqu'à la fin du second Empire, le chemin de fer — toujours lui — ayant brouillé la donne. Plusieurs reviennent riches, ayant fait fortune à Alexandrie ou encore à la Grande-Canarie, comme la dynastie des Pasquet, colporteurs et marchands de couteaux sur quatre générations, de la Révolution à la Première Guerre mondiale.

Parents éloignés et pauvres de ces marchands-couteliers, d'autres hommes de la montagne thernoise cheminent sur les routes comme rémouleurs-aiguiseurs de couteaux. Les plus démunis poussent devant eux leurs meules sur une brouette, lorsqu'ils n'en portent pas les quelque cinquante kilos directement sur leur dos. Qui est plus à l'aise ou commence à gagner un peu d'argent achètera une carriole. Inlassablement, ces gens sillonnent les campagnes, les fermes et les bourgs, les rues des villes, le plus souvent accompagnés d'un enfant qui les précède en criant : « Rémouleur ! Rémouleur ! » et qui récupère les objets à aiguiser pour les leur apporter sur la place du village ou du marché où ils travaillent en public.

Beaucoup d'Auvergnats ont aussi l'habitude d'aller « à la drouine » ou encore « au chaudron ». Ils se disent « rhabilleurs en cuir et en cuivre », réparant, raccomodant et rétamant principalement les objets de métal et de cuivre. Ce sont les fondeurs, qui refondent dans des moules les cuillères et la vaisselle d'étain. Ce sont les lanterniers, qui fabriquent et réparent les falots que les paysans utilisent pour aller de nuit dans les granges ou les étables sans courir le risque d'y mettre le feu. Ce sont, surtout, les chaudronniers, qui battent eux aussi la campagne huit à neuf mois durant, s'annonçant volontiers par des coups de sifflet, s'arrêtant, comme nos rémouleurs-aiguiseurs, sur quelque place de bourg ou de village. Là, ils vident leur hotte ou les panières d'osier de leurs mulets, remplies de tout un attirail de morceaux de métal et d'outils, pour travailler les métaux à chaud, devant des attroupements de gosses, attirés par les cliquetis de leurs récipients qui s'entrechoquent, par leur feu de bûches, et médusés par les chuintements du métal en fusion et les fumées bizarrement colorées qui s'en échappent. Avec un savant mélange composé pour deux tiers d'étain et pour un de plomb, ils rétament les bassines, marmites et chaudrons usagés, refaisant leurs culs trop attaqués par le feu. Ils en éliminent l'oxyde de cuivre appelé vert-de-gris, que les aliments acides y ont formé, notamment dans les cruches à eau et à lait alors toutes métalliques, vert-de-gris que l'on considère déjà à cette époque comme pouvant présenter un danger mortel. On a d'ailleurs souvent accusé autrefois l'étameur auvergnat de soustraire, lors de son travail, de l'étain aux récipients qu'on lui confiait pour lui substituer de « l'étoffe », autrement dit du plomb à peine additionné d'étain, substance particulièrement nocive; le but de cette substitution étant évidemment de revendre les stocks d'étain ainsi récupérés.

Quoi qu'il en soit, le chaudronnier est souvent le premier à pâtir de son métier, notamment du fait des vapeurs s'échappant des métaux en fusion et auxquelles il se trouve exposé en permanence, comme d'avoir à travailler en plein hiver, mains nues, dans des eaux glacées où il trempe les métaux après soudure.

Pourtant, non seulement, tel un magicien, le rétameur sait redonner la brillance du neuf aux vieux couverts de ferblanc rouillés, mais il sait sertir, river et raccommoder toutes sortes d'objets et d'ustensiles ménagers, comme soufflets de cheminées ou baleines de parapluies, sans oublier les objets de porcelaine, en plaçant des agrafes d'acier sur les lèvres de la fêlure. Beaucoup ajoutent à cela la vente d'ustensiles neufs, en fer-blanc ou en cuivre jaune ou rouge, qu'ils vendent parfois à crédit : des batteries de cuisine, mais aussi des chandeliers, des bassinoires, certaines ouvragées, au long manche de bois tourné, que l'on passera et repassera en hiver dans les lits glacés des bourgeois, des fontaines, réservoirs avec robinets à col de cygne accompagnés d'un bassin pour y récupérer l'eau, et aussi le traditionnel « ferrat », grand récipient galbé dans lequel chacun va chercher l'eau à la fontaine, à l'abreuvoir ou au puits. A l'approche de l'hiver, les plus aisés, appelés les « jagots », chargent sur des charrettes, tirées par des mulets, toute une panoplie de ces articles et s'en vont les vendre à travers le pays, poussant parfois jusqu'en Italie, en Allemagne, en Hollande ou en Belgique où ils n'hésitent pas à concurrencer sur leur propre terrain les « dinandiers », originaires de la ville de Dinant, fabricants et vendeurs d'objets en alliage de bronze et de zinc, puis en cuivre ou en laiton. Et tout en vendant, rétamant et rafistolant, ils achètent les vieux objets métalliques pour, leur tournée terminée, en tirer des objets neufs, à moins qu'ils ne les revendent à d'autres chaudronniers plus sédentaires.

Les réussites restent pourtant généralement médiocres et limitées, si l'on excepte le cas magistral de la famille Lescure. Antoine Lescure, né en 1808 aux environs de Mauriac, prenait chaque année la route, couchant dans sa roulotte, réparant seaux, baquets ou arrosoirs en les plongeant dans un bain d'étain pur. Il arriva ainsi en Bourgogne, s'y maria, et se fixa à Selongey, où il décida de fabriquer les articles qu'il réparait jusqu'alors, en fondant une petite ferblanterie. Son fils, puis son petit-fils en feront une véritable usine, la Société d'Emboutissage de Bourgogne, employant deux cents ouvriers en 1936. Ce sont eux qui lanceront, en 1953, un nouveau chaudron extraordinaire qui révolutionnera proprement le monde de l'électroménager, la première Cocotte-Minute, signée SEB.

Ces « peyrolliers » ou « magnins » — ainsi les appelle-t-on couramment en Auvergne —, qui courent la France depuis le XVIIe siècle, peut-être même depuis le Moyen Age, ont surtout tiré leurs origines du nord du département du Cantal, dans les cantons de Riom-ès-Montagne et de Condat. Chaque maison du hameau de Pouzol, dit-on, avait jadis son étameur, et cette activité perdurera jusqu'à ce que l'apparition de nouveaux matériaux comme l'inox et le plastique, conjuguée à la mécanisation générale, ne les contraignent au chômage technique, les plus souples réussissant alors à se reconvertir comme plombiers, potiers d'étain, brocanteurs ou récupérateurs.

Le secteur de la récupération, en effet, a toujours fourni des professions très prisées des Auvergnats.

D'abord à pied, puis avec une voiture à cheval appelée « baladeuse », ils battent les campagnes, achetant et vendant vaisselle, verre, vieux outils, métaux ferreux ou non, ou encore les os (revendus aux usines d'engrais), les chiffons et, bien sûr, les fameuses « peaux de lapins » qui ont valu au chiffonnier le célèbre cri annonciateur de son arrivée. Plus tard, ceux qui réussiront auront un camion et deviendront récupérateurs en gros, confiant le travail d'approvisionnement à de petits rabatteurs.

Longtemps, ils ont eu assez mauvaise réputation. On les soupçonne toujours de vous voler un peu, et puis les marchandises qu'ils manipulent leur communiquent volontiers une odeur nauséabonde et leur causent parfois des maladies de peau répugnantes, la phtisie les guettant également.

Ces chiffonniers sont appelés des « pattiers » ou des « peillarots », parfois aussi des « biffins ». Avec un âne ou un mulet, ils collectent, dans les provinces voisines, des étoffes usagées de lin ou de chanvre. Ils fréquentent essentiellement le Beaujolais, la Bourgogne et la Franche-Comté, et cela, semble-t-il, pour deux raisons : d'une part, la possibilité de faire acheminer une partie des stocks récupérés par les voies d'eau, la Saône ou la Loire, et d'autre part la réputation qu'ont les habitants de ces contrées de laver les chiffons avant de les vendre. De retour en Auvergne, ils trient leurs stocks. Après sélection, ils revendent les vieux linges aux industries papetières d'Ambert qui les recycleront pour leurs moulins, les chiffons déjà lessivés offrant une pâte plus facile à travailler. C'est donc des environs de cette ville, notamment de Saint-Just-de-Baffie, que de nombreux gars s'en vont régulièrement « à la peille ». Toutefois d'autres régions du Massif central, notamment le Livradois et le Cantal, en fournissent aussi. Le canton de Saint-Amand, en 1848, compte ainsi trois cent cinquante hommes, âgés de seize à trente-cinq ans, qui partent chaque année récupérer des « peilles », principalement en Berry et en Poitou.

En ville, au long des rues, ils explorent les ordures à l'aide de crochets. Ils passent ainsi deux fois par jour, tôt le matin et tard le soir, après onze heures, hotte au dos, récupérant dans de grands paniers toutes sortes de détritus qu'ils trieront la nuit pour les revendre aux grossistes. Aux chiffons, ils ajoutent les métaux, et les activités de chiffonniers, de ferrailleurs et de brocanteurs sont souvent liées. A Paris, nombreux sont les individus originaires du Livradois, du Cézallier ou de l'Artense à s'être établis, dès le XVIIIe siècle, dans le quartier du faubourg Saint-Antoine, alors peu urbanisé. Ils sont d'abord venus saisonnièrement, à pied, chaque hiver, de leurs montagnes, comme ce brocanteur-chineur d'Anzat-le-Luguet, dans le Puy-de-Dôme, quittant son village en septembre, le jour de la foire d'Ardres-sur-Couze, pour n'y revenir qu'au printemps, le jour de la foire de Blesle, et laissant au pays sa femme et ses enfants. Bientôt, deux fils le suivront, se louant d'abord comme ramoneurs, puis l'aidant dans ses activités.

De fait, le ferrailleur, qui ressemble trait pour trait au célèbre Rémonencq de Balzac, est le premier modèle de la réussite auvergnate. A force de travail, plusieurs parviennent à se fixer dans la capitale et ne reviendront au pays qu'à la retraite. Les plus entreprenants font même de bonnes affaires, comme ce Louis Rigal, « dépeceur de carrosses », ancêtre de nos modernes casseurs de voitures, qui récupère cuirs, lanternes, fers, roues, bois, et sait en tirer parti.

Les Laveissière, venus de Mandaille, dans le Cantal, passeront vite à l'échelle supérieure. Les deux fils du premier migrant refondent les métaux récupérés pour les envoyer à de grosses usines qui en tireront de la mitraille de cuivre. A sa mort, en 1842, Louis Laveissière possède 227 tonnes de métaux, tant de cuivre, d'étain, de plomb, de zinc, de bronze, de fer que de fonte... Il a des entrepôts, une grue, un magasin à la Villette, où il emploie deux ouvriers et quatre hommes de peine. Outre ces biens « de production », il possède deux cents bouteilles de vins fins, trente de champagne, un service de soixante pièces en porcelaine et trois kilos d'argenterie. Avec celles des Réveilhac et des Ronger, ces derniers établis à Deuil-la-Barre, sa famille constitue des sociétés familiales et représente l'aristocratie du métier. Une aristocratie riche, qui investit dans l'immobilier, achetant et spéculant sur les terrains et les immeubles de rapport. Une aristocratie fermée, aussi, où l'on se marie entre soi, souvent même entre parents. Une aristocratie qui mène grand train, puisque deux Laveissière s'offrent même de vrais châteaux : celui d'Auteuil, avec son parc de sept hectares, au début du règne de Louis-Philippe, et celui de Draveil, en 1880.

Une des plus illustres réussites des descendants des ferrailleurs auvergnats est sans aucun doute celle de Francis Bouygues. Son grand-père, Henri, issu d'une lignée de paysans-chaudronniers d'Ayrens, dans le Cantal, et qui « a débarqué à Paris en sabots, sans un sou, était devenu ramasseur de métaux non ferreux. Quelques années plus tard, il a monté une petite fonderie du côté de la Bastille ». Riche, il pourra offrir des études à ses deux fils, qui deviendront l'un polytechnicien et l'autre centralien (le père du bâtisseur et repreneur de TF1). Mais tout autant que les études, l'hérédité n'a-t-elle pas favorisé ces résultats, hérédité d'autant plus forte qu'Henri Bouygues était retourné à Aurillac, en

1889, pour s'y marier. Il avait épousé une payse, originaire elle aussi d'Ayrens, une jeune fille qui avait elle-même deux migrants pour grands-pères, un chaudronnier, fils d'une Laveissière, et un marchand de draps qui s'en était allé, chaque année, commercer en Espagne, obéissant, lui, à une autre vieille tradition régionale.

« Les montagnards d'Auvergne vont à Madrid faire du pain, vendre des draps et exercer d'autres industries pénibles », remarque dans ses Mémoires le baron Sers, ancien préfet du Cantal. Depuis longtemps, en effet, bien des habitants de cette province sont partis tenter l'aventure au-delà des Pyrénées. Depuis le XIIIe siècle, dit-on parfois...

Sous Louis XI, deux habitants de Vic s'en étaient allés en Aragon ; au XVIe, d'autres Auvergnats étaient à Tolède, et au siècle suivant trois Aurillacois partent y vendre des dentelles, alors que d'autres Auvergnats sont porteurs d'eau le matin et marchands d'huile et de vinaigre l'après-midi, à Figueras et à Cadix. Des gars du hameau de Melles vendent du lait à Valence, où d'autres sont laquais et cochers, et d'autres, plus nombreux encore, travaillent à Saragosse, ville qui aurait à cette époque compté de dix à douze mille Français.

Était-ce la réussite de Claude Girard, émigré à treize ans comme chaudronnier, sans doute attiré par la contrebande et l'espoir de quelques réaux d'argent, et qui avait finalement fait fortune à Séville comme orfèvre-ciseleur, qui avait encouragé les montagnards à le suivre, essentiellement des Cantaliens et, plus particulièrement, des natifs du canton de Mauriac ? Serait-ce l'exemple d'Arsène Vermenouze, vendant en Castille de coûteuses épices venues des Indes, comme le poivre et la cannelle ? L'arrivée des galions venus du Nouveau Monde et réputés chargés d'or et de trésors a sans aucun doute beaucoup compté aussi, conférant à l'Espagne l'image d'un pays croulant sous les richesses en un temps où les voies de communication vers Paris n'étaient pas plus faciles à pratiquer pour les Auvergnats que celles franchissant les Pyrénées. Quoi qu'il en soit, des bandes entières de rémouleurs, de chaudronniers, de tailleurs d'habits, de porteurs d'eau, de marchands de mules, de draps et de toiles les ont traversées chaque année à la recherche d'un gain d'appoint. Dans leur pays d'origine, on les surnomme admirativement les « Espagnols » ou, plus jalousement, les « poux d'Espagne » et les Espagnols eux-mêmes, souvent xénophobes, leur lancent dans les rues l'appellation injurieuse de *gavachos*. Jusqu'à l'arrivée sur le trône, en 1700, du propre petit-fils de Louis XIV, le pays leur mène la vie dure : le fisc les pressure, le clergé ne les enterre qu'à prix d'or, les autorités les taxent de lourdes patentes qui, si elles restent impayées, les font condamner aux galères, et ce d'autant plus que beaucoup, lorsqu'ils ne pratiquent pas l'usure, sont soupçonnés de contrebande. En toute circonstance, ils sont pris pour boucs émissaires, à tel point qu'en 1691, en pleine guerre de Succession, le peuple, furieux contre la France, se retourne contre ses ressortissants, pillant leurs magasins et incendiant leurs maisons.

Qu'importe : à force de travail et d'opiniâtreté, ils parviennent, tous les trois ou quatre ans, à rapporter quelques centaines de piastres dans leurs montagnes natales, où ils profitent souvent de leur nouvelle et relative aisance pour agrandir l'*oustau* familial, et surtout pour s'y marier. Pour effectuer ce voyage de retour, beaucoup préfèrent cheminer à pied et se déguiser en mendiants pour n'être pas suspectés de porter de l'or.

Pourtant, le chemin reliant le Cantal à l'Espagne est bien long, le voyage durant facilement un ou deux mois ! A l'aller, partant de Mauriac à la fin de l'été, ils doivent traverser la Xaintrie, les pays d'Aurillac et de Saint-Flour, emprunter un moment la vieille route des pèlerins de Saint-Jacques-de-Compostelle, se mesurer aux Pyrénées à travers le Béarn et la vallée d'Aspe, passer le col du Somport ou de Roncevaux et redescendre vers l'Aragon. Beaucoup poussent ensuite vers les villes du sud, toujours avec leur cheval ou plus souvent leur mulet, chargé de ballots d'étoffes ou d'ustensiles métalliques cliquetants et bringuebalants. Pour traverser le Tage, ils évitent soigneusement les ponts, trop propices aux guets-apens, et, complètement nus, leurs habits en paquet sur la tête, entrent dans les eaux. Il n'est pas rare de voir de jeunes enfants, de quatorze ou quinze ans, accomplir ce long itinéraire pour accompagner un parent ou aller en retrouver un autre déjà installé. Joseph Ratié a ainsi quinze ans lorsqu'il quitte son oustal de Labouygues pour aller rejoindre un de ses oncles à quatre cents lieues de chez lui.

Ces longs voyages coûtent cher. Tous ne peuvent se l'offrir, et moins encore se payer le luxe d'un cheval, qu'une fois arrivés à destination ils se hâtent d'ailleurs de mettre en vente, parfois par l'intermédiaire d'un compatriote venu ici comme maquignon, tels les Chalvet, de Salers, qui font fortune en vendant les mulets qu'ils vont acheter en Poitou.

Les principales activités des Auvergnats en Espagne seront le commerce des chaudrons, celui des toiles, dites de Bretagne, très prisées dans la péninsule, et, curieusement, la boulangerie, cela, semble-t-il, du fait que beaucoup de ces commerçants français devaient souvent accepter d'être payés en grains dont ils ont dû finir par tirer parti.

Mais la véritable aventure espagnole, celle des grands conquistadores auvergnats, a cependant été celle des grandes compagnies, le plus souvent d'origine familiale, comme celle d'Estremera ou celle de Segorbe, fondée à Valence par les Geneste venus de Pleaux. Les plus connues ont été celles installées à Navalcarnero, à une trentaine de kilomètres de Madrid, et à Chinchon, gros bourg sur la route reliant la capitale à Tolède.

Fondées au XVIIIe siècle, ces compagnies réunissent quelques personnes vendant à la fois bestiaux et chaudronnerie, soit au déballage, sur les foires et les marchés, soit en allant de porte à porte, puis, souvent, à poste fixe, dès qu'ils ont pu ouvrir boutique. Celle de Chinchon, qui ouvre des magasins dans vingt-cinq villes de la péninsule et comptera jusqu'à cent-vingt sociétaires, se spécialise dans les toiles et les soieries, la mercerie et les chapeaux, vendant des articles fabriqués à Cholet, à Lille ou à Amiens, à quoi celle de Navalcarnero ajoutera justement la boulangerie.

Rapidement, ces compagnies s'enrichissent; le capital de celle de Chinchon atteint, en 1808, un million cinq cent mille livres. Détentrices de vastes entrepôts de marchandises, elles commercent avec l'Europe entière et sont fortement structurées. Leurs membres, parents très proches, viennent des mêmes villages : Crandelles, près d'Ayrens, où « tous les habitants sont un peu espagnols », mais aussi Ytrac et Reilhac, ou encore Chaussenac, commune dans laquelle, au XVIIIe siècle, environ 40 % des hommes migrent. Ils se nomment Maisonobe, Bac, Vigier, Laveissière, Vermenouze, Crueghe... Leurs mariages sont rigoureusement gérés et programmés : il ne saurait être question pour le membre d'une des compagnies, de céder aux charmes d'une belle Madrilène, si riche soit-elle. Chacun doit épouser une payse; la question ne se pose pas. Elle se pose d'autant moins que la plupart sont arrivés en Espagne déjà « promis » et même souvent mariés et nantis d'une famille à nourrir au pays. Chaque mariage, donnant lieu à un contrat devant notaire, est l'occasion de prévoir l'avenir en Espagne. Abel Poitrineau cite celui de Jean Maisonobe, en 1782, qui stipule que l'époux, lorsqu'il partira là-bas, devra dédommager son beau-père de la garde de sa famille et du « patural » mis à sa disposition en été pour faire paître son cheval. D'autres fois, le marié s'engage à conduire « dans le royaume » ses jeunes frères ou beaux-frères à la recherche d'une situation en leur assurant les frais de voyage — frais élevés si l'on doit y inclure cheval, harnais, habits et argent.

Au sein de ces compagnies : la discipline est sévère, il est interdit de jouer, d'avoir une mauvaise conduite, ou d'établir en Espagne sa famille ou son domicile. Les voyages des retours et les séjours au pays sont prévus et planifiés de manière à assurer roulement et alternance. Pas question, bien sûr, d'afficher la conduite de certains « Espagnols » gaspillant leurs écus en libations et en libertinage au grand dam du clergé local. Une tenue respectable est exigée et vérifiée!

Sur le plan financier, le règlement est strict : chaque membre doit apporter la somme énorme de quatre mille livres et être lui-même fils ou gendre d'un sociétaire. Durant les trois premières années, du fait que la compagnie le prend complètement en charge, lui apprenant le métier et la langue castillane, il n'aura droit à aucune répartition de bénéfices. Ce n'est qu'au terme de sept années qu'il pourra rentrer en France, ne pouvant le faire ensuite que tous les trois ou quatre ans.

Mais ces sacrifices valent la peine, et les familles des sociétaires le savent. En 1780, la fille de l'un d'eux, reçoit en se mariant, l'énorme dot de sept mille livres et, périodiquement, les migrants envoient à leur famille des cadeaux et surtout des fonds et des lettres de change. « Des tonnes d'argent et d'or franchissent chaque printemps les Pyrénées par des sentiers de chèvres ou d'isoards pour éviter les douaniers » écrit Abel Poitrineau, signalant des individus surpris avec cent doublons d'or cachés dans leur ceinture et qui devaient leur permettre, une fois rentrés chez eux, d'y acheter des terres et de devenir rapidement influents.

Sensible à ces réussites magistrales, un habitant d'Arnac-en-Rouergue aura même l'idée d'ouvrir une véritable agence d'émigration proposant des itinéraires pour l'Espagne, des guides pour accompagner les voyageurs et s'engageant, à leur arrivée, à les nourrir et à les entretenir jusqu'à ce qu'ils aient trouvé un travail.

Mais cet âge d'or n'a guère duré. Commencé réellement en 1760, il a pâti, dès 1791, des événements politiques métropolitains exposant à nouveau les Français à une hostilité qui deviendra carrément de la haine lorsque Napoléon, en 1808, enverra ses troupes en Espagne et installera son frère sur le trône des Bourbon. La population se soulève violemment et s'en prend aux Français qui se voient saisis, emprisonnés, expulsés, quand ils ne sont pas assassinés. Traqués pratiquement jusqu'en 1814, nos commerçants parviendront tout juste à échapper à la mort et à la ruine et auront beaucoup de mal, le calme revenu, à remonter la pente. La Compagnie de Chinchon sera liquidée en 1823, et si certains de ses associés partiront pour l'Amérique du Sud, la plupart, comme les Maisonobe ou les Crueghe, rentreront vivre au pays, sur les grands domaines qu'ils ont achetés à des bourgeois ou à des nobles ruinés. Une infime poignée seulement, restera là-bas, s'hispanisant peu à peu, épousant des autochtones et faisant hispaniser leur nom. Ceux-là vivoteront à grand renfort de nostalgie.

Les derniers Cantaliens à se maintenir au-delà des Pyrénées seront surtout les boulangers. En 1889 encore, plusieurs centaines d'originaires de ce département exercent cette profession dans la capitale espagnole, où le pain traditionnel, qui ressemble par trop à de l'amidon, fait apprécier la production qu'y propose Rouchy dans sa « boulangerie parisienne ». Certains, même, se reconvertiront dans la minoterie industrielle, comme les Tillit, à Aranjuez, les Andrieuc, de Loupiac, ou les Ratié, ces derniers terminant malgré tout glorieusement leur parcours en électrifiant la vallée du Tage, après une rapide aventure dans les plantations de vanille et de café mexicaines.

Car l'Espagne ne sera pas le seul pays étranger à attirer les migrants du Massif central. Dès la fin du XIXe siècle, en Aveyron, l'Aubrac verra chaque année partir des hommes à destination de l'Afrique ou des pays neufs, comme l'avaient déjà fait, sous Napoléon III, les rebelles politiques, socialistes et anarchistes du bassin houillier de Decazeville, soucieux de sauvegarder leur liberté comme le font aussi bien des jeunes gens désireux d'échapper au long service militaire de sept ans.

Des compagnies d'émigration ont alors systématiquement prospecté le département, faisant appel à des individus souvent peu recommandables et sans scrupules, qu'elles rémunèrent à la tête. La préfecture de Millau est assaillie de demandes de passeports pour l'Argentine et la Californie.

Roger Béteille raconte l'histoire de Clément Cabanettes, né dans une pauvre famille paysanne rouergate de dix enfants, qui renonce, en 1880, à une vocation ecclésiastique et quitte le séminaire. S'étant rendu à Paris, il s'y voit proposer de partir pour l'Argentine, dont le gouvernement recrute alors en Europe des instructeurs militaires. Il accepte, s'embarque, mais, arrivé là-bas, quittera vite l'armée pour fonder, avec deux compatriotes établis avant lui, une entreprise d'installation de lignes téléphoniques. Les trois hommes font fortune et l'un d'eux, rentrant au pays après avoir revendu ses grandes propriétés foncières à Cabanettes, se voit chargé par lui de recruter des hommes pour organiser une colonisation exclusivement aveyronnaise. Par de grands encarts dans la presse locale, il promet des concessions de cent hectares de terres de fabuleuse qualité, vierges, capables de produire sans adjonction de fumier et, dès octobre 1883, quarante familles s'embarquent à Bordeaux sur le *Belgrano*, en direction de l'Argentine. Quelques années plus tard, une institutrice et des religieuses, toujours aveyronnaises, les suivront pour porter assistance à ces aventuriers partis fertiliser la Pampa.

Une autre destination lointaine sera proposée aux Rouergats par les États-Unis, avec la Californie. Si des émigrés de Millau sont devenus gantiers à New York, plus nombreux sont ceux qui vont travailler à San Francisco, où ils colonisent véritablement le monde de l'hôtellerie et de la blanchisserie. En 1889, Julien Poujade, avec sept de ses compatriotes, y a ainsi rejoint quelque soixante à soixante-dix Français originaires de Decazeville ou de Grand-Vabre. Regroupés à des milliers de kilomètres de chez eux sur cette côte du Pacifique, ils vivent étroitement unis au sein de dynasties comme les Grialou, les Puech ou les Péchoultres. Sans cesse, ils font jouer la solidarité, attirant des parents restés au pays. En 1900, Angèle L., qui part ainsi rejoindre son fiancé, y fera bientôt venir ses sœurs comme repasseuses dans une blanchisserie. Si tous ne réalisent pas leurs rêves, Julien Poujade, fortune faite, reviendra en France faire élever ses enfants et acheter un château dans son village natal. Alphonse Péchoultres, parti à vingt-trois ans, s'enrichira également grâce au commerce des vins, comme les Ginestet en Arkansas, dans le coton. Quelques dizaines d'années plus tard, c'est le retour triomphal, comme, en 1948, celui des Delagnes de Decazeville, dans leur longue et éclatante limousine. Les pays lointains, après l'Espagne, ont su décidément sourire aux montagnards du Centre que nulle destination n'a semble-t-il jamais su décourager. Ne raconte-t-on pas que Colomb, débarquant sur le sol américain y aurait trouvé un Auvergnat vendant des chapelets...

Mais pourquoi s'en aller aussi loin ? La fortune n'attend-elle pas l'Auvergnat dans son pays natal, pour peu qu'il ait l'idée de se tourner vers Paris ?

CHAPITRE VI

Ils ont changé leur eau en vin : comment les Aveyronnais ont conquis les bistrots parisiens

Le mirage espagnol s'estompe à peine, du fait, notamment, de la fièvre jaune sévissant dans la péninsule sous la Restauration, que l'Auvergnat et ses voisins du Massif central ont déjà trouvé la direction de Paris. Ils la trouvent d'autant plus facilement qu'à la route d'Auvergne au Languedoc par Saint-Flour et Marvejols, ouverte à la fin de l'Ancien Régime, s'ajoute bientôt celle reliant Rodez à Saint-Flour. Voilà l'Auvergne désenclavée dans une large mesure. Avec le chemin de fer, notamment la ligne Neussargues-Béziers, qui sera ouverte en 1889, le mouvement s'accélérera encore. Le fameux viaduc de Garabit, construit par Eiffel, permettra aux habitants du Causse de partir eux aussi pour l'aventure. La vieille émigration du Puy-de-Dôme et de la Haute-Loire, ralentie par l'industrialisation de Clermont-Ferrand, va donc se voir relayée et doublée, sinon triplée, par celle des hommes des terres du sud, essentiellement du Gévaudan et du Rouergue. La région de la « Croix des Trois Évêques », zone particulièrement rude et isolée aux confins des départements du Cantal, de la Lozère et de l'Aveyron, voit ses gars prendre massivement la route de Paris. De 1850 à 1914, ce ne sont pas moins de 120 000 Aveyronnais qui partent ainsi,

Paris en comptant 35 000 en 1900 ! En 1926, 212 000 individus originaires du Massif central sont recensés dans la capitale, pour 146 000 Bretons, 113 000 gens du Nord et de la Picardie, 105 000 Normands...

De plus en plus surpeuplé, surtout depuis que la mortalité infantile baisse, le vieux pays des granits et des volcans voit sa petite paysannerie, qui a beau avoir défriché toutes les terres exploitables, incapable de vivre comme jadis de son « pradel », ce petit pré familial, avec une chèvre et une vache. Et à l'automne, des légions de migrants partent, de plus en plus nombreuses, pour aller chercher quelques sous ailleurs.

Mais l'Auvergnat a pour trait principal de refuser la condition ouvrière, et si l'ouvrier a pour espérance finale la grande révolution prolétarienne, il a quant à lui pour but le petit capitalisme familial. Alors que l'ouvrier est athée, l'Auvergnat est catholique pratiquant. S'il part, c'est donc temporairement, pour une saison ou pour quelques années, avec la ferme intention de rentrer au pays un petit magot en poche, qui lui permettra de consolider l'oustal ancestral. Pour toutes ces raisons, s'il ne rechigne jamais aux travaux de force et aux horaires longs, notre homme tient avant tout à une chose : sa liberté et son indépendance dans l'exercice de son métier, et c'est essentiellement cette considération qui guidera son choix sur une palette au départ assez large. Vers 1850, les quelque 10 000 migrants saisonniers Auvergnats se répartissent ainsi entre 1 100 pionniers, 1 800 cordonniers, 1 700 décrotteurs-ramoneurs, 1 400 colporteurs-merciers, 1 600 ferblantiers-lanterniers ou fondeurs d'étain, 900 chaudronniers ambulants.

A côté des étameurs, chaudronniers, chiffonniers et ferrailleurs déjà rencontrés, des foules de travailleurs saisonniers ont depuis longtemps trouvé à Paris de petits emplois d'hiver, leur permettant, l'été venu, d'aller reprendre leur place dans les fermes et les burons.

Habitués à la traite et au nourrissage des vaches, plusieurs ont curieusement trouvé l'occasion d'exploiter ces maigres compétences. Longtemps, en effet, Paris a compté plusieurs étables, abritant les nombreuses vaches nécessaires à son alimentation en lait. En 1815, on peut ainsi dénombrer quelque 3 000 têtes, et 4 000 autres dans le reste du département de la Seine. En 1926, elles sont encore plus de 5 000... Ces étables, dont la dernière, située rue Fondary dans le XVe arrondissement, n'a fermé qu'en 1953, ont été providentielles pour nos Auvergnats, à qui elles ont volontiers proposé des travaux de « laitiers-nourrisseurs ». Comme au pays, ils font la traite deux fois par jour, celle du matin dès quatre heures, pour livrer ensuite le lait qu'ils portent eux-mêmes à travers les rues et les étages des immeubles. Leur journée se poursuit par le nourrissage des bêtes, privées de prés, auxquelles on donne des tourteaux, résidus du houblon des brasseries que l'on va chercher, en voiture à cheval, dans les gares de banlieue. Vient ensuite l'heure de la seconde traite, suivie, en semaine, d'une nouvelle livraison du lait. Le dimanche a lieu une attraction inimaginable aujourd'hui : l'étable est fréquemment le but de la promenade dominicale du Parisien bucolique qui s'offre le plaisir rustique de boire le lait sur place, sortant tout chaud et fumant du seau.

A Paris, les plus forts de nos montagnards se sont également faits « portefaix », porteurs de farine ou de grains à la Halle, hercules capables de porter des fardeaux qui « tueraient un cheval », habitués qu'ils ont été, dans leurs forêts d'Auvergne, à porter des charges de bois sur leurs épaules. Ils attendent, aux coins des rues, le déménagement du bourgeois qui leur fera porter une glace, un marbre ou quelque autre meuble... D'autres, aux mêmes carrefours, se contentent de porter les messages, préfigurant ainsi les actuels coursiers qui sillonnent sur leurs scooters les rues de la capitale.

La moindre pluie rendant les rues de Paris, déjà habituellement boueuses, franchement impraticables, beaucoup se proposent comme « décrotteurs », se postant sur le trottoir, brosse et cirage en main, alors que d'autres, souvent venus de la région de Pierrefort, se louent comme frotteurs de parquets. Avec tous les intérieurs, les hôtels particuliers et les nombreux salons officiels, le travail, si harassant soit-il, ne leur manque pas.

Difficile, donc, de traverser Paris sans y croiser quelques-uns de ces Auvergnats, aisément reconnaissables à leur gabarit : 1,55 m, les épaules larges, la poitrine forte, souvent boitant ou ayant les pieds plats; reconnaissables à leur langue aussi, qui leur attire moqueries et quolibets, tant elle est émaillée des fameux *ch* et *tch*, même s'ils n'ont jamais pesté le *fouchtra* que l'imagerie populaire a voulu leur prêter.

Le travail de force ne rebute pas les Auvergnats. Ils ont quitté l'oustal familial où aucun avenir ne les attendait, laissant leur frère aîné, l'héritier, qu'ils devaient d'ailleurs vouvoyer, refermer derrière lui la lourde porte sur laquelle était clouée une toison de sanglier. Ne pouvant s'offrir le luxe de la diligence, ils ont voyagé à pied, vingt-six à ving-huit jours, faisant étape dans les granges. On mesure mal le formidable changement et le dépaysement que représentent pour eux ces petits métiers qu'ils vont exercer en pleine rue.

Au nombre de ceux-ci, le plus original et le plus typique restera longtemps celui du porteur d'eau.

Le Parisien d'aujourd'hui aurait bien du mal à imaginer sa ville avant que n'apparaisse, dans les immeubles, des petites plaques d'émail bleu, apposées généralement entre le rez-de-chaussée et le premier étage, portant l'inscription « Eau et gaz à tous les étages », et signes du dernier modernisme. Jusque-là, en effet, l'approvisionnement de la capitale en eau potable avait posé bien des problèmes et l'on avait essayé bien des solutions, comme de filtrer l'eau de la Seine, pour finalement, en 1874, acheminer jusqu'à Paris les eaux captées en Champagne et en Sénonais, de la Vanne et de la Dhuis. En attendant, il avait bien fallu se contenter de ce que l'on avait et boire l'eau du fleuve, une eau souvent douteuse, trouble dès que la rivière l'était et qui relâchait l'estomac de qui n'y était pas accoutumé, infligeant aux étrangers de passage de mémorables coliques.

Sébastien Mercier, dans son célèbre *Tableau de Paris*, dépeint donc encore, à la fin du XVIIIe siècle, des scènes ahurissantes de chevaux venant boire dans la Seine et s'y noyant. L'eau est heureusement présente dans presque toutes les rues, régulièrement ponctuées de fontaines. Mais il y a loin, et lourd, de la fontaine à l'appartement en étage, et de quoi donner de l'ouvrage à toute une population, celle des « porteurs d'eau ».

Ils auraient été vingt mille, à Paris, à la fin du règne de Louis XVI, à mener une vie des plus dures, exigeant un incessant va-et-vient, faisant aller chaque jour, du matin au soir et sept jours sur sept, cette véritable « infanterie », de la pompe aux immeubles, gravissant des milliers de marches d'escalier. Chaque porteur effectue au moins une trentaine d'aller et retour, soit trois cent mille voyages par jour pour un Paris comptant alors cinq cent mille habitants !

Le personnage du porteur d'eau offre un aspect pittoresque et bien particulier. Protégé de la pluie et du soleil par un grand chapeau plat à larges bords, il porte sur ses épaules un « jouguet », sorte de grand joug de bois auquel sont suspendus deux seaux, l'un à droite, l'autre à gauche, d'une contenance de dix à quinze litres chacun, représentant une charge de trente à trente-cinq kilos, poids du joug compris. Autour de la taille, il porte encore un cerceau et une nageoire pour éviter que l'eau ne tombe sur lui. Mieux vaut en effet s'en protéger les pieds, particulièrement en hiver lorsqu'elle est glacée. Il a soin aussi de garder ses sabots, toujours bourrés de foin pour isoler ses pieds du froid hivernal ou de la transpiration en été.

Car la météorologie, évidemment, ne saurait arrêter cet homme qui doit travailler sous la canicule aussi bien que déambuler dans les rues boueuses, enneigées ou verglacées, tout en prenant garde de ne pas tomber ni renverser son chargement. L'hiver, lorsque les fontaines sont gelées, il doit aller puiser son eau directement dans la Seine, qu'il approche sur des pontons de planches, d'où il se penche pour remplir ses seaux. Mais les planches, souvent pourries, provoquent chutes mortelles et noyades. Conscient de ce danger, il respecte les files d'attente pour attendre son tour, contrairement à ce qui se passe aux fontaines des rues, où, pressé par son souci de rentabilité, il tente volontiers de voler celui des confrères. Il n'est pas rare, alors, d'assister à des bagarres, qui, solidarité lignagère aidant, tournent parfois à de véritables batailles rangées, qui ajoutent encore à l'agitation des rues de la capitale. Paris est déjà Paris, et c'est au milieu des embouteillages, des courses de fiacres et de carrosses, des camions de livraison attelés à des chevaux et du manège des commissionnaires et portefaix que notre homme transporte ses charges liquides. Il n'est pas toujours facile d'éviter un groupe de gosses détalant ou un porteur de message en pleine course. Pestant contre ces inconvénients, il se promet bien, dès qu'il aura économisé quelque argent, de s'offrir un tonneau de trois à quatre cents litres, qu'il remplira au seau et poussera sur un chariot à bras. Plus tard encore, il pourra passer à la tonne de huit cents à douze cents litres, montée sur roues, et attelée à un cheval. Comme toute profession, celle-ci voit se dessiner sa hiérarchie...

Quel que soit son équipement, par les rues et les avenues, le porteur continuera cependant à s'annoncer par le même cri : « Porteur d'eau ! Porteur d'eau ! » et le scénario suivant de se dérouler, invariablement. La domestique qui l'entend lui commande une livraison, et il s'engouffre dans l'escalier de service, étroit et tournant, cela pour trois sous le voyage, à quoi s'ajouteront souvent des étrennes au 1er janvier lorsque la clientèle est fidèle. Celle-ci l'est d'autant plus volontiers qu'elle a, il faut le dire, de plus en plus besoin d'eau, surtout depuis qu'une ordonnance de police, largement profitable à la profession, a imposé à chaque famille, dans un souci d'hygiène générale, d'avoir chez elle un bassin en grès ou une fontaine de vingt à cinquante litres.

Ce métier s'est très vite avéré prometteur et, par l'indépendance qu'il assure, il possédait tous les atouts pour attirer nos Auvergnats. Il ne manquait qu'un « déclic » pour qu'ils s'y précipitent et le noyautent en masse, et ce déclic va se produire. La réussite dans le métier de l'un d'eux, François Chassang, parti à pied de Saint-Chély-d'Aubrac en 1830 et rentré six années plus tard avec un pécule de cinq mille francs-or, va suffire à provoquer une véritable ruée de l'Aubrac vers les fontaines de Paris. Aussi, quatorze ans après le retour triomphal de Chassang, ses compatriotes porteurs d'eau ne s'y comptent-ils plus, à commencer par plus de deux cents hommes originaires de cette seule commune de Saint-Chély. Les communes voisines comme Saint-Urcize, dans le Cantal, et Nasbinals, en Lozère, ne tardent pas à suivre l'exemple. Dage, qui monte à Paris à dix-huit ans, en 1838, reviendra au pays après dix-sept ans de livraison d'eau et rachètera à ses frères leurs parts de la ferme familiale. C'est encore un gars du coin, Pierre Rousset, natif du hameau d'Orcières, à Neuvéglise, dans le Cantal, qui gagne, en 1893, un étonnant « marathon de Paris ». Le porteur d'eau parisien est devenu si populaire que le journal *La Lanterne*, cherchant à créer l'événement, a l'idée d'organiser une course des porteurs d'eau. Des candidats s'inscrivent, qui doivent porter une charge de cinquante litres du boulevard de Clichy à la mairie de Saint-Denis. C'est notre Aveyronnais qui l'emporte, ajoutant encore, au pays où les nouvelles ne manquent jamais d'arriver, au prestige de sa profession décidément si prometteuse.

Pourtant le Paris revu et corrigé par Haussmann et alimenté en eau potable par les rivières bourguignonnes et les adductions d'eau ne confirmera pas ces promesses. Heureusement, l'Auvergnat et l'Aveyronnais savent s'adapter et, peu disposés à quitter la place, saisiront vite deux occasions de se recycler : le bain et le vin.

Le bain n'est en fait qu'une adaptation de son ancienne activité. Le bourgeois, se piquant de plus en plus d'hygiène et de propreté, se dote de salles de bains et, au tub de naguère, préfère désormais la baignoire. Le tub était une sorte de cuvette, très large et basse, où l'on s'asseyait pour se laver et se frictionner en se versant de l'eau. En fait, c'était un bac à douche portatif, sans pomme ni « téléphone » de douche, que l'on vidait après usage là où l'on jetait les eaux usées. La baignoire, en tôle et peu à peu décorée, permettant une immersion plus complète et par là une relaxation, exigeait en revanche de grandes quantités d'eau et toute une préparation, offrant aux anciens porteurs d'eau astucieux l'occasion de se lancer dans une nouvelle spécialité : le bain livré à domicile. Le client a la baignoire : le marchand de bains se charge du reste. Le client n'a pas ou pas encore sa baignoire, qu'importe : il la lui apportera en plus de l'eau !

Voici donc nos Aveyronnais repartis pour un nouveau travail de peine qu'effectuent, là encore, par centaines, au début du XXe siècle, les jeunes fils de paysans tout juste arrivés de leur pays. Marcellin Cazes, le futur propriétaire de la grande brasserie Lipp, à Saint-Germain-des-Prés, avant de voir le Tout-Paris défiler chez lui, commence ainsi par remplir des baignoires. Peu après son arrivée, un ami l'a fait rentrer dans un établissement de bains. On lui a donné une voiture à bras chargée d'une baignoire vide et d'une citerne à deux compartiments pleins à ras bord, l'un d'eau froide, l'autre d'eau chaude, munie à l'arrière de deux gros robinets de cuivre qu'il doit régulièrement astiquer, et on l'a envoyé directement chez le client pour y livrer le bain avant que l'eau chaude ne refroidisse. Arrivé à destination, il s'enquiert de l'étage auprès du pipelet, déjà prêt à le tancer s'il lui arrivait de renverser de l'eau. Il passe un grand tablier blanc à bavette, et les montées et descentes d'escaliers commencent : monter la baignoire, sur son dos, redescendre chercher l'eau froide qu'il tire de la citerne par un des robinets, la monter sans en renverser, redescendre chercher la chaude, qu'il monte de même, encore toute fumante. La baignoire remplie, il ne saurait être question que le garçon de bains reste dans l'appartement pendant que le client, qui est d'ailleurs le plus souvent une cliente, se livre à ses ablutions. Il se repose sur le palier, attendant qu'on l'appelle lorsque l'opération est terminée. Il doit alors vider la baignoire et redescendre l'eau sale dans la cour, toujours sans en renverser une goutte, et toujours sous l'œil vigilant du concierge, prêt à lui faire perdre son pourboire à la moindre défaillance. La baignoire rechargée sur la voiture, il se dépêche d'aller se réapprovisionner pour porter d'autres bains. Les meilleurs jours, il peut ainsi espérer en livrer jusqu'à trois... C'est à cette cadence que le Cantalien Lecoq réussit à faire fortune dans cette profession.

Cette première voie de reconversion fera de l'ancien porteur d'eau, revêtu du tablier blanc du garçon de bains, l'incarnation de la propreté, alors que la seconde qui s'offre à lui le plongera, au contraire, dans la noirceur et la poussière ; c'est celle du charbonnier.

Comme le bourgeois parisien a, en cette fin de siècle, le souci d'être propre, il veut aussi avoir chaud et ne rechigne guère à la dépense de chauffage. Le bois, on l'a déjà dit à propos des petits ramoneurs, laisse de plus en plus la place au charbon, surtout depuis que le chemin de fer permet de ravitailler aisément la capitale avec la production des grands bassins houillers du Nord et de l'Est, voire de ceux de Decazeville ou de Brassac, pays même de nos montagnards. C'en est fini des trains de bûches arrivant du Morvan par flottage sur les quais de la Seine. L'ère de la modernité est décidément bel et bien arrivée : on se chauffe au charbon !

Notre Aveyronnais, qui passe une partie de sa vie dans les escaliers comme porteur d'eau ou de bains, y croise de plus en plus de livreurs de charbon et il ne tarde pas à observer que ces marchandises sont complémentaires. La demande d'eau est plus forte en été, du fait de la chaleur, alors que celle de charbon est évidemment plutôt limitée à l'hiver. Pourquoi, dès lors, ne pas passer l'année complète à Paris pour y cumuler les deux activités : porteur d'eau l'été et charbonnier l'hiver ? Sitôt dit, sitôt fait : tant pis pour l'eau et le tablier blanc, poussière et tablier noir ne l'effraient guère, et voilà notre homme chargeant les sacs de charbon de trente-cinq à cinquante kilos sur le plateau d'un camion attelé à des chevaux, les déchargeant plus loin sur ses épaules et grimpant les escaliers sans souffler jusqu'au sixième étage. Le voilà charbonnier, et les Parisiens, continuant à se gausser de l'Auvergnat, en font, pour la saveur de la rime, le « charbougnat ».

Ainsi est né le légendaire « bougnat ». Au début, il continue souvent le travail saisonnier. De mai à octobre, il travaille au buron, dans sa montagne natale, puis reprend la route de Paris, retrouve sa voiture à bras ou à cheval et ses livraisons.

Mais, bien vite, les choses vont changer. S'il veut, comme tout bon Auvergnat, conserver son indépendance, il lui est difficile de recevoir les commandes tout en effectuant les livraisons. S'il suffisait au porteur d'eau d'aller par les rues avec ses seaux remplis pour s'entendre appeler par la pratique, il n'en va pas de même pour le charbonnier, qui doit donc trouver une solution.

Elle se dégagera, peu à peu, du fait que certains porteurs d'eau, mariés au pays avant ou après leur départ, avaient finalement fait venir leur femme à qui ils avaient trouvé un emploi de cuisinière, de bonne ou de femme de chambre dans une des maisons de leur clientèle. Mais une fois « dans le charbon », l'homme pense à mieux tirer parti de son état matrimonial. Il fait quitter à sa compagne sa place de domestique et loue quelque petite boutique où elle sera à demeure pour prendre les commandes. Pour mieux rentabiliser son temps, elle va souvent vendre des fagots pour allumer les cheminées et de petits sacs de charbon de secours, histoire d'attendre la livraison. Par ailleurs, le ménage, besogneux et entreprenant, ne tarde guère à avoir une nouvelle idée. Il adjoint au commerce du charbon une activité de marchand de vins — on dirait aujourd'hui de cafetier —, que la femme peut gérer et assurer seule, pendant que le mari effectue les livraisons. Le vin a remplacé l'eau du porteur aveyronnais. La conquête des bistrots de Paris a commencé.

L'aventure, dès lors, se vit à deux, en couple, et évidemment, en couple d'Auvergnats, car c'est presque toujours au pays que le charbonnier, dès qu'il a quatre sous en poche pour ouvrir une boutique, va aller chercher son principal associé : sa femme. Nul, d'ailleurs, n'est mieux placé qu'elle pour le comprendre et partager ses objectifs et le couple, comme le célibataire, va mener un travail aussi acharné que méthodique, toujours dans le but de rentrer au pays avec de l'argent.

Pour ce faire, il récupère quelque boutique minable, cloue au-dessus de la porte, la traditionnelle enseigne « Bois, Vins et Charbons », ou quelque variante personnalisée comme Au rendez-vous des cochers ou Aux deux charbonniers, et c'est parti pour une vie de boulot. Chaque matin, l'homme se lève aux aurores pour aller à la gare de marchandises, à La Chapelle ou à Bercy, prendre livraison de son charbon. Le wagon est là, avec son chargement, qu'il doit récupérer et mettre en sac. Il se dépêche, car la compagnie de chemin de fer lui fait payer de lourds droits de stationnement. Il va ensuite décharger tout cela dans quelque entrepôt qu'il loue à prix d'or, pas trop loin de sa boutique. Là, il doit vider les sacs qu'il vient de remplir, s'il veut les empêcher de pourrir : ils coûtent cher et ne sont pas jetables après usage. Arrive alors l'heure des livraisons à domicile, qu'il interrompt sur le coup de midi pour rejoindre sa femme et partager avec elle un frugal repas : du lard bouilli avec des choux, des pommes de terre, des châtaignes sèches ou bouillies à l'eau et au sel, comme au pays, le tout arrosé de grandes rasades de lait, comme au buron. Reprenant ensuite ses distributions, il ne les arrête, le soir venu, que pour nourrir et soigner son cheval et pour se laver, enfin, sommairement devant une fontaine ou un bassin où il verse l'eau d'un broc ou d'un seau. Peu envieux, indifférent aux sentiments et à la conscience de classe, le couple, le soir venu, s'endort en rêvant à son village ou au prochain bal auvergnat, un de ces premiers « bals-musette » qui ont souvent lieu dans le quartier de la Bastille, rue de Lappe, un Auvergnat de Paris sur dix vivant alors dans le XIe arrondissement.

Là, le son rauque et nasillard de la cabrette invite la colonie, de plus en plus nombreuse, à venir danser la bourrée dans le café d'un compatriote. On peut dire qu'il y a de l'ambiance à ébranler les planchers et à faire danser les guéridons. Tout le monde se retrouve, à commencer bien sûr par les célibataires, à peu près assurés de trouver chaussure à leur pied. Françoise Raison-Jourde cite le cas d'un cocher auvergnat rêvant de se faire bougnat. A un bal, il rencontre une payse, la fille d'un tisserand de Frézioux, dans le Puy-de-Dôme. Une famille pauvre, dont le seul luxe était, deux ou trois fois par an, la miche de pain blanc que le père rapportait de la foire d'Olliergue, où il allait vendre sa production et acheter des fils de toile; le reste du temps, on se contentait de pommes de terre. La mère, en plus de ses neuf enfants, en prenait d'autres en nourrice. A onze ans, on avait vendu les cheveux de la cadette pour lui acheter une robe et, à la foire de Mauzun, on l'avait placée pour un an comme bonne à Clermont-Ferrand. De là, à dix-huit ans, elle avait suivi ses patrons à Paris, où quatre de ses frères l'avaient rejointe, auxquels elle avait sans doute trouvé du travail chez des compatriotes. Au bal donc, la fille et le cocher dansent; ils se plaisent, ils se marient. Sans plus attendre, ils prennent alors un petit café près de la gare de l'Est, un de ces « bouillons » à bon marché pour les travailleurs des usines ou des chemins de fer. Ils y servent du bouillon, de la soupe à l'oignon et des noix, le tout arrosé de boissons du pays : marc et vins d'Auvergne, un de ces petits vins blancs de Corent, un peu râpeux mais gouleyant à souhait.

D'abord gérant, on achète ensuite un petit estaminet qui périclite, on le relance, on le revend avec bénéfice, pour en acheter un plus grand. Telle est l'ambition de tout couple « bougnat »...

L'arrivée, la rencontre et les débuts du couple que nous venons de suivre sont tout à fait représentatifs. La colonie auvergnate ne cesse de se structurer et de s'organiser. Le nouveau venu y est attendu et accueilli. Lorsque Marcellin Cazes, natif de Laguiole, arrive, tout jeune à Paris, en 1900, avec en poche les cinquante francs en pièces d'or que sa mère lui a remis, il est attendu à la gare d'Austerlitz par son frère aîné qui tient déjà, avec sa femme, un petit commerce de vins et charbons à Montmartre. Il l'aidera à porter les sacs, jusqu'au jour où un gars de la colonie l'introduira, comme on l'a vu, dans un établissement de bains. Quelques années plus tard, de copain en copain, toujours auvergnats, il se retrouvera serveur dans un « tonneau » de la place Maubert — ainsi appelle-t-on alors les cafés vendant vin et absinthe —, puis garçon de café dans une brasserie, portant veste, chemise blanche, gilet et pantalons noirs. Du Café du Matin, il va passer au Café de l'Électricité. Son service militaire accompli, il fait la connaissance d'une serveuse, auvergnate elle-même et nièce de tenanciers de bistrot. Il va l'épouser au pays, et tous deux prennent à leur tour un café.

C'est l'époque où, si le charbon décline, concurrencé par le chauffage au gaz et, plus tard, par le fuel domestique, la limonade est déjà prête à lui succéder. Nos anciens « vins et charbons » deviennent donc des « cafés-tabac ». Les brasseries, qui étaient, à l'origine, des débits ouverts par les fabriques de bières alsaciennes ou lorraines pour y vendre leur production, se développent et se multiplient, le plus souvent entre les mains des Auvergnats et des Aveyronnais qui colonisent aussi bien Paris que les banlieues, réussissant à tenir presque tous les cafés, les grands comme les petits. Amorcée dès les années 1880, cette véritable conquête des bistrots de la capitale va bon train puisque, à peine quatre ans plus tard, on peut estimer que cinquante fonds parisiens de charbons, liqueurs et vins leur appartiennent déjà.

L'Auvergnat travaille et économise. S'il a besoin d'argent, un parent ou un ancien patron, qui a autrefois suivi la même voie que lui et qui est souvent natif du même village, lui avancera les fonds nécessaires. Des associations et des syndicats, comme Les Charbonniers réunis ou La Société des marchands de vins réunis, sont là, solides et puissants, pour aider les jeunes à s'établir, pour soutenir le « bougnat » dans sa lutte contre la Compagnie du Gaz qui lui livre une concurrence sans pitié.

Solidaire et unie, la colonie auvergnate est également structurée et organisée. Les associations de compatriotes originaires d'un même département, d'un même canton ou d'un même village, se font de plus en plus nombreuses; toutes, chaque année, ont leur grand banquet où l'on se retrouve devant les potées, aux accents de l'accordéon, et où l'on parle le patois. Selon que le président est dans tel ou tel secteur d'activité, ou dans tel quartier, il y fera venir les autres. Paris a aussi sa paroisse auvergnate, car l'Aveyron, depuis longtemps, est et reste une véritable pépinière de prêtres. En 1886, a été fondée la Ligue auvergnate, qui accueille mille deux cents participants à sa première réunion, mais la grande date, sans conteste, est celle de la fondation, en 1882, par l'Aurillacois Louis Bonnet, de *L'Auvergnat de Paris*, qui va transformer la vie quotidienne de nos émigrés. Ce journal pas comme les autres entend être à la fois le guide et le témoin de la colonie. Pour en être le guide, il devient le premier support des annonces concernant les fonds de commerce à louer ou à vendre dans le milieu de la limonade. Pour en être le témoin, il va devenir le trait d'union entre Paris et le pays, donnant régulièrement les plus menues nouvelles à une époque où tous ne savent pas écrire ou n'ont pas le temps de le faire, et où le téléphone, bien sûr, n'existe pas. Plus besoin, désormais, pour la famille restée à l'oustal, d'attendre le retour d'un migrant pour avoir des nouvelles du sien. *L'Auvergnat de Paris*, chaque semaine, les lui apporte. Mieux, sachant que le but de tout Auvergnat est de profiter du train pour rentrer régulièrement chez lui, et au moins une fois l'an, Bonnet, au terme de longues démarches, obtiendra, en 1904, l'affectation spéciale de plusieurs trains à destination de l'Auvergne chaque été, permettant aux Auvergnats de Paris de retourner à Vic-sur-Cère, Mur-de-Barrez ou dans d'autres localités montagnardes. Le succès est immédiat : en 1905, des files d'autobus aux impériales bondées amènent en gare 12 000 voyageurs et, en 1908, ce sont pas moins de trente-huit trains qui seront mis en service, dont les horaires, bien évidemment, sont publiés dans le journal, qui augmente ainsi encore ses ventes. Les Auvergnats revoient donc leur Auvergne. Chaque été, Egliseneuve passe de 150 à 650 âmes, et ses habitants permanents se prennent à rêver en voyant leurs cousins estivants se promener en chapeaux melons dans des charrettes anglaises.

Ces Parisiens de retour achètent des terres, rénovent la maison familiale, lorsqu'ils ne se font pas carrément construire en plein bourg, à Aurillac, à Murat, à Espalion ou à Marvejols, une de ces belles villas en pierres meulières, comme celles qui les ont fait eux-mêmes rêver en banlieue parisienne, et pour lesquelles ils se font livrer un riche mobilier par des camions spéciaux et voyants. Autant d'attitudes qui ne font, bien sûr, que susciter de nouvelles vocations et de nouveaux départs.

Le lien avec le pays, cependant, n'avait, on l'a vu, jamais été perdu, au point que bien des couples de bougnats — l'homme accaparé par son charbon et la femme par le comptoir et la maison — confiaient volontiers leurs enfants aux grands-parents restés en Auvergne, quitte à leur faire supporter de longs voyages de quinze heures de train et de quatre heures de diligences cahotantes. « Je suis née à Paris en 1898. Mes parents tenaient un commerce de vins-charbons. Je suis née rue Meslay et j'ai été élevée à Rayade, au-dessous de Montézic, par ma grand-mère », relate Céline Calvet à Daniel Crozes et Danielle Magne, ajoutant : « A trois ans, mes parents m'ont repris pour l'hiver. L'été, je revenais chez ma grand-mère. » L'histoire de Céline Calvet enfant ressemble à s'y méprendre à celle d'une certaine Léonie Bathiat. Née en cette même année 1898 à Courbevoie, où ses parents, tous deux auvergnats, s'étaient connus et mariés l'année précédente, elle est, du fait de sa santé fragile, envoyée très jeune, chez un oncle curé dans un coin perdu d'Auvergne. Léonie Bathiat n'est autre que... l'actrice Arletty.

Mais si Arletty fera carrière en dehors de la colonie, c'est le plus souvent en son sein que l'on trouve la réussite, et les « rois de la limonade » sont nombreux. Après 1945, le plus célèbre café parisien, Les Deux Magots, est tenu par des compatriotes, en face de la fameuse brasserie Lipp, où Marcellin Cazes termine glorieusement le parcours sans faute qui l'a fait passer, avec sa femme, par des *cafés-billards* toujours plus grands pour acheter finalement cette brasserie fondée autrefois à Saint-Germain-des-Prés par un Alsacien. Il y a loin entre les nuits dans le foin dans les burons de

Laguiole à ce lieu de légende. Avec Boubal, du Café de Flore, Fraux, de La Coupole, Cazes est « un des princes de la colonie », tout comme Léon Tafanel, de Raulhac, dans le Cantal, qui a su obtenir pour ses camions le monopole de la distribution de bière en fûts sur Paris.

Toutes ces réussites spectaculaires se sont appuyées à la fois sur le travail et sur la colonie. Pour mieux les apprécier, il convient cependant de les replacer dans le contexte de leur époque, qui est celle à laquelle on a pu parler de « République auvergnate ». En 1932, selon Roger Girard, « les Auvergnats ont l'impression de gouverner la France » : le président de la République, Paul Doumer, est natif d'Aurillac, et le président du Conseil, les présidents du conseil municipal de Paris et du conseil général de la Seine, celui du tribunal de Commerce et jusqu'à l'archevêque de Paris, Mgr Verdier, sont des compatriotes. Pour juger de cette puissance, il n'est qu'à voir ce qui se passe l'année suivante, lorsque éclate l'affaire Thiolas.

Un charbonnier auvergnat du XVIIIe arrondissement est soudain accusé, sans preuves, d'avoir provoqué le suicide d'une jeune fille juive pour s'être livré à des obscénités antisémites sur la personne de son jeune frère, un gamin de treize ans. Assailli de toute part, le charbonnier appelle Bonnet et *L'Auvergnat de Paris* a son secours. Les syndicats de charbonniers et de limonadiers diligentent une enquête et font surtout de la « contre-publicité » au quotidien *Paris-Soir*, le premier journal français par son tirage, qui a été à l'origine de ces allégations. Les ventes du quotidien baissent immédiatement et ses directeurs doivent capituler, présentant à Thiolas des excuses publiques dans leurs colonnes. Cette année-là, on peut dire, avec Girard, que la Ligue auvergnate est à l'apogée de sa puissante et de sa cohésion. Son banquet annuel, présidé par le cardinal Verdier entouré de la famille Thiolas, réunit tous les hommes politiques auvergnats.

Les années ont passé... Les Auvergnats de Paris et

d'Auvergne sont restés aussi fidèles que possible, tant à la limonade, à leurs syndicats, à leurs associations qu'à leur journal, *L'Auvergnat de Paris*, qui se maintient toujours avec un tirage d'environ vingt mille exemplaires. En 1997, on dénombre encore, dans la capitale, quelque deux cents amicales de natifs du Massif central, dont une bonne soixantaine pour le seul département de l'Aveyron et une vingtaine pour celui du Cantal. Après quatre années de présidence « auvergnate » sous Georges Pompidou, natif de Montboudif, dans le Cantal, la France en connut sept autres avec Valéry Giscard d'Estaing, issu d'une vieille lignée de Lozériens et de Clermontois. Si François Mitterrand n'avait pas de racines dans le Massif central, les Gouze, ancêtres de sa femme, avaient été autrefois colporteurs de parapluies, en Corrèze... terre d'autres « Auvergnats de Paris », dont est sorti leur avant-dernier maire, aujourd'hui président de la République.

CHAPITRE VII

Quand le bâtiment va, tout va : l'épopée des maçons marchois

Dans un formidable élan de foi, la France du Moyen Age s'est couverte de cathédrales. Toujours plus grandes, toujours plus hautes, elles ont fait l'objet d'une véritable course, de surenchères permanentes, de défis incessants. Chaque évêque a voulu la sienne, plus belle que celle de son voisin, même s'il savait qu'il n'en verrait pas l'achèvement, puisque ces immenses chantiers s'étendaient forcément sur plusieurs siècles. La fabrique, qui gérait le patrimoine et les finances du diocèse, s'érigeait donc en un véritable entrepreneur capitaliste et moderne. Les bourgeois donnaient leur argent sans compter pour s'assurer les meilleures places au Ciel et montrer leur aisance, comblant ensuite ces églises de meubles somptueux, d'objets d'or et d'argent. Les marchands les dotaient de vitraux qui les représentaient ou faisaient encore bâtir des chapelles latérales à la gloire de leurs saints patrons.

Romane ou gothique, la cathédrale est pour nos ancêtres à la fois un lieu de prière, de rassemblement, mais aussi un centre social et culturel. C'est sur son parvis que baladins et troubadours se produisent et représentent leurs mystères. Sur sa façade, statues violemment colorées et tympans bigarrés, au point qu'ils nous rempliraient sans doute d'horreur, racontent les scènes de la Bible, des Évangiles et les vies des saints — ces saints qui, pour nos aïeux, sont autant de héros, comparables à ceux de nos modernes séries télévisées.

Pour répondre à leur vocation, ces monuments devaient donc être édifiés en plein cœur de la ville. De ce fait, il fallait souvent commencer par abattre des pâtés entiers de vieilles chaumines à demi croulantes sur leurs colombages. On devait procéder à de grands travaux de fondations et de terrassements, et trouver aussi, dans le voisinage, des carrières de pierres de qualité, que l'on acheminerait lentement à grand renfort de bœufs. Alors seulement, la construction pouvait commencer.

Jusqu'au jour où la flèche s'élancera enfin dans le ciel, le chantier grouille donc d'une foule de manœuvres et d'artisans qui y installent leurs ateliers : charpentiers et « grossiers » taillant les cintres des voûtes et équarrissant les poutres, menuisiers chargés des « menues œuvres », portes monumentales et mobilier, artistes-verriers réalisant les vitraux, forgerons et ferronniers pour les ferrures et les grilles... Mais les plus nombreux et les plus importants sont bien sûr les maçons et les tailleurs de pierre, autour desquels tout s'organise et dont le savoir-faire éprouvé garantit la réussite de l'édifice.

Ces hommes sont donc recherchés pour leurs compétences irremplaçables et, des siècles durant, les plus habiles vont de ville en ville, de chantier en chantier, emportant avec eux les secrets de leur profession, lentement acquis et jalousement conservés. A leur arrivée, ils se construisent des abris de chantier, où ils vivront et se protégeront des intempéries et où les maîtres et les compagnons enseigneront les apprentis. Ce sont les « loges », considérées traditionnellement comme les ancêtres des loges maçonniques, et où l'on a commencé à se transmettre les premières grandes connaissances au sein de sociétés et d'associations de métiers.

Ces maçons, lorsqu'ils ont terminé un chantier, en trouvent généralement vite un autre, n'hésitant pas, si l'occasion s'en présente, à passer nos frontières pour aller participer à de grands travaux dans les autres royaumes. En 1287, alors que Notre-Dame de Paris est à peine achevée, le prévôt de la ville délivre ainsi un certificat à un certain Étienne Bonnuel, qui s'en va, avec plusieurs compagnons, construire la cathédrale d'Upsal, en Suède. Étienne Bonnuel est originaire du bourg de La Souterraine, dans la province de la Marche. Il est le premier maçon marchois dont on trouve mention.

A-t-il été un pionnier ? Est-il à l'origine de la spécialité de ses compatriotes ? Nul ne saurait le dire. Ce qui est sûr, en revanche, c'est qu'à compter de cette date, qu'il soit architecte, maçon, tailleur de pierre, appareilleur (chargé de choisir les pierres et de tracer les coupes), paveur ou plâtrier, le Marchois est partout, au point que « limousin » ne tarde pas, dans le langage courant, à devenir synonyme de maçon et que « limousiner » signifie maçonner. Au fil des temps, il n'est pas un chantier où on ne le rencontre.

Au XVe siècle, le voici à Chartres, à Saint-Denis et à Bordeaux ; au XVIe, Léonard Patrouillaud, tailleur de pierre creusois, construit à Bourges, pour cent écus, « une tour ronde à l'extérieur, carrée à l'intérieur, dont le bas sera occupé par une chapelle et les étages supérieurs par deux chambres à cheminées ». Au XVIIe siècle, les maçons marchois participent à la construction des digues de La Rochelle ; à la fin du siècle, ils seraient plus de vingt mille à quitter chaque année leur Limousin, dont beaucoup se retrouvent sur les échafaudages de Versailles. Au siècle suivant, on estime qu'un tiers des hommes de la Marche font ce métier. Au XIXe, enfin, les grands chantiers des routes, puis des chemins de fer, mais surtout les immenses travaux lancés à Paris par Haussmann vont les attirer massivement. Entre 1852 et 1863, dans la capitale, huit mille maisons sont à démolir pour vingt-cinq mille nouveaux immeubles à élever. « Quand le bâtiment va, tout va », dira proverbialement quelques années plus tard l'homme politique Martin Nadaud, natif de La Martinesche, dans la Creuse, et ancien maçon lui-même, dont la vie dépeint parfaitement celle de ses compatriotes. L'habitant de la Marche sait profiter de cette conjoncture, comme en témoigne le nombre des maçons creusois qui, après avoir triplé entre 1815 et 1846, passant de 13 000 à 34 000, ne cesse d'augmenter encore.

La Haute-Marche, correspondant à peu près à notre département de la Creuse, est depuis longtemps une terre d'émigration. Tout y prédispose dans ce pays sauvage : la pauvreté de ses sols, le climat rude avec ses gelées tardives au printemps et précoces en automne, aux effets catastrophiques sur les emblavages et souvent à l'origine de famines, une démographie galopante (le département de la Creuse passera de 218 000 à 287 000 habitants entre 1801 et 1851 !), et le classique besoin d'argent, ne serait-ce que pour payer la taille... Pour se procurer un revenu complémentaire, les Marchois, qui sont le plus souvent laboureurs et petits propriétaires se font maçons et partent en campagne. Il n'est guère de famille qui n'ait le ou les siens, y compris chez les notables, et ce phénomène va se répétant au fil des générations. A Banize, village étudié par Marie-Anne Moulin, 83 % des fils de migrants émigrent à leur tour. Presque tous sont maçons.

A la différence de la plupart des autres migrants, le maçon quitte son village non pas en hiver, mais à la belle saison. Il part au printemps, passe l'été sur les échafaudages et s'en retourne à la fin d'octobre ou au début de novembre, avant que les pluies d'hiver ne viennent l'empêcher de travailler et les gelées de creuser le sol. En Creuse, c'est donc à la femme, restée avec les vieux et les enfants, de « tenir le bien ». Les villages, neuf mois durant, semblent peuplés de veuves, que l'on voit travailler sans cesse, soignant le bétail, traînant le fumier, labourant parfois (à l'araire !), faisant les foins, moissonnant à la faucille, engrangeant et, le soir venu, filant la laine. Les hommes, jeunes ou vieux, sont au loin, et les jeunes garçons, tout en moissonnant, rêvent déjà du jour où ils les accompagneront.

Ils n'ont d'ailleurs pas à attendre très longtemps. Dès

dix ans, souvent, le père les embarque, sans se demander si la route leur semblera longue.

C'est ainsi que Martin Nadaud, âgé de quatorze ans, est parti avec son père pour Paris le 26 mars 1830. Il porte une veste, un pantalon, un gilet de droguet, tissé à la maison avec la laine des brebis. Aux pieds, lui qui n'a jusqu'alors chaussé que des sabots, il a de gros brodequins neufs qui lui blessent les chevilles. Il arbore même un chapeau haut de forme, acheté pour la circonstance. Après les adieux à la famille, le père et le fils partent avec un petit groupe de leur hameau. Bientôt, ils rejoignent ou sont rejoints par d'autres bandes, et leur troupe, au fil des kilomètres, ne va cesser de grossir. La route est longue, difficile : jusqu'à Guéret, on doit cheminer à travers friches et forêts, par des chemins défoncés où le haut-de-forme perd vite sa superbe. Les étapes semblent interminables. « Le plus ennuyeux pour nous, les jeunes, c'était de voir les vieux filer sans pouvoir les suivre », écrira Nadaud dans ses Mémoires, se souvenant que son père lui répétait sans cesse : « J'ai fait plus jeune que toi le voyage de la Vendée et je ne pleurnichais pas ! » Et pendant que les gamins traînent péniblement leurs pieds meurtris d'ampoules, le meilleur marcheur du groupe, passé devant, va retenir les auberges où l'on ne s'arrête qu'à la nuit tombante. C'est lui qui marchande avec le tenancier et qui le réglera. Mais jamais il ne choisit au hasard, allant toujours dans un établissement déjà connu, que l'on fréquente régulièrement, deux fois l'an, à l'aller et au retour. On mange une bréjaude ou une « farcidure », sorte de purée en boulettes que l'on appelle aussi la « poule sans os ». Les draps y sont douteux, si ce n'est crasseux, n'ayant souvent pas été changés depuis les retours de novembre. Des muletiers à la mine patibulaire inquiètent nos jeunes recrues. Qu'importe, il faut suivre la règle et tenir la cadence. Guéret, Genouillat, Nohant, Vierzon, Olivet... La route n'en finit plus, les villages se succèdent, où l'on doit bien souvent essuyer moqueries et quolibets. Ces bandes d'hommes petits (1,60 m en moyenne), aux cheveux courts et noirs, vêtus de vestes de gros drap couleur de cendre, chantant des chansons de route, parfois conduits par un musicien ambulant que l'on nomme un « chabretaire », effraient les populations locales, toujours prêtes à les invectiver. « A l'oie ! Aux dindes ! » leur crie-t-on du pas des portes, les appelant encore « mange-raves » ou « mange-châtaignes ». Parfois, c'est la gendarmerie qui les arrête pour vérifier leurs papiers. Comme au XVIIIe siècle, le maçon ne partait pas sans avoir demandé à son curé un certificat de baptême, il a désormais son passeport, établi par le maire sur une feuille de gros papier grisâtre rapidement chiffonné. Mais nul n'en a cure. La troupe ne cesse d'accélérer l'allure tant elle est soucieuse d'arriver à Paris avant les concurrents descendus d'autres plateaux et, après quatre jours de route à pied, arrivée à Orléans, elle termine le chemin en s'entassant dans une mauvaise patache bringuebalante pour être certaine de gagner cette course au travail.

Aussitôt arrivé, la première nuit passée dans un « garni », le garçon commence son apprentissage en servant les maçons. La tête protégée d'une calotte bourrée de chiffons, il « traîne le sable » et la chaux, fait « la colle », autrement dit le mortier, charrie les moellons ou tamise le plâtre arrivé directement des carrières en en écrasant les gros morceaux avec une batte. Il doit encore « gâcher » le ciment avec de l'eau, beaucoup d'eau, qu'il faut aller chercher et que les autres gougeats lui disputent parfois à coups de poing. Il doit ensuite, à l'aide de poulies, hisser tout en haut des échafaudages l'auge du mortier qu'il a préparé, sans en renverser, bien sûr, ce qui lui vaudrait rebuffades ou brimades.

Trois années durant, il accomplit ces tâches, avalant la poussière à pleins poumons et la batte lui abîmant les mains, avant de monter dans la hiérarchie. L'apprenti devient alors « petit compagnon » et est admis à poser les pierres les unes sur les autres, puis « compagnon ». Il accède alors à la truelle et possède ses propres outils : il peut enfin « limousiner ».

La vie est pénible, harassante. Le danger guette à tout instant, la chute de l'échafaudage étant particulièrement redoutée. Certains meurent assommés par l'effondrement d'une poutre, d'un palan ou d'un de ces énormes engins de levage, quand ils ne sont pas victimes d'incendies, ou encore enlisés dans des sables mouvants, comme Gilbert Gauvragon dans le Berry. En 1700, à Cléppé, ils sont trois maçons à périr noyés lors du naufrage de la barque avec laquelle ils traversaient la Loire pour se rendre à leur chantier...

Les conditions matérielles sont dures : que ce soit la chambrée, à Paris, ou le garni, à Marseille, les lieux où dort le maçon, situés dans les bâtiments les plus sordides et des pièces à demi décarrelées, sont de sinistres dortoirs, souvent tenus par des « marchands de sommeil » peu scrupuleux. Nombre de ces derniers ont d'ailleurs leur clientèle attitrée. A Lyon, la veuve Coste paraît, selon Abel Poitrineau, ne recevoir que des maçons de Combraille, alors qu'un autre logeur, au Bourgchanin, abrite des gars d'autres secteurs. La chambrée parisienne de Martin Nadaud compte six lits, séparés par un très étroit passage, dans lesquels les ouvriers couchent deux à deux, tout habillés, avec des clous au mur pour portemanteaux. On imagine aisément la puanteur de l'air que l'on peut respirer dans ces véritables pépinières de tuberculeux. Bien des gars, pour dormir, ont soin de s'envelopper la tête de linges afin d'éviter qu'elle ne porte sur le traversin.

Sur son chantier, le maçon se procure ses repas auprès de quelque gargotier du voisinage, toujours prêt à profiter de sa clientèle. Il déjeune à neuf heures et prend son repas principal à deux heures de l'après-midi : pain, fromage et vin. Le soir, de retour à la chambrée, il trouve la soupe trempée qu'il accompagne d'une chopine de piquette avant de regagner rapidement sa paillasse, car il doit se lever très tôt pour faire le long chemin qui le conduit à son travail. Mieux vaut donc éviter le cabaret, d'autant que la police parisienne, luttant contre les tapages nocturnes et les rixes aux sorties des estaminets, exerce une surveillance particulière sur les garnis et les ouvriers migrants que l'on sait volontiers bagarreurs. Nadaud se souvient des rixes entre maçons, parfois de paroisses ennemies, comme entre les

« brulas » de La Souterraine et de Dun, ou les « bigaros » de Saint-Sulpice-des-Champs et Saint-Georges-de-Vallière. Il se souvient des défis sur les chantiers à qui travaillera le plus ou le plus vite, des combats de boxe ou de chausson, à coups de pied, organisés le dimanche à la sortie des bals populaires ou le soir, dans la chambrée, après avoir empilé les paillasses les unes sur les autres pour dégager la place d'un ring. Les moments de détente sont rares, en dehors des grandes fêtes patronales — la Saint-Louis et la Saint-Blaise — à l'occasion desquelles le « singe » (c'est-à-dire le patron en « franc-liran », l'argot de la profession) offre traditionnellement un repas à ses ouvriers, chefs de chantiers à ses côtés, apprentis en bout de table, conformément à la hiérarchie.

Arrive enfin le retour au village. Toujours en groupe, pour éviter de se faire détrousser, on refait le voyage à l'envers, à moins que le pécule entassé ne permette de prendre la diligence pour Châteauroux, puis pour La Châtre et Guéret, où l'on trouvera sans peine une voiture saisonnière, guettant le retour des maçons. « L'été de la Saint-Martin », à la mi-novembre, sonne traditionnellement le retour au village de ceux que l'on appelle les « hirondelles blanches », à cause de leurs vêtements noirs ou gris mouchetés de taches de plâtre ou de mortier. Les peintres et les plâtriers, mieux abrités puisque travaillant à l'intérieur, se donnent souvent trois à quatre semaines supplémentaires, tout en dépassant rarement la Saint-André, le 30 novembre. A la Foire de Felletin, le 19 décembre, tout le monde est donc rentré, sauf ceux qui n'en ont pas les moyens et qui passeront l'hiver à Paris comme porteurs d'eau ou portefaix en attendant de remonter au printemps sur les échafaudages.

Rentrant à la ferme, Nadaud trouve sa famille attablée devant sa soupe et un plat de raves. A l'homme qui revient, la femme ou la mère confectionne une soupe au lait, petite attention en échange des menus cadeaux — une robe, un mouchoir — que celui-ci lui rapporte, comme il rapporte du tabac à priser à son vieux père. Mais le jeune apprenti a surtout hâte d'aller à la veillée dans les fermes des environs. Là, les maçons sont les vedettes et les filles sont pendues à leurs lèvres pour leur entendre raconter Paris et ses chantiers. Le dimanche suivant, celui qui est marié conduit sa femme au cabaret du bourg, et le célibataire court les bals dans les granges.

Si la campagne a été bonne, notre migrant a pu se faire en une saison largement l'équivalent du salaire annuel d'un domestique. Il rapporte donc de l'argent frais, des louis d'or, avec lesquels il va rembourser ses dettes, payer les grains empruntés l'an dernier pour ensemencer son champ ou s'acquitter de son fermage, dont Noël est traditionnellement le terme. Si, cela fait, il lui reste un peu de sous, il achète quelques arpents de terre pour agrandir son « pré carré » et reprend son métier de paysan, teillant le chanvre, battant le seigle, bûcheronnant, cassant du bois, bricolant de droite et de gauche...

C'est naturellement en hiver que les mariages creusois se préparent et ont lieu. Après une première saison de « fréquentation », parfois plusieurs — le temps de repartir plusieurs fois pour se constituer un pécule qui rassurera les beaux-parents —, les accordailles sont conclues au printemps et le mariage célébré l'hiver suivant. A Banize, Marie-Anne Moulin note que le curé bénit 88 % des mariages au cours des seuls mois de janvier et février. Le maçon, riche de son magot, essaie souvent d'épouser une fille bien dotée ou une héritière, dont les parents l'accueilleront « en gendre » dans leur maison. Les grossesses et les accouchements se dérouleront en l'absence des pères, à la fin de l'été ou au début de l'automne. C'est donc souvent enceinte que l'épouse, en été, travaillera, sous la canicule, aux foins et aux moissons. Nombre d'entre elles ne survivent pas à ce régime. Si certains maçons ont parfois, au retour, la mauvaise surprise de découvrir l'inconduite de leur épouse, beaucoup plus nombreux sont ceux qui se retrouvent veufs et doivent alors se hâter de prendre une nouvelle femme s'ils veulent pouvoir repartir en campagne le moment venu. Il arrive que certains, plusieurs fois confrontés à cette situation, se marient trois ou quatre fois, et cela dans des laps de temps étonnamment brefs.

Une des manières de remédier à ces situations est de vivre en communauté, au sein de familles nombreuses et imbriquées, regroupant plusieurs générations et plusieurs ménages. Le ou les maçons — le plus souvent en pleine force de l'âge, entre seize et trente ans — en sont naturellement l'élément moteur. Grâce à eux, la famille augmente son patrimoine et peut marier ses enfants dans d'autres familles de maçons relativement aisées.

Car la famille, en Marche, constitue la clé de voûte de l'habitude maçonnante. On part en famille, à quinze ou vingt, dans une « compagnie », recrutée par un maître-maçon de son voisinage ou de sa parenté, constituée de voisins et de parents que l'on ne quittera pas, se dirigeant sur les mêmes pays et les mêmes villes, travaillant ensemble sur les mêmes chantiers, grands ou petits — allant du château à l'église ou au simple abreuvoir communal —, auxquels on travaillera souvent plusieurs saisons durant. Parfois, on profite de la présence d'un parent installé ailleurs, sédentarisé comme « architecte » ou « entrepreneur », généralement à la suite d'un mariage dans la région d'adoption — de préférence avec une fille d'artisans — célébré quelques années plus tôt devant la compagnie au grand complet. Les archives paroissiales le démontrent : le maçon ne se marie jamais sans ses compagnons pour témoins, comme il ne meurt jamais loin d'eux, qui paieront le curé pour qu'il dresse un certificat d'inhumation qu'ils rapporteront à sa veuve, à qui il permettra de faire régler la succession du défunt et de pouvoir se remarier.

C'est souvent une colonie miniature qui s'installe hors du pays et qui, sur plusieurs générations, verra des maçons du même village et des mêmes familles aller travailler et se fixer au même endroit, le migrant installé retournant volontiers recruter des apprentis dans son village d'origine. A Montcenis, en Saône-et-Loire, on note ainsi une cascade d'arrivées de maçons de la commune de Champagnat, près de Bellegarde, comme on relève à Étréchy, près de Paris, de nombreux carriers natifs de Compreignac, en Haute-Vienne. La migration devient alors définitive, ce qui ne fait pas peur au Marchois, pour qui l'essentiel est d'avoir du travail garanti, comme c'est le cas à Briare, à la fin du XVIIIe siècle, à l'occasion des travaux du canal. Sous le règne de Louis XVI, les frères Guillaumet se fixent à Ligny-le-Chatel, dans l'actuel département de l'Yonne, où leur grand-père, déjà, venait chaque année « limousiner ».

Au fil des saisons, des chantiers et des mariages, le maçon marchois dispose donc de tout un réseau de filières, appuyées sur les liens du sang et la solidarité. Ainsi, même s'il ne rentre pas, il est au courant des nouvelles du pays et de la fidélité de sa femme, de même qu'au village on sait tout de lui. Gare aux gars qui, à Lyon, vivent avec des coquines ! Dans les pays qu'ils fréquentent, les maçons tentés par la bigamie sont toujours épiés par les leurs. Chaque coin de France a son noyau de Marchois, comme chaque village, là-bas, a ses zones d'accueil privilégiées, véritables chasses gardées où les habitués font venir leurs fils, frères, beaux-frères, neveux ou voisins, les plus fréquentées étant la région lyonnaise, destination favorite des hommes de la région d'Aubusson, le Bordelais, où le secteur de La Souterraine envoyait autrefois ses paveurs, la Bourgogne et, bien sûr, Paris.

La capitale comptant déjà deux à trois mille Marchois à la fin du XVIIIe siècle, dont plus des deux tiers étaient maçons, la colonie s'y est vite organisée et structurée. Des filières d'accueil se sont mises en place, permettant au migrant arrivé seul de trouver un toit et du travail, évitant au peintre en bâtiment de devoir attendre un employeur devant la tour Saint-Jacques, ou au maçon de faire, haut-de-forme râpé sur la tête, le pied de grue place Maubert ou devant l'Hôtel de Ville, en place de Grève.

Sous l'Ancien Régime, cette place avait été le lieu de

toutes les grandes manifestations parisiennes, à commencer par les exécutions capitales. Au XIXe siècle, agrandie, elle est devenue le lieu de rassemblement des gens en quête de travail. Du coup, c'est là aussi que se réunissent les mécontents qui décident de « faire grève », une habitude qui commence à se répandre et à laquelle nos maçons ne sont pas étrangers.

Parti comme l'Auvergnat à la recherche d'un sort meilleur, le Creusois, contrairement à lui, n'a pas conservé la foi. Peu pratiquant, il sera très tôt sensible aux idées nouvelles : de tout temps l'initiation au métier et aux secrets des loges ont fait de lui un esprit fort. Ce n'est pas par hasard que, dès le XVIIe siècle, on a réglementé à Paris ce métier, déclaré franc dès le Moyen Age, tant au plan des conditions d'accès à la maîtrise qu'à celui des temps de travail, fixés à douze heures par jour en hiver et quatorze en été — de cinq heures à dix-neuf heures, avec des temps de pause. Nos maçons ont, en effet, la solide réputation de gens indisciplinés et contestataires. Ils l'ont montré dès 1660 par une tentative de sédition lors de l'élévation des fortifications de Paris. Ils ont des idées avancées et sont prêts à se mobiliser pour les défendre. Martin Nadaud, après un début de parcours classique, se consacrera à leur cause, n'hésitant pas à briguer des mandats électoraux. Élu en 1849, il sera évidemment exilé après le coup d'État de Louis Napoléon Bonaparte. Rentré en France au lendemain de Sedan, il ne tardera pas à se voir nommer préfet de la Creuse. Ami de George Sand, il est réélu député en 1876 et le restera jusqu'en 1889. En 1895, il fonde l'hebdomadaire *La Jeune Creuse*. Deux ans auparavant, un autre ancien maçon migrant, Antonin Desfarges, socialiste bon teint, avait été élu à son tour, au grand dam des notables creusois qui redoutaient la propagande révolutionnaire que ces hommes faisaient circuler au pays.

Mais ont-ils vraiment réussi, ces maçons et tailleurs de pierre qui repartent chaque année en campagne pour Lyon, pour Paris ou pour quelque bourg de Bourgogne ? Beaucoup d'entre eux, évidemment, ne sont jamais revenus, tombés d'un échafaudage ou morts en chemin ! Mais les autres ? Marie-Anne Moulin constate qu'à Banize, nombre de familles ont bien du mal, malgré la migration, à amorcer le moindre décollage social. De génération en génération, on reste paysan-maçon, et l'on arrive tout juste à s'en sortir... Cela semble un miracle, à Nouzerolles, de voir un enfant du pays, Mathurin Ravion, parvenir, en 1769, à épouser la fille d'un bourgeois du Berry et à devenir fermier.

Dans leur majorité, les réussites des maçons apparaissent bien relatives. A Banize encore, les Desplats, laboureurs au hameau de La Vallade, voient leurs hommes partir comme maçons au moins depuis la fin du XVIIe siècle. Si une branche réussit à se fixer à Paris avec un aubergiste, devenu sans doute logeur de ses compatriotes, l'autre, restée au pays tout en migrant chaque année, aura bien du mal à racheter la part du domaine familial aux « cousins de Paris ». Au hameau de Lacaux, les Georges seront plus chanceux. Ayant pris la route des maçons aussi tôt que les Desplats, ils réussiront peu à peu à acheter quelques terres, au point de pouvoir s'arrêter de migrer vers 1800 pour se consacrer, en sédentaires, à leur seule exploitation. Un de leurs parents, arrivé pour la première fois à Paris en 1773, y est devenu, en 1798, « entrepreneur de bâtiment payant patente ». Il montera un petit magasin et, à sa mort, en 1810, selon son inventaire après décès retrouvé par Marie-Anne Moulin, possédera « une pendule en marbre blanc avec ornements en cuivre doré, une commode en acajou avec quatre tiroirs et dessus de marbre, un secrétaire à abattant en acajou avec dessus de marbre, une montre en or, six couverts en argent... ». Comme il employait en outre une servante, nul doute que cet homme ait paru, aux yeux des Creusois, aussi important qu'un ministre !

Même si l'aventure conduit certains maçons beaucoup plus loin, jusqu'à l'île Bourbon, devenue depuis l'île de La Réunion, rares sont les fortunes spectaculaires. Seuls quelques maîtres-maçons devenus « entrepreneurs », soit l'équivalent de nos actuels promoteurs immobiliers, construisant des immeubles sur un terrain acquis à l'avance ou pour le compte d'un propriétaire foncier, parviennent, sinon à la fortune, du moins à une confortable aisance, comme c'est le cas pour les Triolet (la belle-famille d'Elsa), venus dans la capitale depuis la région de Bessines-sur-Gartempes dans la seconde moitié du siècle dernier. Citons pourtant, à titre d'exceptions, un certain Lafaure, qui transformera à Paris l'ancien quartier Saint-Georges et dont le fils sera député de la Creuse, et Mazet, qui, fortune faite, retournera au pays pour moderniser et développer l'élevage du mouton. Citons encore Duphot, ancien ouvrier-maçon qui construira le bas de l'avenue des Champs-Élysées et une partie de la rue de Rivoli, et, après avoir établi trois de ses neveux, se retirera dans sa maison, construite à l'angle de la rue Royale et du boulevard de la Madeleine. Ou encore Blavy, parti maçonner à Lyon à l'âge de treize ans, en 1854, et qui, au bout de six campagnes, se fixera en 1861 à Arcachon, où il saisira rapidement l'opportunité de l'arrivée du chemin de fer pour y construire la gare et quelque cinq cents maisons...

Mais ces exceptions sont rares, et, dès la fin du XIXe siècle, le mouvement s'épuise et s'éteint. Le chemin de fer ouvre d'autres horizons et certains se reconvertissent dans des professions voisines, comme celle de plombier-zingueur. Sur les chantiers de construction, ils laissent de plus en plus la place à la main-d'œuvre étrangère, notamment aux Italiens, qui vont reprendre l'aventure à leur compte, puis aux Portugais et aux Espagnols, manœuvres puis grutiers. Le cas, signalé par Geneviève Millot, des Ferrandon, descendants d'un maçon-marchois installé à Dun-sur-Auron, dans le Cher, en 1776, et perpétuant la profession sur deux siècles et cinq générations jusqu'au décès du dernier d'entre eux, en 1977, est donc assez exceptionnel...

Au demeurant, malgré ses idées avancées, son savoir-faire et ses secrets maçonniques, le Marchois était-il vraiment ambitieux? La *Chanson des maçons de la Creuse*, composée au siècle dernier par Jean Petit et inspirée de refrains antérieurs, ne contient-elle pas, dans son dernier couplet, la réponse à cette question?

C'est un garçon maçon,
Buvant sa chopinette ;
Il est joyeux, content,
Trouve la vie heureuse
Et signe fièrement
Un maçon de la Creuse.

CHAPITRE VIII

Du scieur de long forézien aux rouliers de Grandvaux : d'autres aventures

Non loin de la Creuse, les gens du Velay, du Forez et du Livradois, ayant les mêmes conditions de vie, ont eux aussi pris l'habitude d'aller chercher du travail ailleurs à la morte-saison. Selon les lieux et les goûts, ils partent « à la marre », « à la scie », ou encore « peigner », comme le font aussi, plus à l'est, les habitants du Bugey.

La « marre » en question n'est pas celle des canards. Dans leur patois, ce mot désigne la pioche, et on les appelle « marreurs », ou encore « pionniers » lorsqu'ils préfèrent travailler avec un pic. Leur outil sur l'épaule, ils vont se louer comme manœuvres sur les chantiers pour y effectuer des travaux de terrassement. Ils creusent les fossés des châteaux ou des villes fortifiées, curent les lieux marécageux, dessouchent et défrichent les champs. Au XVIIIe et au XIXe siècle, l'ouverture des grands canaux — particulièrement ceux du Berry, du Nivernais et du Centre, ce dernier appelé alors « canal du Charolais » — exigeant beaucoup de main-d'œuvre, est une providence pour eux. Mais si ces canaux les attirent dans des régions qui ont l'avantage de n'être pas trop éloignées, on les trouve également à Rochefort, lors de la construction du port, et partout où il y a quelque chantier difficile. Abel Poitrineau nous les dépeint « travaillant dans l'eau jusqu'à mi-jambe, pieds nus, au plus fort de la mauvaise saison, au nettoyage des étangs et des mares, arrachant les racines et évacuant la boue ».

Comme leurs voisins maçons, ils partent en bandes, appelées des « brigades », regroupant des parents ou des voisins et conduites par un maître, responsable de l'organisation et des chantiers. Migrants de la morte saison, ils quittent leur village aux environs de la Saint-Michel, le 29 septembre, pour ne rentrer qu'au printemps. Personne, évidemment, ne revient cousu d'or de ces campagnes.

Le « scieur de long bois », parfois appelé « ressaire » ou « sitaire », originaire en gros des mêmes régions, s'en va chaque automne pour les forêts lointaines où il va vivre tout l'hiver.

La forêt était autrefois un lieu si peuplé que l'on se demande bien comment aurait pu y vivre les lutins et autres loups-garous dont parlent les légendes... Tout un monde, en effet, l'anime régulièrement, depuis les garçons-porchers qui y conduisent leurs cochons pour les nourrir de faînes et de glands jusqu'aux modestes marchands de fagots venus récupérer du bois mort pour le vendre aux habitants de la ville voisine. Des marchandes de cresson viennent y cultiver cette plante, considérée comme gage de longévité, comme d'autres viennent pour les herboristes chercher la sève du chêne, qui combat les varices, les bourgeons de sapin, que l'on mâchonne contre les bronchites, ou la poudre de charbon de bois, prescrite contre les aigreurs d'estomac. On y rencontre aussi les « pelliers », toujours à la recherche de « sauvagines » qu'ils iront revendre ensuite aux marchands-tanneurs. Tous vont et viennent, sous la surveillance des gardes forestiers et des gardes-chasse qui traquent les braconniers. Mais beaucoup d'autres encore, non seulement travaillent en forêt, mais l'habitent, que ce soit à titre permanent ou temporaire.

Les charbonniers y vivent en famille, dans une maison tenant davantage de la hutte, non loin de la meule fumante dans laquelle ils préparent le charbon de bois et avec laquelle ils vivent quasiment en symbiose cinq jours et cinq nuits, durant lesquels brûlent des bûches soigneusement choisies, de châtaignier, de charme, de chêne ou d'orme... Cette meule, qu'ils appellent la « fouée », ils l'ont eux-mêmes confectionnée à partir d'un savoir-faire à la fois précis et ancestral, calculant les justes proportions de la base, de la hauteur et de sa cheminée. Ils la surveillent sans arrêt de crainte d'un embrasement, dormant à son pied, jusqu'à ce que le bois, soumis à de très fortes températures atteignant parfois 1 600 degrés, donne un charbon bien cuit, dur et compact. Pour être de qualité, ce charbon de bois devra, lorsque l'on en rompt les blocs, présenter dans ses cassures les couleurs de l'iris; il devra aussi flotter sur l'eau et brûler sans flamme. La production de charbon de bois est énorme : destinée tant à l'usage domestique qu'à la métallurgie, elle atteint en 1880 quatorze cents tonnes!

Comme les charbonniers, de nombreux sabotiers, « galochiers » ou « groliers » habitent en permanence la forêt, travaillant le bois sur place pour aller vendre leurs sabots sur les foires et marchés des environs.

Bien d'autres, pourtant, n'habitent ici que saisonnièrement; non seulement les bûcherons, mais encore, selon les régions, les feuillardiers ou les résiniers. Les premiers, généralement limousins, passent après les bûcherons et travaillent les petits bois dans lesquels ils fabriquent des lattes, des échalas pour palisser les vignes et, avec le bois de châtaignier, des cercles pour tonneaux. Les seconds, rencontrés exclusivement dans les Landes, incisent chaque jour l'écorce de cinq cents à mille pins pour en recueillir la résine dans des pots.

Telle est la forêt d'autrefois, avec ses habitants aux secrets immémoriaux, à la vie simple et rustique, se nourrissant de pommes de terres cuites sous la braise et de châtaignes bouillies, gardant pour les jours de bombance le « finot » de lard et de pommes de terre qu'ils arroseront de vin rouge. Des habitants noirs, sales et mal rasés, qui font souvent peur à ceux des villes et des villages. La forêt d'autrefois, au cœur de laquelle vont arriver les scieurs de long, est un lieu grouillant véritablement de vie.

Ces scieurs de long sont des hommes robustes et en pleine force physique, puisque âgés, comme nos maçons, de quinze à quarante-cinq ans. Par milliers, ils ont quitté leur foyer et leur pays. Là encore, des communes entières se vident de leurs hommes, du plateau de Millevaches, près de La Courtine, aux monts du Forez et de la Margeride, le plus gros de la troupe partant cependant du Puy-de-Dôme. Entre la foire de Saint-Anthème, le 14 septembre, et la fin d'octobre, soit généralement juste après les semailles d'automne, ils prennent la route, à pied, souvent en chantant, pour dix jours de marche. Ils font ainsi jusqu'à quatre cents kilomètres, essaimant dans toutes les directions. Annie Arnoult a recensé cinquante-huit départements à les avoir accueillis, du Nord au Midi, comme le Gard, les Pyrénées-Orientales. Sous l'Ancien Régime, ils poussent même volontiers jusqu'en Espagne. Comme les maçons marchois ou les chaudronniers auvergnats, ils abandonnent femmes et enfants en leur confiant la ferme. Et comme dans les pays de l'Auvergne migrante, les mariages ont lieu à la fin de l'été et les naissances entre avril et juin.

Chaussés d'une paire de sabots neufs, ils vont, vêtus d'un pantalon de serge, d'une blouse, ou « biaude », bleue et coiffés d'un chapeau de feutre de laine à large bord, qui les protège non seulement de la pluie et du soleil, mais aussi de la sciure. Extrait baptistaire ou passeport en poche, ils emportent pour bagages un balluchon et toute une panoplie d'outils. Dans le balluchon, tenu de la main gauche, ils ont serré deux ou trois chemises de chanvre, un pantalon de velours, pour le travail, deux ou trois paires de chaussettes dont la semelle est doublée extérieurement d'une pièce de drap, des mouchoirs, un sac de toile fait d'un drap cousu qui servira de sac de couchage lors des étapes dans les granges, parfois une paire de sabots de rechange.

Dans la main droite, ils tiennent la poignée de la grande scie, souvent appelée « beiche », « niargue » ou encore « passe-partout ». A cette poignée, sont accrochés la lame de la scie, la hache, les limes, des clous, des chaînes et des marteaux, et enfin la grande scie, l'outil principal, qu'ils emportent démontée et emballée dans de vieux chiffons ou des serpillières.

Sur les routes, celui qui les rencontre se gausse volontiers d'eux, les appelant des « chieurs de long-bois » et se moquent de leur parler. Est-ce pour cela qu'aux auberges, ils préfèrent généralement les granges et les maisons inhabitées, retrouvant eux aussi des itinéraires invariables et jalonnés d'habitudes ? D'année en année, la destination de chaque brigade ne varie guère.

Le « doleur », qui a recruté la troupe au village ou à l'occasion des foires ou « baladoires » des environs, gère les questions d'intendance. Arrivés à destination, c'est lui qui négocie le travail avec le propriétaire, le marchand de bois ou l'adjudicataire de la coupe. Ce dernier leur fournit le plus souvent pour tout mobilier, des bottes de paille, un chaudron, parfois un poêle. Leur premier travail est alors de se construire une loge, au cœur d'une clairière, simple baraque en planches qu'ils recouvrent de mottes de terre et qu'ils prévoient bien étanche pour se garantir contre l'humidité. Ils y disposent un plateau en guise de table, assemblent les bottes de paille pour constituer des lits sur lesquels ils dormiront à plusieurs, installés sensiblement à même enseigne que leurs voisins charbonniers ou sabotiers.

Et le travail commence. Par paires, ils s'en vont au sciage, car, tels les attelages de bœufs, ils opèrent deux par deux, « binômes » rodés et éprouvés, faisant traditionnellement, l'un le « chevrier » et l'autre le « renardier ».

Ils choisissent un premier tronc d'arbre, qu'ils vont « plomber » à l'aide d'une cognée ou d'une hache, autrement dit bien équarrir et polir. Sur sa section la plus lisse, le doleur « ligne la bille », y traçant au cordeau et au fil à plomb, les raies que la scie devra suivre pour y découper des planches ou, souvent, les traverses destinées au chemin de fer, qui représenteront durant tout le temps de son expansion le gros des travaux de la profession, traverses de bois de hêtre ou de chêne, traditionnellement de 2,60 m pour les rails et de 4,50 m pour les aiguillages. D'autres pièces de bois, sciées dans le peuplier, serviront aux emballages des biscuiteries Lefevre-Utile, à Nantes, ou à la fabrication des pavés de bois.

Le tronc est souvent long, pouvant atteindre dix mètres, de manière à obtenir des planches proportionnées, d'où cette spécialité du « sciage en long ». A renfort de bras, ils hissent cette extrémité du tronc sur le « mouton », plus couramment appelé la « chèvre », c'est-à-dire d'une poutre reposant sur des pieds et constituant, à environ un mètre du sol, un chevalet solide fixé par des chaînes et des cales. Ils prennent alors leur scie, l'affûtent et la placent dans son cadre de bois d'environ un mètre de large sur un mètre soixante de haut. Le « chevrier » grimpe sur la bille de bois, souvent pieds nus afin de ne pas glisser, et commence un long mouvement de va-et-vient, montant l'outil au-dessus de sa tête et le redescendant jusqu'à ses genoux, allant ainsi en reculant sur le tronc, guidé par son compère, le « renardier », en bas. Celui-ci, tout en tirant sur la scie qui ne « mord » le bois que dans le sens descendant, s'efforce de lui faire respecter la ligne noire tracée sur le bois. En fait, et contrairement aux apparences, c'est le « renardier » qui scie, le « chevrier » se « contentant » de remonter l'outil. On opère ainsi jusqu'à mi-longueur, coupant toutes les planches prévues ; on trinque pour marquer la mi-temps, puis on dépose le tronc et on le retourne pour travailler de même la seconde moitié. Et notre binôme de continuer ainsi, le « chevrier » peinant rapidement des reins en dépit de l'épaisse ceinture de flanelle dont il s'entoure la taille ; son compagnon, malgré son chapeau, ayant du mal à éviter que la sciure ne l'incommode, particulièrement celle du châtaignier, qui lui brûle les yeux. Le travail dure tout le jour, et se poursuit parfois la nuit, lorsque le clair de lune ou la lueur des étoiles sur la neige le permet, tout en chantant une des chansons du métier :

Tien grou
Tien gra
Per moun arme
Lonla

ou encore :

Y a rien d'aussi habile
Lonli lonla
Y'a rien d'aussi habile
Que les scieurs de long.

Le scieur de long travaille par tous les temps, par la pluie qui transperce ses vêtements comme par la neige, se consolant à l'idée qu'« aucun scieur ne va en enfer, puisqu'il l'a connu sur terre ». A tout moment aussi, il risque l'accident, la chute pour le « chevrier », l'écrasement pour le « renardier », pour tous le coup de froid, sans parler des varices, des hernies, des rhumatismes et de la phtisie.

Le repos est rare : la pause pour les repas, aussi maigres que ceux de leurs voisins, sauf les jours de Noël et du Mardi gras, généralement fêtés à grand renfort de bouteilles de vin, et, bien sûr, le dimanche. Ce jour-là, rasés et toilettés, ils se rendent au bourg le plus proche pour s'acheter une grosse tourte de pain et boire force chopines au cabaret ou à l'auberge. Les plus jeunes laissent deviner aux filles la puissance de leur musculature et se promènent par les rues, tout farauds, prêts à se faire les poings si les gars du coin venaient à leur chercher noise. Il est vrai que certains scieurs tombent quelquefois dans la petite criminalité, volant du bois ou quelques poules dans les basses-cours des fermes alentour, ce qui leur vaut défiance et rejet de la part des villageois. Mais la vie est si dure ! Même si, la nuit, le poêle ronfle autant que les hommes, il n'empêche pas toujours, les jours de grand froid, le quignon de pain de seigle de geler sur la table.

La campagne du scieur de long dure tout l'hiver, l'obligeant à vivre huit à neuf mois de cette vie pénible et sauvage. Enfin, un jour de juin, le doleur distribue les gains et l'on reprend la route, chacun devant être rentré chez lui le 24, pour la Saint-Jean d'été, pour faire ses foins et ses moissons.

Quelques-uns prennent la diligence ou empruntent les coches d'eau. Le train, un jour, leur permettra d'alléger leur peine et de réduire leur voyage à une seule journée. Ils pourront ainsi gagner des forêts plus éloignées. Mais bientôt arriveront les scies ambulantes, actionnées par des machines à vapeur, puis les scieries. Des migrants étrangers, Polonais ou Italiens, viendront également les concurrencer. Le métier, finalement, s'éteindra complètement après la dernière guerre.

Mais bien des Foréziens et habitants du Livradois ont exploité une troisième spécialité. Ils sont « chanvreurs », autrement dit peigneurs de chanvre. Eux aussi prennent régulièrement la route par petites équipes familiales ou de voisins en emportant leurs peignes faits de morceaux de planches de chêne grossières, armées de cuirs et de clous qui les rendent semblables à de petits râteaux.

Ils se font engager chez les paysans cultivant le chanvre, alors largement répandu dans tout le pays, et qui leur donnent à peigner des écheveaux déjà rouis et broyés mais encore chargés d'impuretés, accrochés par paquets au mur des granges. C'est là qu'ils les installent pour épurer, affiner, dégrossir et peigner la filasse destinée aux cordiers et aux tisserands qui en feront des toiles dans lesquelles on coupera des draps et des chemises dures et râpeuses. Chaque ouvrier a sa tâche bien précise selon sa place dans la hiérarchie. Le compagnon donne la « façon » avec un peigne grossier pour transformer la liasse en étoupe, l'apprenti continue avec un peigne moyen et le maître se charge de finir avec le peigne le plus fin.

Abel Poitrineau nous montre ces hommes travaillant « dans d'épais nuages de poussière, qui les assoiffent et les exposent aux maladies pulmonaires (...), la poussière âcre qui voltige des matières qu'ils manient, pénétrant par la bouche et le gosier dans les poumons », excitant chez eux une toux continuelle dégénérant en bronchite, en asthme ou en emphysème.

La campagne du chanvre est cependant souvent brève. Partis en septembre ou octobre, beaucoup sont rentrés pour Noël ou la fête des Rois, ce qui permet parfois aux plus courageux d'associer cette activité à celle de marreur ou de scieur. Beaucoup « peignent » en Lyonnais, en Bresse et en Bourgogne, où ils sont souvent confrontés à d'autres, venus de Savoie ou du Bugey.

Là, beaucoup d'habitants des plateaux des Bouchoux, de la Valserine ou de la basse vallée de l'Ain, après avoir fait et travaillé leur petite récolte de chanvre personnelle, partent en effet se louer quelques mois chez de plus gros récoltants. Beaucoup vont aussi d'exploitation en exploitation, pour préparer l'étoupe que les fileuses mettront en œuvre. Dans ces régions, il n'est pas rare que les domestiques, lors de l'embauche à la ferme, se soient « réservé leur peigne », ce qui leur permet, quelques mois durant, à la morte-saison, d'aller gagner ainsi un petit supplément en rejoignant un « touero » qui les conduira au travail par petites équipes de trois ou de quatre.

Du Bugey, environ sept mille, a-t-on pu estimer, se dirigent vers les provinces du Nord-Est : la Franche-Comté, l'Alsace et la Lorraine, régions fortement productrices de chanvre, et dont la perte, en 1870, portera un coup fatal à la profession, au demeurant rude et bien peu rémunératrice. Là encore, nombre de ces ouvriers inspirent mépris et méfiance. Les gars de l'Ain, parlant entre eux le patois « bellod », ne laissent pas d'inquiéter, et la campagne du « chanvreur » s'achève souvent au cachot, comme c'est le cas pour deux d'entre eux, rencontrés par Abel Poitrineau en 1779 et convaincus d'avoir dérobé « dix-sept livres pesant de chanvre apprêté qu'ils avaient dissimulé dans leurs culottes ».

De tous ces marreurs, scieurs ou peigneurs, aucun n'a donc fait fortune et aucun de ces métiers d'appoint, moins encore que celui du maçon, ne laisse d'espoir d'ascension. Ces spécialités ont, en fait, deux handicaps : le premier, de ne faire appel qu'à la seule force physique, ne laissant place nulle part à l'esprit de commerce ou d'entreprise, et le second de maintenir nos migrants isolés, loin des villes et des bourgs, où ils ne peuvent guère profiter des occasions de reconversion qu'offre alors la vie citadine.

Non loin de là, pourtant, laissant de côté le peignage du chanvre, les habitants du Grandvaux, appelé aussi « la montagne noire » et situé dans l'arrondissement de Saint-Claude, ont trouvé d'autres voies plus rémunératrices.

Le massif du Jura connaît les mêmes problèmes, les mêmes hivers longs et froids, la même misère des petits, que les Alpes ou l'Auvergne. A la morte-saison, les paysans s'y adonnent donc au tissage, à la passementerie, mais surtout, traditionnellement, à la boissellerie ou à l'horlogerie. Chez eux, ils façonnent dans le bois des objets souvent fabriqués en fer-blanc ailleurs : cuillères, couverts, assiettes, seaux, baquets, moules à beurre, caisses, outils... Des « établisseurs », représentant les grandes maisons horlogères de Besançon ou de la région, leur distribuent le travail, donnant aux uns des pièces à « repasser », confiant aux autres des assemblages. Œuvrant à la lumière du jour, ces ouvriers arrivent en moyenne à terminer quotidiennement trois montres. Dans toute la montagne, en hiver, beaucoup, dans la mouvance de l'horlogerie, se livrent aussi à des activités lapidaires, taillant ou sculptant les rubis et autres pierres précieuses.

Dans le massif de Grandvaux, pourtant, on a pris d'autres habitudes. Comme on y vit surtout de l'élevage et du fromage, on a besoin d'importantes quantités d'orge et d'avoine que les sols et le climat ne permettent pas de produire et que l'on doit faire venir de Bresse ou de Bourgogne. Parallèlement, le massif est entouré de petits centres actifs : Morez, qui exporte ses lunettes dans tout le pays, Bois-d'Amont, riche de ses tanneries et de sa boissellerie, Longchaumois, où l'on fabrique des mesures, Foncine, centre de tonnellerie et de cuverie, Saint-Claude et ses fameuses pipes...

De longue date, les habitants de la région, et d'abord ceux du canton de Saint-Laurent, se sont donc lancés dans cette activité. Depuis le XVIe siècle, ils ont transporté fromages et produits de l'artisanat du bois vers Lyon et les plaines de la Saône, s'efforçant, dans la mesure du possible, de ne pas revenir à vide.

Au XVIIIe siècle, profitant de la nouvelle route Dijon-Genève, ils sont passés au roulage, autrement dit à l'entreprise de transports. Ne sont-ils pas parfaitement équipés, construisant eux-mêmes de solides voitures à quatre roues et bien « roulantes », avec plateaux et rebords en sapin, doubles jantes, moyeux et essieux de hêtre, qu'ils assemblent sans aucun clou, avec de simples chevilles de bois ? Ces « grandvallières », comme on les appelle, tirées par un cheval et capables de porter jusqu'à une tonne de marchandises ouvrent de larges possibilités aux hommes entreprenants.

Descendant de leurs hauteurs à l'automne, après les semailles, beaucoup s'en vont donc « voiturer ». Les curés, baptisant leurs enfants en leur absence, les disent « présentement en voyage » ou « absents pour cause de commerce ». Ils ne rentreront que la belle saison venue, pour faner, moissonner, fabriquer des fromages et aussi réparer voitures et harnais.

Partis parfois dès quinze ou vingt ans, ils travaillent eux aussi en famille, prenant souvent la route, pour des raisons de sécurité, en convois de quinze ou vingt voitures. Chaque « roulier » conduit généralement un train de trois à six voitures, avançant aux sons des grelots de leurs chevaux, et va tantôt avalant la poussière des chemins, tantôt bravant le froid et les intempéries. Beaucoup d'entre eux, naturellement, meurent en chemin, d'accidents ou, dans les auberges, de maladies souvent engendrées par la fatigue et le froid.

Coiffés d'un large chapeau de feutre sous lequel, en hiver, ils portent un bonnet de coton à rayures bleues, vêtus de deux blouses bleues souvent brodées et portées l'une sur l'autre, d'énormes bottes aux pieds, nos Grandvalliers s'en vont ainsi par les routes. Les harnais des chevaux de tête sont équipés d'un miroir encadré de clous de cuivre et ombragé d'une queue de renard, rétroviseur avant la lettre, qui permet de surveiller la marche du convoi sans se retourner. Sur le premier charriot est disposé une sorte de hamac, appelé le « ballon », où le roulier peut se reposer, sa caisse, solidement blindée et cadenassée, fixée au brancard.

Ils transportent du bois, des troncs et des fûts de sapins qui serviront à la construction des mâts de navires, qu'ils convoient jusqu'au port de Châlon, d'où ils seront acheminés par la Saône jusqu'à l'arsenal de Toulon. Ils véhiculent aussi cuves, douelles, merrains et tonneaux pour les vignerons d'Arbois, du Beaujolais et de Bourgogne, faisant traditionnellement étape à Champagnole et à Lons, continuant ensuite sur les régions de destination. Là, ils prennent d'autres charges (grains, vins, etc.), qu'ils vont « rouler » ailleurs, loin parfois, jusqu'à Marseille, Barcelone et Madrid, ou bien jusqu'à Paris, Dunkerque et les Flandres, certains n'hésitant pas à pousser jusqu'à Berlin, aux Balkans et à Constantinople.

A ce régime, naturellement, plusieurs vont réussir, à condition, toutefois, d'éviter de se laisser tenter par quelque trafic illicite, celui des livres de dévotion de production étrangère, luthérienne, ou celui du sel ou de quelque autre article de contrebande. Beaucoup, comme leurs homologues rouliers d'Ossun, dans les Hautes-Pyrénées, se fixeront dans les villes qu'ils fréquentent, où ils ouvriront de grands magasins et deviendront de riches négociants. Les Bouvet, rouliers grandvalliers de père en fils, deviendront aubergistes à Paris, puis commissionnaires de leurs compatriotes, hébergeant jusqu'à deux cents chevaux avec conducteurs et voitures, avant de prendre la direction des Messageries du Jura. Grâce au roulage, certains peuvent enfin avoir des ambitions et les réaliser.

CHAPITRE IX

L'étrange industrie des nourrices morvandelles : du Gotha aux « maisons de lait »

Dans les régions voisines, on disait autrefois qu'il ne venait du Morvan « ni bons vents, ni bonnes gens ». Faux ! Il en venait des nourrices, des galvachers et des flotteurs.

Les nourrices : enfin des femmes ! Les Morvandelles sont les premières à partir pour l'aventure. Une aventure, il est vrai, originale...

Originale, mais peu ancienne. Si le recours à une nourrice est une vieille habitude, on a longtemps préféré lui envoyer l'enfant chez elle plutôt que de la faire venir chez soi, préférant le nourrissage « sur lieu » au nourrissage « sur place ».

Dès le XVIe siècle, les aristocrates ont pratiqué la première formule, imités au siècle suivant par les bourgeois. Tous y sont alors poussés par la science, qui affirme que la lactation de la femme provient du sang de la matrice qui blanchit et se change en lait. Dans cette logique, les rapports sexuels auraient pour effet de gâter le lait, et les ardeurs de leur mari inquiètent les mères. La solution, qui aurait pu être l'allaitement au lait animal est rejetée, parce qu'on croit que le lait transmet à l'enfant les qualités de celle qui le lui donne. A femme douce et bien portante, enfant de même. Faire boire à un bébé du lait de vache ou de chèvre exposerait au contraire à lui conférer la bestialité et les traits de l'animal. Pour toutes ces raisons, la pratique de la mise en nourrice se généralise, poussant notables, marchands, bourgeois et gens aisés à confier leur progéniture à des femmes payées pour cela.

Si, au début, la préférence semble plutôt aller à des épouses d'artisans, au fur et à mesure que cette habitude se développe, on a de plus en plus de mal à choisir et les femmes des campagnes, de loin les plus nombreuses, se voient donc souvent élues. Les citadines s'en expliquent en affirmant que, chez elles, le bébé respirera l'air pur, déjà considéré comme sain et vivifiant, contrairement à celui des villes, pollué et nauséabond.

La demande ne cessant d'augmenter, si les bourgeois des villes et des bourgs n'ont guère de mal à trouver une adresse aux environs, il en va différemment à Paris, où, en 1780, sur 21 000 nouveau-nés, 1 000 seulement seront allaités par leur mère, 1 000 par une nourrice engagée à domicile, les 19 000 autres partant chez des nourrices exerçant « sur lieu », pour la plupart en banlieue ou dans quelque campagne environnante, picarde, normande, solognotte, bourguignonne... Il en va de même à Lyon et dans d'autres grandes villes, et cette situation va faire éclore une véritable « industrie » des nourrices, providentielle pour toute une population misérable qui y trouve l'occasion de quelques gains.

A Paris, dès le XVIIIe siècle, des femmes, les « recommandaresses », assistées de « messagères » — ou recruteuses —, gèrent des fichiers de candidates qu'elles recommandent aux parents, se chargeant ensuite de « l'expédition » des enfants dans les campagnes. Le terme n'est ni trop fort ni déplacé. Les convois qu'elles organisent empilent en effet les marmots dans des carrioles où beaucoup meurent en cours de route, étouffés, victimes du froid ou de la pluie dont ils sont peu protégés, voire de chutes provoquées par une pierre ou un nid de poule sur les routes défoncées. Il va sans dire que les nourrices ainsi recrutées sont loin de présenter toutes les garanties, et que ce commerce souffre de tous les abus et négligences possibles, depuis la nourrice qui n'existe pas à la recommandaresse rendant un bébé pour un autre ! En un temps où le taux de mortalité infantile est déjà naturellement élevé (un enfant sur quatre meurt dans sa première année, le plus souvent de maladies contre lesquelles on est alors démuni), cette formule d'allaitement mercenaire ne fait qu'alourdir les terribles statistiques.

Pour lutter contre ces abus, les autorités parisiennes réglementent, dès 1715, la profession des recommandaresses et instaurent, en 1769, un Grand Bureau des nourrices, véritable monopole d'État, qu'elles confient aux deux plus honnêtes d'entre elles. Un Code des nourrices est promulgué, dans le but de garantir tant la probité et les compétences des nourrices proposées que la qualité de leur lait. Des « meneurs » et des « meneuses » sont chargés d'amener à Paris les femmes se portant candidates, afin que les parents puissent juger sur pièce de l'aspect de la nourrice, de sa propreté et de son physique. Le client, toujours dépendant des mêmes préjugés, continue d'éviter de fixer son choix sur une femme rousse, couleur taboue qu'il associe à la fois au sang et au diable. On lui reconnaît même le droit de demander à faire goûter le lait de la candidate par un médecin, quand il n'exige pas carrément de le faire lui-même. Est-il de belle couleur, suffisamment sucré ?

Meneurs et meneuses organisent également les acheminements en sens inverse des nourrices remportant leurs nourrissons, assurant ensuite le lien entre celles-ci et les parents, se chargeant de payer les unes et d'apporter aux autres des nouvelles du rejeton, achevant enfin leur mission en assurant le voyage de retour de l'enfant. Au village, un système d'inspection est mis en place : les nourrices sont visitées régulièrement par le curé et par des chirurgiens.

Malheureusement, toutes ces mesures ne ralentissent guère ce que certains historiens ont appelé le « massacre des innocents », et bien des nourrices peu scrupuleuses continuent à exercer impunément leur activité en laissant volontiers l'enfant qui leur a été confié exposé aux pires dangers. On ne saurait compter ceux qui mourront ainsi à la suite d'accidents stupides et horribles. L'un, étouffé par le chat venu se coucher sur lui; un autre, brûlé vif par une étincelle projetée par le feu de la cheminée auprès de laquelle on l'a laissé dormir; un troisième, victime d'un coup de froid pour avoir été, en plein hiver, trempé dans l'eau glacée d'une source ou fontaine miraculeuse censée conjurer ses coliques; un autre encore, atrocement dévoré par un porc errant dans la cour... Morts affreuses, que certaines nourrices cachent, de peur des reproches des parents, de se voir radier des listes et surtout de perdre le salaire qui les a motivées (cinq livres par mois, au XVIIIe siècle, soit à peu près le prix d'un mouton : une vraie richesse !). Morts que certaines dissimulent parfois en recourant à d'infâmes subterfuges, soit qu'elles rendent aux parents un gosse qu'elles ont tout simplement acheté à l'hôpital où il avait été abandonné, soit qu'elles substituent au petit citadin leur propre enfant, que le bourgeois va élever sans se douter de l'odieuse supercherie.

De tout cela, dès le début du XIXe siècle, médecins et moralistes vont s'émouvoir, d'autant que l'organisation s'est complètement déréglée, provoquant même, en 1821, un véritable scandale. Les organismes privés, souvent douteux, se multiplient. Certaines candidates-nourrices font parfois du porte-à-porte, pendant que d'autres se mettent littéralement aux enchères. Les méfaits de l'industrie nourricière sont régulièrement dénoncés et l'on va assister, au fil du siècle, à une régression de la formule du nourrissage « sur lieu » au profit de celle « sur place », les parents faisant venir et gardant la candidate chez eux. Le chemin de fer facilite évidemment cette formule et, dès 1860, le pourcentage des nouveau-nés placés en dehors de chez eux tombe à 40 %. Les autres sont allaités au domicile parental, et le plus souvent par une « bourguignotte », comme on appelle volontiers nos Morvandelles.

Mais pourquoi des Morvandelles ? On trouve bien à

Paris, des nourrices lyonnaises, angevines ou bretonnes, ces dernières bientôt caricaturées par le personnage de Bécassine, mais la mode veut qu'on leur préfère des filles de l'Auxois, du Nivernais, et surtout de ce vieux massif sauvage qu'est le Morvan. On s'explique mal cette mode. On dit toutefois que c'est à Dun-les-Places, en plein cœur du Morvan, que Napoléon avait envoyé chercher une nourrice pour le roi de Rome, de même que le duc de Wurtemberg et le duc d'Aumale, fils de Louis-Philippe. Ces affirmations n'ont pu être vérifiées. Force est cependant de constater que les grandes familles princières de l'Europe semblent avoir eu un faible pour les filles de cette région. Le phénomène est attesté de façon certaine depuis 1842. C'est à Méluzien, près d'Avallon dans l'Yonne, et à Ampury, dans la Nièvre, qu'on est venu chercher des nourrices pour le prince impérial, le fils de Napoléon III, et tout près de là, encore, à Lormes, que le futur président Félix Faure viendra se pourvoir pour sa fille. Le bouche à oreille a fait le reste et a développé cette réputation en un temps où la demande de nourrices croît de façon quasiment frénétique.

Quiconque, en effet, dispose alors d'un revenu suffisant engage la sienne, et, s'il le peut, une Morvandelle. Le bureau Labussière, à Paris, envoie régulièrement là-bas des agents de recrutement, tant la clientèle devient exigeante sur ce critère.

Le Morvan, comme les régions alpines ou l'Auvergne, est un pays pauvre et ses habitants, sans grandes ressources sur place, sont eux aussi à la recherche d'emplois saisonniers et complémentaires. Les hommes, on le verra, sont ainsi volontiers « couvreurs-en-chaume », « galvachers » ou « flotteurs », laissant leurs épouses seules au village et à la ferme. Mais le plus souvent la famille, ici comme presque partout ailleurs à l'époque, vit largement regroupée, et c'est cette cohabitation sous le même toit de plusieurs générations qui va permettre à la jeune femme de tenter son aventure. Confiant son enfant à sa sœur, à sa mère ou à sa belle-mère, elle va « se mettre en nourriture » ou « aller chercher une nourriture » ; et descendre à Paris devient l'ambition d'une foule de jeunes mères. Préférant éviter le bureau de placement, elle y part souvent avec une adresse, quelque compatriote déjà en exercice lui ayant fourni celle d'une famille amie ou parente de celle qui l'emploie.

Sachant à quel point le client tient aux qualités d'un lait « jeune », notre Morvandelle se hâte donc de sevrer son propre bébé, l'emmène avec elle par le train, consciente qu'il sera son meilleur avocat et que c'est à sa bonne mine et à la fraîcheur de ses joues que l'on jaugera les compétences de sa mère, que l'on veut de santé également robuste et de caractère aimable. A la fin du siècle dernier, Marie Comte, de Fâchin, entrant chez les Rothschild, a été ainsi sélectionnée par le Dr Lemoine après examen de sa personne et de son lait parmi dix concurrentes. Notre candidate présente aussi ses certificats, celui du maire de son village, se portant garant de sa bonne moralité et de sa probité ainsi que de celles de sa famille, celui du médecin, parfois, répondant de sa bonne santé, celui du curé enfin, attestant de sa bonne conduite, de son respect et de la mise en pratique des préceptes de la religion. Une fois le marché conclu, une employée de l'agence ou une parente se charge de rapatrier le bébé au pays, tandis que commence, pour sa mère, une vie extraordinaire.

Il faut imaginer cette paysanne qui n'a jamais quitté ses montagnes ni même son village, débarquant dans un appartement luxueux de la capitale.

La première étape sera souvent un bain, sorte d'intronisation féerique, que la maîtresse lui impose pour être bien sûre qu'elle « ne porte pas de vermine sur la tête ». Après de fermes frictions au sublimé, on lui confisque ses vêtements, que l'on suppose porteurs de microbes, pour lui apporter son uniforme tout neuf et aseptisé, car si la femme de chambre, la bonne et la cuisinière doivent se contenter d'un tablier, la nourrice, elle, est vêtue de pied en cap. On lui fournit costume d'hiver et costume d'été. Le premier, avec jupe, corsage, tablier blanc et cape de velours sombre, le second, plus clair, avec pèlerine légère, souvent brodée, taillée dans des tissus à carreaux, et même un parasol à la doublure rose ou bleue pour protéger l'enfant du soleil, tout en lui donnant un reflet d'une couleur favorable. En toute saison, le corsage doit être pratique à dégrafer et la nourrice porte une coiffe ou un bonnet blanc, « couronné d'une énorme ruche de rubans moirés de couleur très voyante, rouge, bleu, vert, cerise ou écossais, dont les pans descendent jusqu'à terre dans le dos et flottent au vent ». Ces rubans sont tenus par des épingles aux grosses têtes d'or. Et dans ce véritable trousseau — pelisses, robes, tabliers, coiffes... — tout va souvent par douzaines. « Nounou doit être belle », elle doit respirer la propreté et aller comme à la parade.

Pour pouvoir constamment veiller sur l'enfant qu'on lui confie et satisfaire ses fringales sans le faire attendre, il est également indispensable que notre nourrice vive au même étage que ses maîtres. Elle couche donc généralement dans une pièce contiguë à la fois à leur chambre et à celle du bébé, alors que le reste du personnel domestique est logé au sixième étage, sous les combles, dans de sommaires réduits ou cagibis. Elle qui, au pays, sous le toit de chaume de la ferme familiale, dort sur une paillasse, au beau milieu de la cuisine sombre et froide au sol de terre battue, isolée par des rideaux comme le sont les autres lits de la pièce, elle a désormais sa chambre à elle, « autant que possible exposée au midi » et équipée de tous les éléments de confort nécessaires à sa toilette, sur laquelle ses maîtres veillent scrupuleusement.

C'en est fini, aussi, du pain noir et sec et des pommes de terre cuites sous la cendre : elle est servie, à part, à la cuisine ou à l'office, quand elle ne partage pas la table de ses maîtres, y savourant des mets dont elle ignorait la veille encore jusqu'à l'existence. On a cure qu'elle se nourrisse bien, qu'elle mange de la viande, alimentation de luxe et réputée la plus riche pour l'organisme. Pour cela, on va parfois jusqu'à lui permettre de choisir elle-même son morceau ou à lui réserver le meilleur, « le morceau de la nourrice », n'hésitant pas, chez quelques bourgeois, à la bourrer littéralement, au risque de la faire devenir obèse, comme celle du prince Murat, citée par Noëlle Renault, qui dépassera les cent kilos. Dans certaines grandes maisons, on met même une femme de chambre à son service afin de lui éviter tout effort, comme de se baisser pour lacer ses bottines.

Son état confère à cette employée hors classe une considération indiscutable, dont certaines abusent parfois, comme en témoignent ces lignes parues dans *La jeune mère* en 1880 : « Les nourrices font ce qu'elles veulent, comme elles veulent, et les mères admirablement soumises tremblent devant ces mercenaires qu'elles devraient, sinon mener à la baguette, du moins mener avec une grande fermeté (...) Une mère aujourd'hui, quelle que soit sa fortune, n'ose faire aucune observation à sa nourrice et, victime résignée, se soumet d'avance à tous ces caprices. »

Sur quoi, Alphonse Daudet renchérit sans ménagement, en 1888 : « La première tradition chez les nourrices, comme chez les flibustiers allant au pillage, est d'arriver les mains vides (...); la seconde est de se procurer une grande malle, la malle à serrer la denraie. (...) La denraie, ce sont les cadeaux et les gages, ce qu'on vous paie, ce qu'on vous donne, ce qui se ramasse et se vole, le bric-à-brac et le pécule qu'aux yeux des voisins pleins d'envie on compte déballer au retour. Pour engraisser ou pour enfler cette denraie sainte, votre bourse et votre bon cœur vont être mis en coupe réglée. » Et Daudet de dénoncer le véritable complot ourdi par la nourrice et sa famille pour abuser de ses maîtres, les chantages organisés à coups de lettres larmoyantes reçues du hameau morvandiau, relatant que l'aîné des petiots s'est cassé le bras, que les récoltes ont été hachées par la grêle, que la vache est morte ou que la volaille est atteinte d'épilepsie. Catastrophe ! Nounou pleure, son lait risque de s'altérer ! Voyant Nounou pleurer, bébé se hâte d'en faire autant et la seule solution, pour que Nounou rie et que tout rentre dans l'ordre, est le mandat-poste.

Mais la baronne Staffe, se moquant de tout cela et n'écoutant que son cœur et son orgueil de mère, exhorte, quant à elle, à donner sans scrupules dans ces scénarios.

« Soyez généreuse, conseille-t-elle aux mères, n'oubliez pas qu'elle infuse la vie matérielle à l'enfant de votre chair. A la première dent, faites-lui un cadeau et saisissez toutes les occasions à gratifications et présents. »

A notre Morvandelle, tout laisse donc bientôt croire qu'elle est devenue princesse. Il n'est, pour s'en persuader, que de lire ces autres lignes, citées par Joseph Bruley et dépeignant une scène courante à laquelle les Parisiens peuvent assister, entre midi et quatre heures, au jardin des Tuileries : « Deux magnifiques chevaux, lancés au grand trot et fièrement menés par un cocher à riche livrée, sont attelés à une voiture armoriée. Cette voiture s'arrête, et tout aussitôt un valet de pied, de haute taille, s'empresse d'ouvrir la portière et d'abaisser le marchepied. Une jeune femme tenant un enfant, âgé de quelques mois seulement, descend lentement; les vêtements de l'enfant sont d'une finesse extrême, ceux de la jeune nourrice sont simples, mais d'une irréprochable propreté. Le valet et une cameriste de bonne tenue aident, avec précaution et attention, l'heureuse nourrice à descendre, puis l'accompagnent dans le jardin en portant gravement des châles, des tabourets de pied, des ombrelles et quelques menues friandises. »

En été, enfin, la nourrice suit ses maîtres dans leurs villégiatures, menant la vie de château en Limousin ou en Anjou, ou descendant dans les palaces de Cannes ou de Deauville, découvrant la montagne et la mer, les joies et les bienfaits de la plage et des bains, accompagnant encore la famille en voyage ou pèlerinage. Noëlle Renault cite les cas de Françoise Gauthier, de Dun-les-Places, bénie par le pape, à Rome, avec la famille de Ségur au service de laquelle elle se trouve, de Jeanne Pothier, d'Ouroux-en-Morvan, suivant les Roosevelt parisiens, cousins du président américain, à travers les capitales européennes, de Françoise Vieillard, de Cussy-en-Morvan, envoyant à sa famille des cartes postales du Canada, ou d'Annette Bonnerot, de Sémelay, découvrant avec ses patrons la Patagonie à dos de mulet...

Formidable revanche de notre petite paysanne qui gardait les vaches ou les cochons chaussée de sabots et exposée à tous les vents, et qui vit désormais presque à égalité parmi les grands de ce monde et les voit, pour ainsi dire, à ses genoux. Une revanche et des égards qui lui attirent fréquemment les jalousies des autres domestiques de la maison.

Employée privilégiée, objet de toutes les prévenances, elle est cependant étroitement et constamment surveillée. Le médecin la suit rigoureusement : vérifiant son lait, réglant l'heure des tétées, pesant le nourrisson pour juger du bon effet de ses soins. Menant quasiment une vie de recluse, la nourrice doit régulièrement prendre l'air, mais pas trop, tout en évitant de s'exposer au soleil. Surtout il ne saurait être question pour elle de se laisser aller avec les autres domestiques (les hommes, s'entend), pas plus qu'avec le bourgeois, volontiers amateur de jolis minois et de gorges rebondies et que sa bourgeoise saurait tancer s'il s'avisait de s'en approcher.

Mieux : la maîtresse de maison, qui a soin de surtout lui éviter tout désagrément, va jusqu'à doser ou censurer ses émotions. Généralement, elle ouvre et lit son courrier, craignant toujours qu'il ne lui apporte du pays quelque mauvaise nouvelle, le décès d'un parent ou, pire, de son propre enfant, qui risquerait de gâter son lait ou de le lui tarir.

« Perdre son lait », qui est la hantise de la nourrice, signifie pour elle le renvoi immédiat. Son but, bien évidemment, est d'aller jusqu'au bout de sa nourriture, afin de quitter la maison avec de l'argent et des certificats. Ces certificats élogieux, ajoutés au « carnet de nourrice sur lieu » qui la suit dans sa carrière à partir de 1874, lui assureront, à sa prochaine maternité, de trouver sans difficulté une autre « nourriture », à moins que son actuelle patronne n'ait, comme cela arrive parfois, suivi son rythme. Si tel n'est pas le cas, elle saura la recommander à une de ses amies. Mariée à seize ans, Marie Comte, que l'on a vu entrer au service des Rothschild, fera ainsi cinq nourritures dans les plus grandes familles de Paris et de Marseille.

Mais surtout la nourrice rapporte de l'argent. Avant

1914, chaque « nourriture », qui dure en moyenne de dix-huit mois à deux ans, lui est payée environ 1 200 à 1 500 F, la nourrice gagnant facilement 25 % de plus que la bonne à tout faire. En trois campagnes notre Morvandelle peut ainsi amasser de quoi acheter des bœufs, des chevaux, des terres. Noëlle Renault cite le cas d'un pré acheté par une nounou rentrant de chez le prince de Caraman et appelé depuis le « Pré-Caraman ». Parfois même, elle rapporte de quoi faire construire une maison ou, du moins, agrandit la sienne, la dotant de chambres supplémentaires ou d'une salle plus confortable et plus claire. Elle fera carreler la cuisine, achètera le dernier équipement ménager à la mode, comme une horloge ou un poêle, remplacera le toit de chaume par une couverture de tuiles ou d'ardoises, ou fera bâtir une étable...

Toutes ces constructions que l'on nomme volontiers dans les villages des « maisons de lait » font bien des envieux et suscitent bien des vocations. Qu'une fille se voie refuser par sa mère la permission d'aller au bal ou, par son père, l'argent nécessaire à l'achat d'une robe, elle n'a qu'un mot à dire : « Si c'est comme ça j'vas fair'mettre en lait ! » Autrement dit : « Je vais me faire faire un enfant, de manière à pouvoir aller me placer comme nourrice à Paris et gagner la liberté et l'argent que vous me refusez. » Peu de parents sauraient résister à cette terrible menace de voir leur fille rejoindre le rang des filles perdues : la honte pour la famille !

Cet écueil contourné, on est parfois nourrices sur plusieurs générations. La paysanne rentrant de Paris rapporte des adresses ; celle qui y est en activité peut en donner. Un réseau d'entraide et de solidarité s'est vite mis en place, telle nourrice faisant venir ses sœurs ou des parents, soit comme nourrices, soit comme bonnes ou comme cuisinières, à moins qu'elle ne décide de rester elle-même à Paris dans ces situations. Telle autre, enfin, fera venir son frère comme cocher ou palefrenier.

Parfois, c'est son mari lui-même que sa femme appelle, craignant que l'éloignement ne le pousse à la boisson ou à la débauche. Heureux de profiter de l'aubaine, il vient rejoindre celle qui lui manque, même si elle lui a jusqu'alors régulièrement envoyé des lettres de son écriture souvent malhabile, à moins qu'elle n'ait profité des leçons du précepteur des enfants.

Mais le plus émouvant est le destin de l'enfant de la nourrice, qu'elle quitte non sans déchirement et qui peut se retrouver entre les mains d'une voisine ou d'une tante peu aimante. Enfant qui, comme beaucoup alors, sera souvent victime de quelque maladie ou épidémie, comme le croup ou la typhoïde, et dont on va, on l'a vu, jusqu'à lui cacher alors parfois le décès. Le Dr Monnot, de Montsauche, qui présente en 1866 à l'Académie de médecine un rapport sur l'industrie nourricière en Morvan, montre à la fois l'ampleur et la généralisation du phénomène. Il estime aux deux tiers la proportion des mères de son canton partant en nourrice. A Frétoy, en 1878, ce seront douze des quatorze femmes ayant accouché. Mais le Dr Monnot en dénonce surtout les conséquences sur la vie de ces familles séparées et les drames qui en découlent, et notamment la surmortalité des nourrissons ainsi abandonnés par leur mère. Ce rapport provoquera une véritable prise de conscience nationale qui aboutira, en 1874, au vote de la loi Roussel, qui rend obligatoire aux nourrices le « carnet de santé » contenant des conseils de médecine et les principaux règlements publics relatifs à cette activité et renforçant la surveillance publique des nourrices sur lieu.

Riches, les nourrices le seront aussi de souvenirs des familles princières ou célèbres dans lesquelles elles ont servi : les Murat, Fitz-James, Broglie, La Rochefoucauld, Lesseps ou Saxe-Cobourg-Gotha... Elles conservent leur photographie en grand costume, avec leurs nourrissons, faite chez les meilleurs photographes, Nadar ou Disdéri. Superbes portraits que reproduit Noëlle Renault dans son livre tout en y ajoutant bien d'autres images émouvantes : nourrices envoyant des cadeaux à leur mari ou à leurs enfants ou en recevant de leurs maîtres ; nourrices restant, une fois rentrées au pays, en relations tout à la fois affectueuses et respectueuses avec les familles qui les ont employées ou avec leur nourrisson devenu à son tour un riche Monsieur, le cachant parfois chez elle, pendant la dernière guerre, lorsqu'il était juif.

En témoignent aujourd'hui encore les costumes et coiffes à rubans rapportées par les grand-mères, comme les modestes « maisons de lait » accolées autrefois au bâtiment de la ferme. Près d'Avallon, la mémoire villageoise fait surnommer une branche de la famille Bonin du sobriquet de « Bonin-l'Empereur » en souvenir de l'aïeule, Annette, née Larmonier, morte en 1912, qui avait passé une partie de sa jeunesse sous les lambris du palais des Tuileries, comme nourrice du fils de Napoléon III et de l'impératrice Eugénie...

CHAPITRE X

Galvachers d'Anost et « gondoliers du Morvan » : des aventures masculines

Est-ce grâce à Annette Larmonier, la nourrice du prince impérial, que son fils, Joseph Bonin-l'Empereur, sera au début de ce siècle un des plus importants galvachers du Morvan ? C'est probable. Quoi qu'il en soit, Joseph n'a fait là que suivre l'exemple, ancien, de beaucoup d'hommes de son pays.

Avec ses petits bœufs « barrés », de cette ancienne race locale au pelage rouge et blanc, adroits et lestes, le paysan morvandiau s'est de longue date taillé une solide réputation de « bœutier », autrement dit de conducteur de bœufs. Par les champs et les routes, la pipe à la bouche, il sait mieux qu'aucun autre les aiguillonner en « briolant » une de ces chansons aussi vieilles que les rochers de ses montagnes : « Allez Chavot, Corbin, Blondeau ! Allez mes doux, allez mes beaux ! Allez Lombard, Rouzé, Frisé... » Ses bœufs portent des noms, toujours les mêmes, eux aussi aussi vieux que ses refrains.

Avec eux, en été, il fait les foins et les moissons ; avec

eux, il laboure ses terres, et puis, l'hiver venu, il va se louer comme charretier dans les coupes de bois, transportant les bûches ou la charbonnette sur des charrettes à deux ou quatre roues. Les grumes énormes ne lui font pas peur, même si les sentes qu'il doit suivre sont souvent pentues et rocheuses, même si la pluie ou la neige ont détrempé le sol.

Habitué à ces travaux, attiré, comme ses homologues montagnards, par les migrations saisonnières, il a vite décidé d'aller se louer avec son attelage dans les forêts et régions avoisinantes. De là est née, voilà bien longtemps, une habitude dont témoignent les archives anciennes, qui qualifient généralement ces hommes de « voituriers » ou encore de « voituriers par terre », en opposition aux « voituriers par eau ». Une activité parfois prospère, qui ne disparaîtra qu'avec les chevaux et surtout les chemins de fer. Une profession originale : celle du « galvacher ».

Traditionnellement, les galvachers s'en vont entre le 15 avril et le début mai, après avoir planté leurs pommes de terre. Si quelques-uns, très rares, sont accompagnés de leurs femmes, qui assureront les repas, si d'autres emmènent leurs enfants, la majorité part avec des commis de seize ou dix-huit ans, qu'ils paieront souvent seulement en paquets de tabac. Beaucoup partent d'Anost, gros bourg de l'Autunois, le jour du 1er mai, qui n'est pas encore, à l'époque, celui de la fête du Travail. Leurs femmes et leurs enfants viennent les accompagner et leur faire leurs adieux, et du hameau de Bussy, à la lisière de la forêt, ils partent en groupe, entonnant leur chanson :

Allons galvachers, en avant !
Il faut quitter notre Morvan !
Montons la route,
Et chassons le souci...

Ils marchent lentement, au pas de leurs animaux. Leurs étapes journalières dépassent rarement vingt-cinq kilomètres, pendant deux, trois, voire dix ou douze jours, eux aussi suivent des itinéraires connus, faisant étapes dans les granges pendant que leurs bœufs paissent sur les talus voisins.

En fait, dès que l'état des routes s'améliorera, ils remplaceront leurs bœufs « barrés » par les gros bœufs blancs du Charolais, plus puissants, aux cornes longues et écartées, souvent achetés déjà dressés à travailler par paire aux foires d'Autun ou d'Avallon. Unis par leur joug, ces animaux tirent de lourds charriots aux grandes roues à dix, douze ou quatorze rayons, chargés du foin qui leur sera nécessaire pour les nourrir durant la campagne. Comme les rouliers de Grandvaux, ils se chargent aussi volontiers, au départ, de fabrications locales : jougs, sabots et outils, qu'ils vendront au fil de la route. Certains, allant en Brie, en Beauce, en Normandie ou en Picardie, en profitent pour « descendre » à Paris le produit de la pêche des étangs morvandiaux. Mais beaucoup vont en Berry, en Champagne surtout, dans les forêts d'Orient ou d'Othe, aux confins des départements de l'Yonne et de l'Aube.

Arrivés à destination, ils s'enquièrent d'un abri et d'un pré pour parquer leur bétail, généralement au même endroit que les années précédentes. Levés chaque jour à l'aube, leur soupe avalée, ils vont chercher leurs bœufs pour travailler jusqu'au déjeuner, puis recommencer jusqu'à la nuit. En forêt d'Othe, ils convoient des pierres ou le bois de chauffage qu'ils débardent et acheminent jusqu'au canal ou jusqu'aux ports sur la Marne ou la Seine, d'où il sera conduit à Paris par bateaux. De ce bois, on fera des étais de mines, des traverses de chemin de fer ; plus tard, il sera destiné aux scieries qui y découperont des lames de parquet. Avec les pierres meulières, on construira d'innombrables pavillons de banlieue. Là encore, les chantiers ouverts dans la capitale par Haussmann, exigeant des millions de mètres cubes de pierres et de bois, seront providentiels pour nos galvachers.

Leur saison terminée, ils revendent parfois sur place leur attelage et leurs bœufs, à moins qu'ils ne les ramènent au pays, amaigris par leur saison de travail, pour les vendre à la foire de la Saint-Martin ou, en décembre, à celle d'Anost, aux emboucheurs du Bazois qui les engraisseront.

Nombreux sont les Morvandiaux à partir ainsi chaque année. Selon Philippe Berte-Langereau, leur historien, on comptait en 1835, dans la seule commune de Saint-Brisson, cent quatre paires de bœufs destinés à la « galvache ».

S'il arrive à certains galvachers, au fil des saisons, de s'établir dans leurs régions d'accueil, souvent pour y avoir rencontré l'âme sœur, la plupart ne manquent pas de rentrer au pays, rapportant quelque pécule, permettant, là encore d'acheter des terres, de recouvrir les toits ou de profiter du progrès. Philippe Berte-Langereau nous montre l'un d'entre eux achetant en 1910 du papier peint, alors qu'un autre s'offre une voiture en 1927 !

Presque tous savent souvent se montrer entreprenants. Si Jean Barat, dit « l'homme de fer », possède huit paires de bœufs, Joseph Bonin-dit-l'Empereur, lui, en aura jusqu'à vingt et une et emploiera onze commis ! D'autres encore poussent plus loin l'aventure, tel Jean Malcoiffe qui, avec douze conducteurs et vingt-quatre bœufs, réussit à relever, en 1889, un véritable défi : acheminer, d'Epernay à Paris, un gigantesque tonneau, le « foudre Mercier ». Il s'agit d'une cuve de 1 612 hectolitres, contenant 215 000 bouteilles de champagne, que le négociant en vins Eugène Mercier a mis sept ans à faire construire dans le bois de chênes millénaires qu'il est allé lui-même acheter sur pied en Hongrie. Ce monument de la tonnellerie, destiné à l'Exposition universelle, demandera huit jours de voyage à l'équipe et aux bœufs de Jean Malcoiffe, qui seront escortés par des gendarmes à pied et à cheval et déplaceront les foules. Les instituteurs emmènent les enfants des écoles assister à leur passage, les gens les accompagnent, on voit des villageoises se signer devant un tel spectacle. A leur arrivée à Paris, on devra même interrompre la circulation entre la porte de Pantin et le Champ-de-Mars : de quoi faire rêver tous nos organisateurs de campagnes de communication !

Passons du vin à l'eau, pour voir les hommes du Morvan épouser une autre profession : celle de « flotteur », qui remonte elle aussi à des temps assez anciens.

Quand, au XVIe ou XVIIe siècle, Paris en eut fini, pour s'approvisionner en bois de charpente et de chauffage, de dévorer les forêts proches d'Orléans ou de Lyons, de Val Rouvray et de La Londe, en Normandie, elle se tourna vers le Morvan, pas trop éloigné géographiquement et relié à elle par la Seine et par l'Yonne. Le bois pouvait être charrié jusqu'à Clamecy et, de là, par la Cure navigable, acheminé vers la capitale avec d'autres denrées, sur des bateaux à voile plats appelés des « margotats » parce qu'ils étaient construits à Clamecy sur l'« île Margot ». Ce transport, pourtant, restait long et coûteux, et les possibilités d'augmenter les tonnages s'avéraient limitées.

En 1546, un maître de forges nivernais, Gilles Deffroissez, ayant eu le premier l'idée d'utiliser la technique du flottage, avait demandé aux autorités parisiennes d'aménager le lit de la Cure en amont de Clamecy, obstrué par d'énormes blocs rocheux. Devant leur refus, et persuadé de la valeur de son projet, il n'avait pas hésité à entreprendre lui-même ces travaux. De son côté, l'année suivante, un certain Lecomte lançait le flottage en aval de Clamecy, envoyant quatre compagnons de rivière, dont Pierre Courot, ancêtre de Romain Rolland, conduire un train de bûches « liées et garottées » de Châtel-Censoir jusqu'à Paris.

Deffroissez et Lecomte venaient de mettre au point une technique qui allait être reprise dans bien des régions. En Roussillon, les eaux du Tech ou de l'Aude permettaient d'acheminer ainsi jusqu'à Narbonne les bois du Capcir, du Vallespir ou des Cévennes. En Champagne, la Marne allait recevoir les bois de marine et de charpente descendant des Vosges et conduits ou halés de Saint-Dizier à Paris par les « bragards », ouvriers ainsi nommés d'après le nom des cordages qu'ils utilisaient. C'est enfin par la Seine, l'Yonne et la Cure que la capitale allait désormais recevoir l'essentiel de son bois.

Dès 1549, Jean Rouvet convoie, de façon suivie et rentable, des trains de bois par ces trois cours d'eau, et l'année suivante, un troisième personnage, Guillaume Sallonier, obtient la réglementation du flottage et des lettres patentes du roi Henri II lui reconnaissant le droit d'aménager « tous ruisseaux et petites rivières flottables contiguës ». Il faudra cependant attendre Colbert pour pouvoir faire échec aux multiples seigneurs propriétaires, toujours prêts à taxer ces trains de bois longeant leurs rives, ainsi qu'aux nombreux moulins entravant le cours des eaux. Pour cela, seront creusés ou aménagés de nombreux étangs de retenue. Toute une organisation se met en place peu à peu, définissant une activité nouvelle et prospère, puisque, entre 1726 et 1787, Gérard Guillot-Chêne évalue à une moyenne de 250 000 stères le trafic annuel de bois, essentiellement de hêtre et de chêne, entre le Morvan et Paris. Ce trafic passera à 600 000 stères en 1804, le Morvan assurant dès lors à lui seul plus de la moitié de l'approvisionnement de la capitale.

Tout commence traditionnellement le 1er novembre, à la foire aux bois de Château-Chinon, où se vendent les coupes de l'été. Les marchands de Paris sont là. Ils choisissent leurs lots et vont les faire marquer, faisant marteler sur leur tranche quelque signe particulier de reconnaissance : qui un gland, qui une cloche, qui un chevron... En fait, six compagnies achètent les bois pour en charger d'autres, de moindre importance, de les acheminer sur les rivières reliant le Morvan à la Seine, avec vingt-deux ports où a lieu la première opération : le « flottage à bûches perdues ».

Bœutiers et galvachers ont charrié les bûches, toutes quasiment identiques, de taille standard d'environ 1,14 m. Ils les ont approchées des cours d'eau et les ont empilées sur les rives. Les eaux étant augmentées des étangs dont on ouvre les vannes, les bûcherons les y précipitent alors et les abandonnent au courant : c'est le « jetage ». Cette première phase est suivie de « l'écoulage », c'est-à-dire la surveillance de la descente, qui exige l'enlèvement des « canards », les bûches trop imprégnées d'eau, et la récupération des bûches bloquées ou obstruant les passages. Les bûches se suivent, s'entrechoquant parfois violemment, se disloquant, sautant, pirouettant, volant quelquefois en éclats. Jetées le matin à Château-Chinon, elles arrivent à Chitry vers quatre heures de l'après-midi et, selon la force du courant, atteignent le « pertuis » de Clamecy, leur destination finale, vers dix heures du soir. Là, dans un grand plan d'eau, elles s'amoncellent des mois durant, jusqu'à atteindre parfois plus d'un mètre d'épaisseur. C'est ici que des spécialistes, surnommés les « poules d'eau », vont les sortir à l'aide de leur « picot », sorte de grand manche terminé par un crochet. Ils constituent des piles que les femmes et les enfants trieront en fonction des marques qui y ont été martelées : c'est le « tricage », qui aboutit à reformer de nouvelles piles homogènes. Triées par marques, mais aussi par calibres, par essences (bois gris de chêne ou de charme, bois de hêtre, pour les traverses de chemin de fer...) et par destination (bois de construction, de charpente, de menuiserie, de tonnellerie ou de chauffage), elles seront mesurées par un « juré-compteur », et cela en « cordes », en « voies », en « moules » ou en « anneaux », avant que le système métrique ne vienne imposer le stère. Enfin, entre le 15 décembre et le 1er février, le flottage s'arrête, pour laisser sécher le bois avant que ne commence la dernière opération, celle du flottage proprement dit.

Sous la direction des entrepreneurs et selon un art consommé, les ouvriers constituent alors des trains de bois, assemblant plusieurs décastères qu'ils lient ensemble par de jeunes branches d'arbres encore souples. Ils forment ainsi des radeaux de 72 à 75 m de long sur 5 m de large, rigoureusement identiques, contenant environ vingt décastères chacun, répartis sur quatre couches de bûches savamment disposées pour s'adapter aux sinuosités du parcours. Ce « train » achevé, cinq ou six hommes se réunissent pour le mettre à flot et il quitte enfin le port, conduit par les flotteurs, bien reconnaissables, vêtus tout d'abord de gilets rouges, de pantalons de coutil à la ceinture de serge bleue et chaussés de gros souliers, puis porteurs de blouses grises, de pantalons de velours marron et coiffés de casquettes noires.

Ils portent sur le dos une musette contenant du pain, du tabac, mais aussi un couteau et de la ficelle pour les éventuelles opérations de rafistolage des trains.

La plupart du temps, trois hommes assurent le voyage, vivant sur le radeau tout le temps de la descente, dans une petite hutte qui y est aménagée pour y dormir la nuit venue, une fois l'embarcation amarrée. Appelés les « gars de la rivière », ils assistent le chef conducteur, le « compagnon de rivière », qui, du lever au coucher du soleil, guide le train à l'aide de longues perches qu'il plante au fond du lit de la rivière. Le voyage est souvent périlleux. Le courant parfois trop fort menace de briser l'assemblage, de précipiter les hommes dans les eaux glacées, où ils risquent d'être heurtés ou écrasés par des bûches détachées du train. Piles de ponts et pertuis sont autant d'embûches exigeant de leur part précision et adresse et surtout un sens aigu de l'équilibre, un talent éprouvé d'acrobates. Les cinquante premiers kilomètres, en amont d'Auxerre, sont les plus délicats. Plus loin, les trains sont souvent couplés, et une fois passés les méandres et les « bosses » de Régennes, les gamins, familièrement appelés les « petits hommes de rivière », sont souvent congédiés et regagnent à pied leur village morvandiau.

Enfin, après environ trente jours de descente, on arrive à Charenton, aux portes de Paris où un « pilote » expérimenté relaie le flotteur jusqu'au port de destination, celui de la Bastille, de la Tournelle, ou de « La Femme-sans-Tête », près de l'Hôtel de Ville, ceux de l'île aux Cygnes ou de Grenelle, où des manœuvres vont « déflotter » les bûches et les nettoyer. Là, le flotteur remet à la compagnie sa « lettre de voiture », encaisse le prix convenu, puis regagne son pays par le coche d'eau jusqu'à Auxerre, terminant ensuite le voyage à pied.

Comme le galvacher ou le bûcheron, il rapportera chez lui un petit pécule, rarement de quoi pavoiser, d'autant qu'il lui est souvent versé pour partie en nature, sous la forme de rondins de bois de chauffage. Du fait de leur vie dure et ingrate, les flotteurs, regroupés pour leur majorité (soit plusieurs milliers de personnes) au faubourg insalubre et misérable de Bethléem, à Clamecy, sont des gens rudes. Chaque année, le jour de la fête de saint Nicolas, leur patron, ils se mesurent dans des joutes sans merci au-dessus de la rivière. Défiants, ils se montrent cependant perméables, lors de leurs passages par Paris, aux idées progressistes. Faciles à mobiliser, turbulents et braillards, souvent excités par leurs femmes non moins criardes et agressives, ils n'hésitent pas à se soulever, faisant volontiers grève en stoppant les trains de bois. De 1830 à 1848, ils agissent ainsi à plusieurs reprises, et sont les premiers à faire la « grève » sur la place de ce nom. En 1851, en réponse au coup d'État de Louis Napoléon Bonaparte, leur grogne culmine lors d'une importante insurrection à Clamecy, qui coûtera la vie à un gendarme, sauvagement éventré. Trois jours durant, ils font flotter le drapeau rouge de la classe ouvrière au-dessus des eaux de l'Yonne. Ils ont été le cauchemar permanent de plusieurs générations de sous-préfets du lieu, soulagés, sans nul doute, lorsqu'ils verront les trains de flottage peu à peu concurrencés par les bateaux, les péniches des canaux voisins et surtout par le chemin de fer, qui avait pourtant été une des sources de leur essor. Alors que le trafic est encore de 100 000 stères en 1870, il dégringole brutalement, jusqu'à aboutir à l'arrêt du flottage par trains dès 1877, et à celui du flottage à bûches perdues en 1923. Les forêts du Morvan n'en auront pas moins, durant près d'un millénaire, chauffé en partie Paris et assuré aussi le « bois de boulange » nécessaire aux fours de ses boulangers.

CHAPITRE XI

Les autoroutes de nos ancêtres : « chalandons », gabariers, « berrichons » et pénichiens du Nord

Les plus aisés de nos ancêtres, lorsqu'ils partent pour l'aventure, s'offrent volontiers le luxe de voyager par bateau, au moins sur une partie de leur itinéraire, lorsque celui-ci s'y prête. Par la Marne, la Seine, la Loire, l'Allier, la Dordogne, ils gagnent Paris, Orléans ou Bordeaux, à moins qu'ils ne s'arrêtent dans quelque campagne pour y faire leur tournée de colportage. Moins riches, certains font parfois du « bateau-stop », payant le prix du déplacement en nature, en se chargeant, par exemple, du déchargement à l'arrivée au port. A Brassaget ou à Jumeaux, sur le cours supérieur de l'Allier, beaucoup se font ainsi embarquer comme « boutavants », mariniers de renfort qui aident le bateau à descendre les passages difficiles pour se faire débarquer lorsque le cours devient moins périlleux, du côté de Vichy ou de Moulins. Qui est décidé à voyager « par eau » n'a guère de problème pour trouver une embarcation. Le trafic fluvial, en ces temps-là, est intense. Rivières et fleuves navigables sont véritablement les autoroutes de nos ancêtres.

La Loire, aux eaux calmes et sereines, voit quotidiennement un énorme va-et-vient de bateaux de toutes tailles et de tous genres, avec ou sans voiles. Quand Mme de Sévigné veut embarquer à Orléans, vingt bateliers se présentent sur le quai. Il suffit de six passagers à un louis d'or chacun pour que le bateau parte. Les XVIIe et XVIIIe siècles sont l'âge d'or de la batellerie française comme en témoigne la variété des embarcations.

Si les « cabanes » ne prennent que les voyageurs, auxquels elles proposent, sur leur pont, une petite maison de bois dotée d'un certain confort, les « allèges » ne convoient que des marchandises. Les « basouilles » sont des « bateaux-viviers » spécialisés dans le transport du poisson, comme les « flûtes » dans celui du vin et les « tutureaux » dans celui du sable. Les « salambardes », venues de Saint-Rambert, convoient des tissus alors que les « auvergnates » et les « sapinières » descendent l'Allier remplies des produits des papeteries d'Ambert. Les « berrichons » sont spécialement conçus pour franchir les écluses, alors que les « saumuroises », aussi appelées « nantaises » ou « culs de poules », avec leur étrave pointue et leur poupe arrondie, peuvent descendre jusqu'à la mer. « Toues » et « bachots » sont de petites embarcations, alors que « galiotes » et « sentines » sont utilisées par les gens aisés pour voyager avec serviteurs et bagages, qu'ils en soient propriétaires ou qu'ils les aient louées.

Mais les embarcations les plus courantes sont de loin les coches d'eau, appelés parfois « pataches », et les chalands.

Les premiers font figure de seigneurs du fleuve. Véritables « ferry-boats » d'antan, ils transportent, depuis 1737, à la fois voyageurs et carrosses, ou même les voitures des charretiers ou des « voituriers par terre ». Au XVIIIe siècle, deux services réguliers sont assurés chaque semaine entre Orléans et Nantes.

Les chalands, en bois de chêne, mâtés et girouettés, sont de robustes bâtiments sur lesquels les commerçants « voituriers par eau » convoient sans doute autant de marchandises que les poids lourds d'aujourd'hui sur les routes. A certaines saisons, ils sont chargés de bois, énormes grumes destinées aux chantiers navals de la région nantaise, dont les charpentiers feront des mâts de navires, ou bois de chauffage à destination d'Orléans ou de Tours... A d'autres, ils convoient des ardoises ou du charbon extrait des mines du Forez ou de Saint-Étienne, des vins des côtes roannaises, de Saint-Pourçain ou de Touraine, des faïences de Nevers et de Gien, des grains et des fourrages, des oignons et des raves, des blés et de la paille de la Beauce, récupérés à Orléans. Ils transportent aussi des métaux, des produits « chimiques », comme on appelle alors de façon générale la craie, le salpêtre, la poudre à canon, l'alun, la soude; des produits de terre cuite (briques, tuiles, carreaux...), du safran, de la poix, de la colle, de la résine, du savon, de la cire, de la chandelle, de la vannerie, de la verrerie et même, parfois... de l'eau de Vichy.

Dans les meilleures conditions, c'est-à-dire « en bonne eau », en période de crue, la descente de la Loire moyenne à Nantes, peut s'effectuer en deux semaines. On navigue de jour, dormant la nuit dans un abri aménagé sur le pont après avoir « allongé » réglementairement le bateau. Arrivés à destination, il arrive que certains bateliers revendent leur embarcation. Sapinières et salambardes termineront ainsi fréquemment leur voyage comme bois de chauffage. Pour rendre leur offre publique, nos hommes la signalent par un bâton clouté garni d'un bouchon de paille et, leur bateau vendu, ils se débrouillent pour rentrer au pays, en Forez ou en Bourbonnais, allant par eau ou par terre, hachette à la ceinture et cordages sur l'épaule.

Les autres — les plus nombreux — prennent de nouveaux chargements pour remonter le fleuve, se faisant généralement haler par les tireurs de bateaux qui les attendent sur les rives avec leurs cordes ou leurs bœufs. Vers les pays de l'intérieur, ils rapportent le sel des marais de la région de Guérande, chèrement revendu par le colporteur et dont le transport est sévèrement réglementé et surveillé. Le sel, en effet, doit être convoyé dans des sacs ficelés et plombés, sur des bateaux parfaitement étanches, son poids étant rigoureusement contrôlé au départ. Sous l'Ancien Régime, vingt mille tonnes en moyenne sont chargées chaque année sur des bateaux à Nantes, dont les quatre cinquièmes sont revendues en aval d'Orléans à des prix très variables, selon que les provinces sont ou non « rédimées », situations qui engendrent bien des tentations de fraude.

Beaucoup de bateaux remontent des poissons d'eau douce ou de mer des ports bretons ou de la Manche, des pommes, des métaux ouvrés, des cuirs de Cordoue et des oranges d'Espagne, ou encore des toiles et des draps des filatures flamandes, articles venus par les mers sur des bâtiments de commerce. Tout cela, selon Raoul Toscan, fait du chaland, un véritable « bazar flottant » proposant basane, cordouan, pelleterie, souliers, quincaillerie, draps, beurre, poissons, la chair de baleine y côtoyant des livres, les éperons y étant mélangés au lard et aux tapisseries...

Sans cesse, donc, ces files de bateaux naviguent et se faufilent en se croisant, effectuant un véritable slalom entre mille obstacles. Entre les gués, nombreux et usités par les populations depuis les temps les plus anciens. Entre les ponts flottants, formés de bateaux maintenus bord à bord sur des poutres et des traverses. Entre les bacs, longues embarcations à fond plat, sans quille, atteignant parfois jusqu'à quinze mètres de long et surnommées « passe-cheval », propulsés par un passeur au moyen d'une simple perche, qui font partout et plusieurs fois par jour des navettes entre les deux rives. Entre des trains de bois de flottage descendus des montagnes foréziennes ou quelquefois du Morvan, par le canal du Nivernais ou l'Arroux. Entre les nombreux « chalands-percés » jalonnant à tout endroit le cours du fleuve, viviers où le pêcheur vend son poisson. En ville, entre les bateaux-lavoirs, Tours n'en comptant pas moins de onze en 1877. Entre les moulins flottants, construits sur pilotis ou parfois établis sous les arches des ponts, sources de différends sans fins entre meuniers et mariniers. Entre les ports, allant des simples estacades constituées de pieux maintenant un remblai, à ceux des villes, plus importants, et enfin entre les ponts, anciens ponts de bois ou plus récents et plus solides ponts de pierre.

Ici, le bateau devra encore faire un crochet pour éviter le débordement d'un des ateliers des « charpentiers en bateaux ». Plus loin, il prendra garde de passer trop près des rouisseurs, épurant leurs bottes de chanvre dans des petits parcs aménagés dans la rivière, sans oublier les bancs de sables où s'activent les « tireurs de sable » et les îlots divers, véritable angoisse de notre marinier que la perspective de l'échouage hante en permanence. Habile, notre homme doit savoir avancer au milieu de ce trafic. Il doit connaître et négocier les passages délicats, évitant de heurter les piles des ponts, particulièrement celles du pont de La Charité, réputé le plus dangereux et qui a plus d'une fois provoqué accidents et noyades.

Si, à partir d'Orléans, les conditions de navigation sont moins mauvaises, il n'en continue pas moins à se voir soumis à des tracasseries et à des chicanes incessantes du fait des nombreux péages. En 1567, tout au long de la Loire, on n'en dénombre pas moins de cent vingt-six et, même s'ils sont réduits à une trentaine dès 1701, on en compte encore huit sur quelques lieues seulement en amont et en aval de Digoin. Ici, un percepteur se tient à un pont, près de l'arche « courante » ou sous la plus haute, au centre, dite l'arche « batelière », sous laquelle passent les bateaux, pour réclamer un péage, péage municipal ou seigneurial, péage de limite entre deux juridictions ou péage royal à Decize et à Amboise. Là, une corde ou une chaîne barre le fleuve pour faire acquitter au seigneur riverain une de ces taxes dont l'éventail n'en finit pas de se diversifier, entre les droits de gouvernail, de voilage, de « courbe » — ce dernier en fonction du nombre des animaux de halage. Souvent, le batelier doit « déprayer ». Il annonce la nature de son chargement, criant par exemple : « Je mène froment », tout en jetant symboliquement à l'eau une poignée de grains. Sel, vin, épices, laine, sont lourdement imposés, tout comme le sont les hommes, et là aussi les tarifs varient. Les gens d'Église et les marchands allant aux foires sont exemptés, de même que les vivres destinés aux troupes ou aux hôpitaux.

Sur ces embarcations, on voit aussi bien des hommes de troupe rejoignant leurs quartiers, des pèlerins du Brabant s'en allant prier à Saint-Jacques-de-Compostelle ou à Sainte-

Anne-d'Auray, que des marchands d'Italie et des maquignons conduisant leur bétail à la foire. Sans oublier le personnel du bateau, le marinier, ses mousses qu'on appelle les « marquis » et dont on se moque volontiers, le « billeur » travaillant à l'avant du bateau et craignant toujours de « prendre la pile » des ponts.

Généralement habillés de vestes et gilets gris, d'une culotte de flanelle rouge, la plupart portent des sabots à semelles spéciales, souvent en bois de peuplier, pour ne pas glisser. Ils ont volontiers de longs favoris et un anneau d'or à l'oreille gauche. Les « chalandons », après avoir séjourné dans les auberges du port de Nantes, en reviennent imprégnés de récits de corsaires à qui ils s'efforcent de ressembler. Pour bien se démarquer de leurs semblables, ils portent un chapeau de feutre noir à large bord, une chemise de toile à manches longues serrées au poignet, avec boutons d'argent au col, une blouse de toile ou de drap, bleue, échancrée et serrée à la taille par un nœud ou une agrafe d'argent, des hauts-de-chausses, de droguet épais, presque imperméables, des chausses et des guêtres. A leur cou, ils nouent « un mouchoir de couleurs vives servant de réserve à tabac à chiquer ou à priser ». Plus tard, ils porteront casquette de drap bleu à visière de cuir, gilet de peluche bleue, culotte de toile huilée verte ou jaune et souliers bas en cuir, chevillés de bois d'acacia, cela toujours pour éviter les glissades, la barbe remplaçant alors les favoris.

Comme dans les autres professions, on est dans la batellerie sur plusieurs générations. Le Cercle généalogique de Touraine a ainsi reconstitué d'impressionnantes lignées de mariniers de la Loire, comme celle des Avisseau et des Bellay, de Tours, suivant sur six générations celle des Diot, de Limeray, sur sept celles des Doudon, des Véretż et des Guessard, de La Chapelle-sur-Loire, généalogies toutes truffées de mariages entre mariniers, quand ce n'est pas entre parents. Quelques noms de famille sont donc liés à cette activité, même si les gars du fleuve sont souvent dotés de sobriquets pittoresques, comme « Nez-mou » ou « Cul-rouge », sobriquets signalant volontiers leur penchant pour la bouteille, comme « Galope-Chopine », « L'Éponge » ou « Bec-Salé ». Il est vrai qu'ils sont généralement peu aimés des populations des campagnes qu'ils traversent : elles les traitent de « chie dans l'eau » et sont toujours prêtes à les accuser de voler leurs volailles ou d'autres menus larcins, assez souvent à juste titre, semble-t-il. Issus des couches les plus miséreuses de la société, ils sont souvent violents. Habitués à mener une vie rude sur leur bateau, eux aussi aiment à se mesurer dans des joutes ou des jeux, parfois cruels, comme celui du « tirage au cou de l'oie », à Pont-Château, sur l'Allier, qui consiste à sauter au-dessus de l'eau pour attraper une oie que l'on a suspendue par les pattes et à laquelle on va arracher carrément le cou. Le vainqueur de ces concours, organisés les jours des fêtes de leurs saints patrons — saint Nicolas, saint Mammès ou, à Nevers, saint Aré —, en retire, pour une durée de un an, l'honneur de conserver chez lui l'image ou la statue du saint.

« Gaillards, turbulents, bambocheurs, coureurs de filles », ils ont leur « parler », vert et égrillard, qui choque les bourgeois lorsqu'ils prennent le coche d'eau, et qui a même valu une mésaventure restée fameuse aux visitandines de Nevers. Ces religieuses avaient, en effet, dans leur couvent, un perroquet qu'elles choyaient. Baptisé Vert-Vert, il faisait l'admiration de toute la ville tant il savait réciter d'orémus, de cantiques et de psaumes. Leurs consœurs de la Visitation de Nantes, curieuses de voir et d'entendre ce prodige, les prièrent de le leur envoyer quelque temps en villégiature par le premier coche d'eau. Mais voilà que sur le bateau, au contact des bateliers, l'oiseau change de répertoire et scandalise les pauvres nonnes nantaises qui le renvoient immédiatement à son couvent, où il sera à nouveau dorloté avant de mourir... d'indigestion. Pauvre Vert-Vert ! Il ne connaîtra jamais les « inexplosibles », ces bateaux à vapeur, qui, dès 1829 navigueront sur le fleuve, immenses bâtiments de vingt-cinq à quarante-cinq mètres de long, transportant facilement de Nantes à Orléans, 150 à 200 voyageurs, 250 même pour certains d'entre eux, et cela à la vitesse de dix-huit kilomètres à l'heure en descente ! A la remontée, on ne dépasse guère les huit à dix et, usant davantage de charbon, le coût est nettement plus élevé. Quoi qu'il en soit, on est loin des huit jours mis autrefois par les coches d'eau entre Nantes et Orléans, au prix de trois sols par personne et par lieue. Pourtant, jusqu'à ce que le chemin de fer leur fasse une fatale concurrence, ils régneront en maîtres sur le fleuve, toujours aussi animé.

Plus au sud, sur le Lot et surtout sur la Dordogne, le trafic est à peu près comparable et les gabariers vivent les mêmes journées. De façon indélébile, la carte de la rivière est gravée dans leur mémoire, avec plus de cinquante passages périlleux de Bort-les-Orgues à Argentat, vingt-cinq d'Argentat à Bergerac. Ralentis et rançonnés eux aussi par de nombreux péages, devant également éviter moulins, pêcheries, rochers et confluents, ils convoient leurs chargements jusqu'à Bordeaux. Leurs gabares, mesurant de dix-sept à dix-huit mètres de long et pouvant transporter jusqu'à vingt tonnes, acheminent toute une gamme de produits locaux. Chargements de châtaignes, sorties des séchoirs du Limousin dont elles constituent la richesse première et la base de l'alimentation des habitants, qui les mangent cuites à l'eau ou grillées et qui appellent le châtaignier « l'arbre-à-pain ». Chargements de fromages d'Auvergne ou de charbon tiré des mines d'Argentat, mais surtout chargements de bois en tout genre : bois de charpente, de carassonne (les échalas de châtaignier) ou bois de merrains de tonnellerie. Des bois que l'on va faire parfois aussi flotter par train, comme en Morvan, à partir de Bort-les-Orgues, et que le gabarier surveille en les accompagnant. Originaire de la vallée ou des montagnes et gorges voisines, il est souvent à la fois paysan et entrepreneur de transports, pratiquant lui aussi l'habitude du double métier.

A toutes ces rivières, se sont ajoutés les canaux. Celui de Briare, entre la Loire et la Seine, construit au début du

XVIIe siècle, celui d'Orléans et Montargis, terminé en 1692, ceux du Centre, du Nivernais, du Cher à la Loire... Et avec les canaux, un nouveau métier est apparu. Un métier à part entière, que l'on va également se transmettre de génération en génération, en même temps que des habitudes, des régions de navigation et qu'un bateau : la péniche.

La péniche est une autre façon de voyager sur l'eau, un autre rythme aussi. Le bateau pénètre dans chaque écluse centimètre par centimètre, luttant contre la compression des eaux, traversant ensuite les bourgs et les campagnes, tiré par des mulets, des bœufs puis des chevaux, qu'il faut nourrir, soigner et abriter (dans un compartiment-étable sur le bateau même), et qui le font aller à peine plus vite que le courant. La vie y est dure lorsque la bise souffle, ou lorsqu'en hiver le bateau doit flotter sur la « crème », cette fine couche de glace à la surface de l'eau, à moins que la glace ne soit telle que le marinier doive la casser avec ses plus grosses perches.

Sur les canaux, on peut observer deux types d'embarcations, de voyages et de métier : les « berrichons » et les « pénichiens ».

Les premiers sont ainsi nommés parce qu'ils sont pour la plupart nés dans les villages bordant le canal du Berry, sur les eaux duquel ils naviguent le plus souvent. Leur nom s'est transmis à leur bateau, plus étroit que les péniches. En 1895, l'ouverture du pont-canal de Briare leur permet d'aller travailler dans d'autres bassins et beaucoup arrivent ainsi à Saint-Mammès, en Ile-de-France, au confluent de la Seine et du Loing, vieux port où les mariniers représentent, au milieu du siècle dernier, les deux-tiers des actifs : « pilotes », « mariniers conducteurs » ou « haleurs » attendant les bateaux au confluent pour les remonter et se faire payer au kilomètre.

Chez les « berrichons », on rencontre aussi de véritables dynasties. Les Julien, originaires de Drevant, dans le Cher, descendants d'un carrier-maçon reconverti dans la batellerie sous le Second Empire, comptent ainsi cinq générations qui naissent et meurent « au bateau », et dont les filles épousent un marinier d'ici où là, belge ou de l'Est.

Ces « berrichons » sont des artisans, propriétaires de leur bateau ou salariés d'une compagnie de navigation qui leur en confie la conduite. Levés dès l'aube, ils naviguent jusqu'à ce que la nuit les oblige à garer leur embarcation. Certains vivent à bord toute l'année, y dormant et y prenant les repas préparés par leur femme, qui fait en outre office de second. Le poisson et la traditionnelle potée de pommes de terre et de lard constituent l'essentiel de leur ordinaire. D'autres, qui ont une attache au sol, une vraie maison, avec jardin et basse-cour, y laissent en général leur épouse pour naviguer entre hommes. Certains sont à la fois paysans ou vignerons et mariniers.

Le rêve, l'ambition suprême est évidemment, pour qui n'en possède pas, d'acquérir un bateau à soi, acheté parfois à crédit. Au reste, le marinier peut lui aussi céder à la tentation, alors universelle, de l'achat de terres.

Entre « berrichons » et « pénichiens » du Nord, les similitudes sont nombreuses. Mêmes tenues vestimentaires : on porte le tricot de laine aux boutons de cuir et le pantalon de velours brun à grosses côtes, le caban de drap bleu marine, les sabots, les galoches ou les sandales de corde, la casquette plate de toile bleue à grande visière. Sur le bateau, les conditions de vie sont identiques : cinq à six personnes, des enfants et un « pilote », entassés dans deux ou trois cabines, la plus vaste servant de cuisine et de séjour. La scolarité des enfants qui participent au travail est un réel problème, difficile à résoudre; les uns vont d'une école à l'autre et il arrive qu'un instituteur monte sur le bateau pour leur enseigner quelques bases. Les contraintes aussi sont les mêmes : il faut trouver du fret dans les ports, et pour cela traiter avec les affréteurs, souvent identifiables à leur canne et à leur canotier blanc, et dont les propositions se font de plus en plus rares à partir de décembre et jusqu'à la fermeture fréquente du canal, fin juin, pour raison d'entretien.

Sur l'eau, tous ont les mêmes techniques, tous pratiquent le halage animal ou humain, à col d'homme, sur de courtes distances, lorsque le bateau est vide, le marinier l'attelant à son torse par une large et longue sangle de cuir, à bras parfois, pour faire ainsi une dizaine de kilomètres. Mêmes négociations, mêmes marchandages avec les haleurs professionnels, qui ont parfois le monopole sur certaines distances.

Mêmes buts, à commencer par l'achat de la péniche, mêmes habitudes matrimoniales : on se marie entre pénichiens du Nord, entre Desabiaux, Hennebuise, Fernez, Guerdin... « Les gars repèrent les bateaux où se trouvent des jolies filles et s'arrangent, à l'occasion, pour jeter l'amarre à côté et copiner avec le frère. » Les « bals de la marine » font le reste, qui réunissent les descendants de véritables dynasties. Bernard Le Sueur cite le cas d'une lignée de neuf générations, regroupant près de soixante hommes ou couples « navigants ». La femme du pénichien tient une place capitale sur le bateau : non seulement elle assure l'intendance, mais doit bien souvent « percher » ou manœuvrer le gouvernail au passage des écluses. C'est une raison de plus de la choisir dans une famille homologue, même si l'on ne peut en fait souvent l'épouser légalement, le pénichien ayant parfois du mal à fournir au maire un certificat de résidence de plus de trois mois. Dans ce cas, on se contente de vivre en concubinage, n'en faisant pas moins des enfants qui, très tôt, conduiront l'attelage de halage, percheront ou regoudronneront la coque du bateau.

Des différences, malgré tout, existent entre « berrichons » et « pénichiens ». Les premiers, qui ont saint Nicolas pour patron, voyagent rarement de nuit mais effectuent souvent des convois au loin. Les seconds, protégés par saint Julien, préfèrent les petits trajets, ce qui ne les empêche pas de faire fréquemment trois à quatre cents kilomètres en dix à quinze jours. Chargés de bois de construction, de betteraves et surtout de houille, ils naviguent essentiellement entre les Flandres et Paris, sur les rivières et canaux du nord et de la Belgique, denses et nombreux, le nord de la France disposant dès le XVIIe siècle de 420 km de voies navigables, quadrillant en tous sens ce plat pays qu'a chanté Jacques Brel.

CHAPITRE XII

De la « traite » des Bretonnes au rêve anglo-américain : bonnes à tout faire, crêperies et oignons roses

Qui entend les mots Bretagne et Bretons pense d'abord à la mer, cette mer où la Bretagne, de tous temps et comme toute région côtière, a envoyé ses hommes naviguer sur les bâtiments de commerce ou pêcher sur des chaloupes. Si les uns se sont contentés de rester au large, d'autres se sont lancés plus loin, dans des entreprises plus originales ou téméraires : baleiniers d'autrefois, pêcheurs de thon dans les eaux irlandaises ou au large des Açores, marins allant pêcher les poissons tropicaux jusque dans l'océan Indien, terre-neuvas allant pêcher la morue sur les bancs lointains de l'ancienne possession française. Tous ces hommes ont, certes, vécu des aventures passionnantes, mais ce sont là, somme toute, les vies habituelles de toutes les populations des littoraux, qui n'offrent donc guère les caractères exceptionnels des phénomènes que l'on a rencontrés dans les autres régions. Rarement, d'ailleurs, elles les ont conduits à se fixer à l'extérieur, hormis les cas de quelques marins établis dans des ports — à La Rochelle, à Arcachon, à Saint-Jean-de-Luz ou à Marseille — et de quelques pêcheurs de harengs qui ont fait souche à Dunkerque. Jamais ces échanges n'ont atteint de véritable ampleur.

La Bretagne aurait-elle donc échappé aux grands mouvements migratoires ? Certes non. Pour peu qu'oubliant les plages et les ports, l'on dirige son regard vers l'intérieur des terres, on ne tarde pas à découvrir certaines spécificités qui présentent l'originalité de n'apparaître qu'assez tard.

Mis à part de rares aventuriers partis pour l'île aux Chiens, près de Saint-Pierre-et-Miquelon, ou pour la Guadeloupe, ceux qui se sont embarqués pour le Nouveau Monde dès les XVIIe et XVIIIe siècles, et ceux, enfin, qui ont répondu, à la fin du siècle dernier, aux appels de l'Argentine recherchant des colons pour cultiver la Pampa, la Bretagne a été en effet plus longue que les autres provinces à voir ses enfants essaimer dans l'hexagone. Une raison en est peut-être que leur langue a longtemps été un handicap difficile à dépasser. On avait du mal à les comprendre dans les autres provinces, ce qui leur fermait toute activité commerciale où ils auraient dû échanger et communiquer. Peut-être faut-il invoquer également un tempérament plus casanier.

Quelles qu'en aient été les causes, on peut dire que la grande migration bretonne ne remonte donc guère au-delà du siècle dernier, où l'on commence à voir des paysans bretons s'en aller en Anjou ou dans la région de Rouen ou du Havre, migration qui ne prendra son véritable essor que lorsque le train reliera l'ancien duché à la capitale, qui devient, dès le Second Empire, la destination privilégiée de ses habitants. La réorganisation de l'armée par le général Boulanger et l'instauration du service militaire ont largement contribué à l'intégration des habitants de l'ancien duché. Désormais familiarisés avec la langue française, abandonnant progressivement leur costume régional, ils se sont sentis moins « étrangers » en dehors de leur province. L'école républicaine de Jules Ferry, pénalisant l'élève surpris à employer un mot breton, accentuera encore ce phénomène. De 10 000 Bretons vivant à Paris en 1832, le chiffre va passer à 88 000 en 1890 pour atteindre 105 000 en 1931, venus essentiellement du Morbihan, du Finistère et de l'Ille-et-Vilaine.

Des années durant, la gare Montparnasse va voir débarquer des flots de Bretons qui épouseront à leur tour les petits métiers peu exigeants sur le plan du savoir-faire. Certains restent même à la gare, comme employés ou manœuvres aux Chemins de fer de l'Ouest, alors que d'autres deviennent cochers ou livreurs. Beaucoup seront « gaziers », autrement dit employés du gaz, travaillant notamment aux usines de Saint-Denis, tout près de Paris, où ils seront encore 7 500 en 1931. Mais, à Paris, la Bretagne va essentiellement « exporter » deux spécialités : les bonnes à tout faire et les crêperies.

Il faut dire que plus de 56 % des Bretons arrivant alors à Paris sont... des Bretonnes. Pour la plupart, elles vont devenir domestiques.

Le marché de l'emploi parisien dans le secteur du personnel de maison est alors énorme. Si la France de 1881 compte plus d'un million de domestiques, soit trente-et-un pour mille habitants, dont les trois quarts sont des femmes, la proportion, à Paris, est de soixante-cinq pour mille. Rien d'étonnant à cela lorsque l'on voit, vers 1900, la famille d'Harcourt en employer à elle seule une bonne vingtaine dans son hôtel particulier, avec une préceptrice, une nurse, trois cochers, le valet de chambre de Monsieur, la femme de chambre de Madame, un maître d'hôtel, un chef cuisinier, un pâtissier, des marmitons et des valets de pied, auxquels d'autres maisons rajoutent un secrétaire, des lingères, sans oublier les chauffeurs, cochers et palefreniers. Les grandes familles bourgeoises et aristocratiques font figure de véritables « PME », l'hôtel du prince Murat classant même ses domestiques en services de maison, de bouche, d'office, de linge, de jardin et d'écurie.

Tous ces gens sont entassés sous les combles, aux derniers étages des immeubles, où les ascenseurs ne montent pas. Ils vivent dans des chambres souvent insalubres, mal aérées, donnant sur des cours étroites, sombres et puantes, où l'on étouffe en été et grelotte en hiver, et où plusieurs s'anémieront ou contracteront la tuberculose. Sans hygiène, sans confort ni chauffage, ces pièces offrent pour tout mobilier un simple lit de fer, et leurs occupants doivent souvent faire leur toilette à la cuisine. A quoi bon des meubles, d'ailleurs, puisqu'il leur est interdit d'y recevoir ?

Soumis à une discipline de fer, ces domestiques triment durant de longues journées, effectuant souvent quinze ou seize heures de travail journalier. Logés, nourris et blanchis, ils sont généralement mal payés, excepté, dans les grandes maisons, ceux placés au haut de la hiérarchie : certaines femmes de chambre de grandes dames, portant chapeaux et cachemires, les gouvernantes étrangères, d'origine allemande ou anglaise, le maître d'hôtel, personnage clé de ces maisons et, au début de l'automobile, le mécanicien, sorte de technicien hautement qualifié.

Tout au bas de cette pyramide servile, l'élément féminin domine donc largement, avec notre « bonne à tout faire », comme on l'appelle alors, et qui, dans les maisons de moindre train de vie, se retrouve souvent porteuse de toutes ces casquettes à la fois et n'a donc guère l'occasion de chômer. Elle doit être rapide, propre, scrupuleuse et mesurée, suivant à la lettre la longue liste des instructions quotidiennes que lui donne la maîtresse de maison. Le *Manuel des Bons domestiques*, publié en 1896, définit ainsi l'emploi du temps d'une de ses journées : « (Elle) doit être levée à six heures, se coiffer, s'apprêter et ne descendre à sa cuisine que prête à sortir pour le marché. De six à neuf heures, elle a le temps de faire bien des choses. Elle allumera le fourneau et les feux ou chargera le poêle. Elle préparera les petits déjeuners, fera la salle à manger, brossera les habits et nettoiera les chaussures. Ici, les maîtres se lèvent de bonne heure ; elle fera les chambres, mettra de l'eau dans les cabinets de toilette, montera le bois ou le charbon et descendra les ordures. Pour tous ces ouvrages, elle mettra de fausses manches et un tablier bleu. Elle fera le marché, si Madame ne le fait pas avec elle, et ne s'attardera pas à causer ; son temps est précieux. Elle mettra le couvert, préparera le déjeuner, mettra un tablier blanc pour servir et aura soin de se laver les mains. Puis, la salle à manger remise en ordre, la vaisselle lavée et rentrée, les ustensiles de cuisine nettoyés, elle pourra, avant les préparatifs du dîner, faire un ouvrage spécial pour chaque jour de la semaine. Par exemple, le samedi, le nettoyage à fond de la cuisine et de ses accessoires; le lundi, le salon et la salle à manger; le mardi, les cuivres des appartements; le mercredi, un savonnage; le jeudi, du repassage... » Ajoutons à cela qu'au fil du siècle dernier l'horaire du dîner est passé de dix-huit à vingt heures, retardant d'autant l'heure du coucher... De quoi largement mériter, sans doute, le droit de sortie dominical que notre bonne mettra quelquefois à profit pour s'offrir le cirque ou le bal. En semaine, elle a rarement le droit de lire, tant sa maîtresse craint que les romans ne viennent l'amollir ou la pervertir, ne lui autorisant guère que *Paul et Virginie, Robinson Crusoé*, et surtout Évangiles, vies de saints et autres *Imitation de Jésus-Christ*, comme elle a souvent soin de l'emmener avec elle assister chaque matin à la messe.

Ces perspectives, pourtant, ne semblent guère rebuter nos Bretonnes, d'autant que se greffe vite là-dessus un véritable phénomène de mode. Si la Bretonne cherche à s'émanciper et surtout à se constituer une dot, le bourgeois, lui, recherche des filles sérieuses et travailleuses. La rencontre se fait au pays, souvent à la faveur des villégiatures. « C'est une mode, depuis quelques années, écrit en 1901 l'abbé Cadic, de voyager en Bretagne. C'est une mode aussi de s'en revenir avec une domestique bretonne. Elles sont si naïves, les jeunes filles de là-bas, elles s'engagent à si bon compte... On n'a d'ailleurs que le choix. Il semble que les maisons religieuses elles-mêmes prennent à tâche de former leurs orphelines comme une prime à l'exportation. » Le clergé breton se ferait-il donc le complice de cette exploitation? Mgr Gibier, en 1912, n'hésite pas à l'insinuer, affirmant que certains prêtres et religieuses sont devenus de véritables « racoleurs ». Ne peut-on lire, en effet, dans un journal breton de l'époque, l'annonce authentique suivante : « Prêtre recommande deux jeunes filles, sortant campagne, n'ayant jamais servi »! A Pontivy, c'est le crieur public qui annonce par les rues de la ville, à grand renfort de roulements de tambour, le dimanche matin à la sortie de la grand-messe : « Avis à toutes les jeunes filles qui veulent connaître Paris. Mme X... vous propose une place de premier ordre dans la capitale, aux conditions de vingt-cinq francs par mois, nourrie, logée, voyage payé. Elle se tient à la disposition des familles, jusqu'à 11 h 30 et de 3 heures à 5 heures passé midi. » Des racoleurs parcourant le Morbihan, porteurs de promesses alléchantes, toucheraient cinq francs par tête.

Attirées par le « mirage parisien » et par le prestige qu'il a déjà conféré à quelques compatriotes rentrées au pays avec un chapeau, les jeunes Bretonnes, par milliers, jettent leur coiffe aux orties et improvisent sommairement un balluchon avant de se précipiter à la gare pour prendre un billet de troisième classe dans le premier train afin d'« aller en place », en tant que « bonnes », mais aussi comme cuisinières ou nourrices, conformes à l'image qu'en donnera Bécassine. Près de huit mille jeunes Bretonnes auraient ainsi débarqué à la gare Montparnasse entre 1908 et 1911 !

Comme leurs consœurs morvandelles, elles sont généralement arrivées avec une adresse, donnée au pays par leur curé ou un notable, ou envoyée par quelque parente déjà en place. Elles doivent d'abord subir l'interrogatoire quasi policier, sévère, indiscret et volontiers humiliant de la bourgeoise, toujours à la recherche de bonnes raisons pour abaisser le montant des gages, demandant des recommandations et des certificats, avant que le « livret », obligatoirement visé par la préfecture de police à chaque changement de travail, puis le « certificat de conduite » ne rassemblent par écrit les motifs de cessation des précédents emplois, documents sans lesquels aucun domestique ne pourra plus être engagé.

La moralité, la vie sentimentale font l'objet des questions les plus insidieuses. On préfère les domestiques célibataires. On renvoie impitoyablement la bonne qui a fauté. A celle qui accouche, on impose souvent d'abandonner l'enfant à l'Assistance publique ou, au moins, de l'envoyer en nourrice à la campagne. Beaucoup de filles, le sachant, cachent donc leur état, pour avorter quand elles ne cèdent pas à l'infanticide. Ce n'est que dans les grandes maisons, au personnel nombreux et des deux sexes, qu'on acceptera parfois les couples : un mari cocher et une femme cuisinière, un mari valet et son épouse femme de chambre... Dans sa situation, le mariage devient vite la seule issue et le seul espoir de notre bonne. Mariage au pays, grâce à la petite dot qu'elle se sera constituée, ou mariage à Paris, avec un gars de sa condition.

Si, une fois « en place », l'enthousiasme de notre Bretonne risque de retomber aussi vite qu'un soufflé, malheur à celle qui arrive à la gare seule et sans adresse ! Des racoleurs sont là qui n'ont guère de peine à la repérer et qui, se faisant passer pour des agents de placement, essaieront de l'engager comme prostituée. C'est contre cela que l'abbé Cadic fonde, en 1897, dans la capitale, une paroisse bretonne. Dépendant de la paroisse Notre-Dame-des-Champs, elle comptera quelque douze mille adhérents en 1906 et confiera aux Sœurs-de-la-Croix, rue de Vaugirard, l'accueil des jeunes Bretonnes, qu'elle réunit régulièrement pour leur proposer des placements. En 1905, est créée l'Œuvre des gares : des femmes de bonne volonté, arborant des rubans rouge et jaune, accueillent et logent les nouvelles arrivées, relayées par des bureaux de placement et des sociétés philanthropiques qui proposent des asiles. Une société de secours mutuels apporte encore son assistance aux Bretonnes et aux Bretons que l'abbé Cadic sait dépensiers, contrairement à l'Auvergnat avec lequel, pourtant, le Breton présente, à Paris, bien des similitudes.

Parallèlement à ces œuvres de bienfaisance, Paris voit se développer le mouvement associatif et amicaliste au sein de sa colonie bretonne toujours grossissante. Un autre ecclésiastique originaire de Bretagne, Mgr de Quélen, multiplie les réunions amicales entre ses compatriotes. En 1881, a été créée La Vannetaise, société de secours mutuels, devenue La Morbihannaise, La Crêpe en 1891, et, en 1896, L'Union bretonne, plus tard La Paimpolaise. La colonie bretonne de Paris n'a rien à envier à son homologue auvergnate, d'autant moins qu'en 1932, à l'exemple des trains que Bonnet a instaurés à destination du Massif central, le Breton Guyomard organise le retour au pays des enfants des Bretons établis en région parisienne. Au fur et à mesure que ceux-ci entrent dans la fonction publique, comme gendarmes, gardes républicains ou facteurs, d'autres sociétés apparaissent, depuis le Comité d'entraide des télégraphistes d'Armor et le Cercle des coiffeurs bretons jusqu'aux Bretons des Lilas.

Autre parallèle avec les Auvergnats : de même que ceux-ci ont conquis les bistrots de Paris, les Bretons ont investi la restauration. Dès 1870, ils se sont rués sur les estaminets du quartier Montparnasse, prêts à y abreuver les nouveaux venus tout juste débarqués du train et qui retrouvent là l'air du pays. Sans aucun faste, ils leur proposent beurre salé, crêpes de blé noir ou au lait, lard gras et salé, saucisses, pâtés et cidre, avec, en prime, la langue bretonne. Au bistrot des époux Le Morzellec, rue du Château, devenu le sanctuaire des natifs du canton du Faouët et du pays de Scaër, les clientes peuvent exhiber leurs coiffes de dentelles. Il en va de même dans nombre de maisons qui voient le jour entre les deux guerres, souvent ouvertes par des coureurs cyclistes bretons reconvertis, comme Ferdinand Le Drogo ou Jean Robic, et affichant des enseignes évocatrices : Au rendez-vous des Bretons, A la ville de Douarnenez ou encore *Toul ar Chistr* (la Maison du cidre)... Près de la gare Montparnasse, dans le quartier de la rue de l'Ouest, certaines peuvent même recevoir la visite du barde Théodore Botrel, chantre de la Bretagne, qui accepte parfois d'y pousser l'une de ses nombreuses chansons, à commencer par la *Paimpolaise*. Dans les années soixante, consécutivement à la construction de la nouvelle gare et à la coupure de l'avenue du Maine par son tunnel routier, ces établissements se déplaceront vers l'ancienne place de Rennes et le boulevard du Montparnasse, auprès des néons des salles de cinémas. Ces maisons se lancent alors dans une formule plus à la mode : la crêperie.

La crêpe se vend en effet très bien aux Parisiens, depuis que la vieille galette de blé noir, autrefois plat des pauvres en

Bretagne, avait été en quelque sorte anoblie par la Quimpéroise, Marie-Catherine Katell-Cornic, qui avait mis au point, vers 1886, la recette de la « crêpe dentelle ». Délaissant son épicerie, elle avait ouvert une crêperie et s'était bientôt organisée pour aller vendre ses productions sur les plages chic de Dinard et de Saint-Malo. Après sa mort, une autre Quimpéroise, Mme Tanguy, reprenant sa recette et inventant un fourneau spécial au gaz, avait lancé avec sa sœur les *Délicieuses*, crêpes dentelles industrielles à consommer froides, qu'elles avaient exportées, dans de belles boîtes en fer décorées de sujets folkloriques, jusqu'au Japon et en Indonésie, en faisant une gourmandise recherchée. Le prince de Galles lui-même les appréciait chaque hiver lors de ses villégiatures à Cannes. Un soir de Chandeleur, il avait soupé en compagnie d'une jolie danseuse et, émerveillé par la qualité des crêpes qu'on lui avait servies, avait fait venir le chef cuisinier pour l'en féliciter et lui demander leur nom. L'homme ayant répondu qu'elles n'en avaient pas, le futur Édouard VII demanda à sa compagne quel était son prénom. Elle s'appelait Suzette, et la crêpe fut aussitôt baptisée.

Accessible à toutes les bourses et bénéficiant de cette saveur régionale et traditionnelle que le public recherche désormais, elle va permettre aux crêperies — bretonnes, de préférence — de s'imposer et de coloniser le nouveau quartier Montparnasse. Le Breton, à Paris, se lance dans la restauration comme il l'a déjà fait parfois ailleurs avec succès.

En 1884, un certain Nicolas Le Grand, autrefois tailleur à Roudouallec, près de Gourin dans le Morbihan, rentre d'Amérique où il était parti tenter sa chance, les poches cousues d'or après une réussite dans la restauration qui donne à ses compatriotes envie de l'imiter. Nombreux seront ceux — environ cinq mille ! — qui, jusqu'à la Première Guerre mondiale, partiront sur ses traces. Jusqu'au secrétaire de la mairie qui abandonne ses écritures pour aller à New York où, après avoir été employé à des tâches subalternes, il connaîtra la réussite dans l'hôtellerie et sera rejoint par ses frères.

Une quarantaine de restaurants bretons naissent ainsi sur la IXe Avenue, une cinquantaine sur la 69e Rue, tous tenus par des émigrés gourinois, sous les enseignes de La Grillade, Le Paris-Brest, L'Auberge bretonne..., pendant que l'amicalisme breton y devient florissant, notamment avec la construction d'un stade breton. Comme beaucoup d'autres de nos migrants, certains reviendront chercher une femme au pays, et beaucoup y prendront leur retraite, donnant à cette petite cité du Morbihan son « quartier américain » aux riches villas, devant lesquelles on verra stationner d'énormes Buick ou autres « belles américaines ». Comment s'étonner, dès lors que, au milieu des « montagnes noires » d'Armorique, ce chef-lieu de canton de quelque six mille habitants, ait eu, jusqu'en 1950, son agent de la Compagnie générale transatlantique. On en trouvait également un au bourg de Roudouallec, qui ne comptait, lui, guère plus de quinze cents âmes. Des associations de parents d'émigrés affrètent encore aujourd'hui des charters entiers, dans les deux sens, pour maintenir les liens entre cousins bretons et new-yorkais.

Une dernière spécialité, moins connue, a cependant valu à quelques Bretons de vivre une aventure originale.

En 1828, Henri Ollivier, un jeune cultivateur de Roscoff âgé de vingt ans, ne parvenant pas à écouler une production d'oignons surabondante, quitte sa ferme du Raz pour aller la commercialiser à l'extérieur. Plusieurs fois déjà, il avait fait jusqu'à Rouen des tournées fructueuses. Mais cette fois-ci, il affrète une gabare avec trois de ses voisins et part pour l'Angleterre vendre ses « léonards », également appelés « rosés de Roscoff », une variété propre à sa région. Reprenait-il là une tradition oubliée qui pourrait, selon les archives de certains ports anglais, remonter au XIVe siècle ? C'est possible. Les Roscovites semblent avoir depuis longtemps la fièvre du négoce et des voyages, comme en témoignent ceux d'entre eux qui s'en étaient allés aux quatre coins de la France, et parfois jusque dans les pays baltes, vendre de la

« roscone », une toile de confection locale, et négocier l'achat de graines de lin.

Quoi qu'il en soit, Henri Ollivier sait la Grande-Bretagne grosse consommatrice d'oignons ; mineurs gallois, paysans écossais et dockers londoniens en faisant volontiers, cuits ou crus, leur ordinaire. Il n'est donc pas étonné que, tendres, légers et parfumés, ces « lards de Roscoff », comme on les appelle encore, fassent l'unanimité auprès des cuisinières d'outre-Manche. De Plymouth, il rentre sa gabare vide et les poches pleines : la route des oignons est ouverte. Il y sera immédiatement suivi par nombre de Roscovites, y compris par des femmes, comme la pittoresque Marie Le Goff, arpentant la terre britannique avec sa coiffe et son ancien parler breton qui lui permet de se faire comprendre, en langue celtique, sur les marchés du pays de Galles.

Chaque année, des ouvriers et des paysans, partent généralement à la mi-juillet, après le pardon de sainte Barbe, leur patronne, ou parfois à l'automne. Organisés en syndicats et compagnies, ils se réunissent dans des auberges françaises aux environs de Pâques ou de la Pentecôte pour engager des apprentis, préparer les prochaines tournées et fixer les futurs gages et primes à la vente, ces dernières souvent données en tabac ou en pintes de bière. Ils laissent leur femme gérer la ferme ou la maison et traversent le Channel sur des goélettes bourrées d'oignons ou des steamers pleins à craquer, en direction des ports du sud de la Grande-Bretagne. Ces traversées ne vont pas sans quelques naufrages, comme celui du *Hilda*, coulant au large de Saint-Malo en novembre 1905, avec à son bord quelque soixante-dix marchands d'oignons roscovites. Des villes côtières anglaises, ils gagnent peu à peu la région de Londres, mais aussi le pays de Galles et l'Écosse, à l'exception de Londres même d'où une ordonnance du Lord-Maire les a longtemps rejetés en les assimilant aux mendiants.

Là encore, ils rejoignent chaque année les mêmes régions, se livrant entre eux une rude concurrence, s'espionnant les uns les autres. Ils travaillent par équipes pouvant compter jusqu'à soixante personnes, placées sous la férule d'un patron appelé *ar master*, et divisées en « botteleurs » et vendeurs.

Les premiers confectionnent, avec des joncs qu'ils vont récolter dans les marais voisins, des chapelets d'oignons appelés « troches », selon un savoir-faire éprouvé, s'efforçant notamment de choisir un beau bulbe de gros calibre pour le mettre au bas de leur tresse afin de la rendre plus attrayante. Le meilleur « botteleur » arrive à faire cent à cent cinquante bottes par jour. Ils préparent aussi les repas, pendant que les vendeurs quadrillent le pays, faisant du porte-à-porte du matin au soir, seuls ou par équipes, à pied ou à bicyclette, leurs chapelets suspendus à l'épaule par un bâton ou accrochés à leur guidon. Certains vélos supportent ainsi jusqu'à cent kilos d'oignons ! La vie est rude : cinq à neuf mois durant, eux aussi couchent sur des paillasses, dans des fermes abandonnées ou dans les remises odorantes où sont entreposées leurs marchandises, et leur bâton, lourdement chargé de dix à vingt kilos de bulbes, les meurtrit parfois jusqu'au sang à leurs débuts. Car ils partent souvent jeunes, à onze ou douze ans, ayant tout juste appris à dire *yes* et *no*. Pourtant, ils doivent faire preuve d'astuce pour se faire ouvrir les portes par des ménagères qui n'en finissent pas de voir défiler des marchands d'oignons... Étonnées de les voir si souvent prénommés Jean, elles les surnomment *Johnnies*, « Petits Jean », alors qu'eux-mêmes se donnent des sobriquets comme André « ar vapeur », ainsi appelé parce que possédant son propre bateau, ou Henri « an auto », qui a été le premier à avoir un vélo de course.

Aux approches de Noël, ils rentrent chez eux avec des mots anglais et une foule d'habitudes très « british », comme de jouer aux « darts » ou aux « rings » ou de prendre la « copeti » (*cup of tea*). Ils accrochent aux murs de leur ferme les portraits de la reine Victoria ou du roi Édouard VII, qu'ils continueront à vénérer jusqu'à ce que les tracasseries douanières protectionnistes ne viennent, après la guerre, porter un coup à cette habitude séculaire qui avait concerné quelque treize cents familles de la région, parfois sur plusieurs générations.

Si, en 1929, ils étaient quinze cents à aller ainsi régulièrement « faire le Johnny », ils ne sont plus que deux cent trente-six en 1966, et guère plus d'une petite douzaine à continuer aujourd'hui à s'embarquer, mais désormais en ferry et par petits groupes de deux à quatre personnes. Au royaume de Sa Gracieuse Majesté, ils sont à présent soignés comme une espèce en voie de disparition. La radio et la télévision britanniques saluent chaque année leur retour, alors qu'en France un musée des *Johnnies*, aménagé à Roscoff par une de leurs descendantes, a contribué à revaloriser leur image tant aux yeux de leurs compatriotes qu'aux leurs propres, transformant l'étiquette de gagne-petit qu'ils avaient longtemps eue en celle, plus méritée, d'aventuriers.

Aujourd'hui, les bonnes espagnoles, les femmes de ménage portugaises et surtout la robotique ménagère ont relégué au musée les bonnes bretonnes de jadis ; les descendants des « Johnnies » roscovites apprennent, comme les autres, l'anglais au collège ; les rêves américains ne sont que de vieux souvenirs nourris de nostalgie et de voyages organisés, et les crêperies « bretonnes » de Paris sont loin d'être toujours tenues par des Bretons de souche... D'ailleurs, les Bretons n'ont plus besoin de s'expatrier pour travailler ; c'est au tour des Parisiens, en venant chaque été se reposer en Bretagne, de leur apporter du travail à domicile.

CHAPITRE XIII

L'aventure des marchands de fourrure : « taupiers » de l'Orne et « coureurs des bois » au Québec

Si ce sont les Bretons qui se sont les premiers dirigés vers le Nouveau Monde avec les pêcheurs terre-neuvas partis dès 1504 de Saint-Malo, de Brest ou de Saint-Nazaire, pour pêcher la morue dans les eaux froides d'Amérique du Nord; si c'est un navigateur malouin, Jacques Cartier, qui a établi en 1534 la présence française au Canada et si des centaines d'autres, plus tard, partant d'Yvignac ou d'ailleurs, continueront à s'y rendre jusqu'au XXe siècle, on doit pourtant laisser principalement aux Normands le chapitre de l'aventure québécoise.

Dès la reconnaissance opérée par Cartier, le roi avait exhorté les armateurs de Bordeaux, de Nantes, de La Rochelle, mais surtout de Rouen et de Dieppe, à armer des bateaux à destination de la « Nouvelle-France ». Faute de volontaires, on y avait débarqué, dès 1598, une cinquantaine de marginaux, miséreux ou condamnés, que l'on avait abandonnés là-bas pour qu'ils commencent à défricher et cultiver les terres. Malheureusement, beaucoup allaient y mourir de faim et, cinq ans plus tard, on n'en avait retrouvé que onze, que l'on avait rapatriés, laissant au Charentais Champlain le soin d'organiser les voyages à venir. C'est lui qui fonde en 1608 un premier fort, en un lieu que les Indiens nommaient Kébec, et où il laisse des gens et des missionnaires jésuites. Bientôt, on va y voir arriver les premiers colons, à commencer par l'apothicaire parisien Louis Hébert et sa femme, sans doute attirés par le mirage des mines d'or décrites par les Stadaconais à Jacques Cartier lors de son passage au royaume de Saguenay.

En fait, ces pionniers vont surtout se battre pour la terre et, plus encore, pour la fourrure, s'adonnant principalement au trafic des peaux que les compagnies de commerce se disputent à prix d'or. En vingt ans, cette seule activité va attirer une trentaine d'immigrants, pour la plupart normands et souvent percherons, tels Robert Giffard, médecin à Mortagne, ou Guillaume Couillard, de Tourouvre, qui épousera la fille des Hébert. Ils seront suivis d'autres commerçants et interprètes que les vaisseaux amèneront surtout en 1632 et 1634, après que Giffard ait organisé un recrutement dans sa région d'origine.

En 1659, deux commerçants, Médard Chouart et son beau-frère, Pierre-Esprit Radisson, remontent en canot jusqu'aux rapides de Sainte-Marie et parcourent à pied, six semaines durant, le pays des Sioux, en Dakota, et celui des Crees, dans la baie d'Hudson. Ils reviennent à la colonie accompagnés de trois cents sauvages et surtout chargés d'une impressionnante quantité de fourrures que le gouverneur leur confisque pour avoir commercé sans autorisation. Taxés d'une lourde amende, furieux, ils vont travailler pour les Anglais, et voyant que d'autres ne cessent de les imiter, on décide, deux ans plus tard, de libéraliser le commerce des peaux.

On oublie dès lors complètement le vieux rêve que certains avaient poursuivi en recherchant une nouvelle route, par l'est, pour la Chine ou pour l'Inde, et les nouveaux arrivants, de moins en moins motivés par les mines de cuivre du pays des Outaouacs, s'en vont chasser, durant les hivers longs et froids, l'élan, le castor, la loutre, l'ours brun ou noir et bien d'autres animaux. En fait, beaucoup se contentent de visiter les tribus indiennes qui chassent pour eux. C'est à elles qu'ils achètent les fourrures quand ils ne les troquent pas contre divers articles dont ils ont chargé leurs canots : des couvertures, des chaudières, et surtout de l'eau-de-vie dont le trafic est pourtant rigoureusement interdit. Les ayant ainsi obtenues à peu de frais, les marchands vont revendre ces peaux, au printemps, lors des foires de Saint-Laurent, aux négociants venus de France, qui les revendront eux-mêmes aux fourreurs, pélissiers et chapeliers. L'âge d'or de la fourrure a commencé. Les soldats désertent pour suivre les « coureurs des bois » ; le chirurgien Jean Rouxel abandonne son scalpel pour chasser l'élan.

Les régions de Québec, mais aussi de Trois-Rivières et de Montréal, vont voir arriver quelque cinq cents Bretons partis de Saint-Malo, de Brest, de Nantes ou de Saint-Nazaire, profitant de navires faisant le commerce des toiles ou du fil de chanvre. Mais les Normands débarquent plus nombreux encore, notamment sur la côte de Lauzon. En 1652, cent hommes venus de Rouen ont débarqué à Québec. Villemarie, la future Montréal, abrite de nombreuses familles normandes, comme les Damien ou les Gardois, de même que Trois-Rivières, qui compte six cents âmes, avec les Le Neuf, Poutrel, Poulain, Véron et bien d'autres. Aux quatre premiers postes fortifiés du « Pays d'en Haut », s'en ajoutent bientôt d'autres, suivis de nombreux centres et villages qui vont rapidement se peupler et se développer, mais dont les soldats, lorsque les colons sont partis visiter les Montagnais, les Algonquins ou les Hurons, verrouillent les portes pour mieux se livrer à la beuverie.

Quoi qu'il en soit, de 1615 à 1666, le Québec aurait ainsi reçu 11 Angevins, 13 Saintongeais, 14 Bretons, 28 « Franciliens », 34 Poitevins, 45 individus venus d'Aunis ou des îles de Ré et d'Oléron, et enfin 57 Percherons et 125 Normands, représentant donc à eux seuls plus de 53 % de ces nouveaux venus.

A ceux qui se consacrent à l'agriculture, on concède volontiers des terres, par seigneuries entières, à l'imitation des structures qui ont cours en métropole. Les Le Neuf, les Le Gardeur, les Godefroy et autres familles qui en bénéficient retournent parfois en France, dans leur Normandie natale, chercher des défricheurs, des bûcherons et aussi les menuisiers nécessaires à la construction de maisons de bois. Ils n'ont guère de mal à convaincre les petits paysans, cherchant à échapper à leur vie de misère. Ne pouvant payer le prix de leur passage, ceux-ci s'enrôlent alors dans la marine de guerre ou se font engager sur des bâtiments de commerce avec l'intention de se fixer une fois débarqués.

Le besoin en hommes ne cessant d'augmenter, les conditions deviennent bientôt plus avantageuses. Les colons recherchent désormais des gens qualifiés et fiables, « exercés dans quelque profession nécessaire ou utile au nouvel établissement », à condition, toutefois, qu'ils soient « gens de bien et de mœurs irréprochables, afin qu'ils ne gâtassent pas le reste du troupeau ». A ceux-là, ils offrent de réelles garanties et, oubliant la formule des promesses de tabac, de sucre ou de menus trousseaux qui n'attiraient finalement que des gens médiocres, ils n'hésitent plus, par acte notarié, à garantir six mois de salaire et le prix du voyage aller.

Des recrutements sont organisés dans les régions portuaires, à La Rochelle, à Bordeaux, à Dieppe et à Honfleur, avec une nette préférence pour les Normands, notamment « parce qu'ils ne buvaient pas de vin » et qu'ils sont courageux, contrairement, par exemple, aux « gens des environs de La Rochelle, peu laborieux et même peu zélés pour la religion (qui) donnaient de mauvais exemples ». Considérations qui font, en 1664, que le roi ordonne de faire lever trois cents Normands.

Mais un nouveau problème va alors se poser : celui de procurer des épouses à ces hommes. Si le colon Martin Prévost, natif de Montreuil-sous-Bois, près de Paris, avait été le premier « visage pâle » à épouser, en 1644, une Indienne huronne, son exemple n'avait pas été suivi et l'on n'y avait d'ailleurs pas encouragé. Les paysans normands partis pour le Québec étaient tous, ou presque, de jeunes célibataires, et rares avaient été ceux à arriver avec leur femme ou leurs filles. Les mariages des filles d'Hébert, avec le Percheron Couillard et le Normand Étienne Jonquet, avaient été exceptionnels.

Voulant remédier à cette situation, on envoie d'abord, en 1654, un navire rochelais rempli de « filles du roi », orphelines élevées par des religieuses et aux frais du roi dans des « Maisons d'Honneur ». En 1665, suivent une cinquantaine de filles d'une maison de charité parisienne. Mais ces femmes s'avèrent souvent de santé délicate et nombre d'entre elles meurent prématurément, ce qui conduit en 1669 une veuve québécoise à faire le voyage aller-retour pour recruter en France cent cinquante filles vigoureuses qu'elle va sélectionner elle-même. Colbert a alors soin d'ajouter d'autres mesures dont le « présent du roy », consistant en une somme de vingt livres qui sera remise à chacun des jeunes époux, soit quarante livres par couple. De 1665 à 1673, plus de mille filles vont ainsi arriver de France, dont la plupart... de Normandie, essentiellement originaires de la région rouennaise et surtout du Perche, dont le seul bourg de Tourouvre, avant 1660, a fourni à lui seul 20 % des effectifs !

Le peuplement ne cesse de croître. De 1672 à 1675, la Nouvelle-France voit sa population passer de 1 500 à 2 000 colons, les Normands étant toujours largement majoritaires. Depuis les premières arrivées de 1608, ce sont plus de 3 800 colons qui seraient venus tout au long du XVIIe siècle, dont 10 % de Poitevins, seulement 3 % de Bretons et plus de 27 % de Normands et de Percherons. Une suprématie qui n'est pas près de prendre fin lorsqu'on sait que plus de cent soixante des familles normandes établies entre 1610 et 1760 auront eu plus de dix enfants.

L'histoire du peuplement de l'Acadie fut sensiblement la même. Les trois cents Français qui se sont installés en 1632 à Port-Royal, principalement originaires du bourg de Lachaussée, en Poitou, sont des éleveurs, des agriculteurs ou des « coureurs de bois » faisant le commerce des peaux. Restés fortement unis et solidaires, ils n'accepteront pas le traité d'Utrecht, par lequel le roi de France cède à l'Angleterre les terres qu'ils ont colonisées et, plus de quarante ans plus tard, en 1755, ils seront massivement déportés dans les colonies du sud, du Massachusetts à la Géorgie, ou transportés d'office à Boston ou en Virginie pour avoir refusé de prêter le serment d'allégeance au monarque britannique. Ce sera ce qu'ils appellent le « grand dérangement », qui déracinera et fera éclater des familles entières. Louis Gaudet, sa femme et leurs enfants, restés prisonniers des Anglais au Fort Cumberland, ne seront relâchés qu'en 1763 pour être conduits aux îles Saint-Pierre-et-Miquelon, où ils retrouveront d'autres réfugiés acadiens et où le père se fera « laboureur-pêcheur » et la mère fileuse de laine et de coton. Autre cas représentatif, celui de la famille Hébert, dispersée entre Cayenne et Liverpool et dont des branches rentreront également au pays, où elles se fixeront à Belle-Ile. En 1765 enfin, 231 Acadiens atteindront La Nouvelle-Orléans et la Louisiane, qui leur offre ses terres incultes et surtout sa culture française.

Mais ici aussi, on retrouve nos Normands. N'était-ce pas l'un d'eux, René Robert Cavelier de La Salle, natif de Rouen, qui avait pris possession de cette région qu'il s'était hâté de baptiser du nom de son roi ? Et plus tard, lorsque celui-ci avait voulu y fonder un établissement sur les bords du golfe du Mexique, afin d'empêcher les Anglais de s'établir à l'embouchure du Mississippi, c'était au Canadien Pierre Le Moyne, issu lui aussi d'une famille normande, qu'il s'était adressé.

Pourtant, on n'en finissait pas de peupler ce pays. En 1684, trois cents soldats et paysans y avaient été expédiés sur quatre navires partis de La Rochelle. Ils n'avaient jamais réussi à trouver l'embouchure du Mississippi et avaient tous, sans exception, péri dans les marécages. Le pays, malgré les efforts de la propagande, s'est, du coup, taillé une réputation d'enfer. L'abbé Raynal parle en ces termes du Biloxi, territoire des Indiens du même nom, sur lequel avait été fondée la première ville française : « Cet affreux Biloxi recevait tous les nationaux, tous les étrangers qu'on avait séduits. Ils y périrent par milliers, de faim, d'ennui et de chagrin. (...) Ce pays d'enchantement fut en exécration. Son nom devint un nom d'opprobre. Le Mississippi fut la terreur des hommes libres. On ne lui trouva plus de colons que dans les prisons, que dans les lieux de débauche. Ce fut un cloaque où aboutirent les immondices du Royaume. »

Quelques décennies plus tard, sous la Régence, le nouveau système financier proposé par l'Écossais Law voulut réserver un rôle économique important à la Louisiane. Soucieuses de la peupler, les autorités la décrivirent donc comme un pays de cocagne où « tous les grains d'Europe viendront à merveille », ajoutant que le gibier y abondait, que des « montagnes d'émeraudes s'offraient à tout venant » et qu'il y « régnait à la fois un climat doux et salubre et des mœurs pures et pastorales ». Mais ces publicités ne parvenant guère à susciter l'enthousiasme et les embarquements escomptés, le gouvernement devra à nouveau, pour réaliser ses objectifs, y vider des années durant ses prisons et ses hôpitaux, envoyant « au Mississippi » des centaines de « déserteurs, faux sauniers, fraudeurs de tabac, libertins, filles publiques, vagabonds, tire-laine et assassins ».

Dans certaines régions, des noyaux de populations ont pourtant répondu à ces invitations. Un généalogiste du Nord, André Haussy, a ainsi découvert, au hasard d'une liasse d'archives, un acte de 1720, par lequel cent trente-sept personnes s'engageaient, devant un notaire royal de Maubeuge, à partir pour la Louisiane. Tous sont Hennuyers, autrement dit originaires des régions à cheval sur la frontière séparant le Hainaut français du Hainaut impérial, ce dernier dépendant des Pays-Bas autrefois espagnols et devenus autrichiens. La plupart sont des laboureurs ou des artisans. Généralement célibataires, ils tentent de fuir une vie difficile dans une province éprouvée.

Dans ce but, ils s'engagent à partir pour la Louisiane, plus exactement pour Sainte-Catherine et Sainte-Reyne, se louant carrément à un certain Jean-Baptiste Hubain, natif de Maubeuge, qui fait fonction d'agent de recrutement pour les directeurs de ces deux colonies. Ces volontaires promettent de « s'engager avec leurs hardes incessamment et sur les premiers ordres (...) dans tel navire qui sortira du port Louis ou autres ports de France, armés par la royale compagnie d'occident ». Hubain, de son côté, est « tenu de faire embarquer les vivres nécessaires pour le passage desdits engagés ». Arrivés là-bas, durant six ans, ils devront « défricher, cultiver et améliorer les terres », travaillant « aux semences, plantes, bastimens et ouvrages », en échange de quoi eux-mêmes et leur famille seront « nourris et entretenus de hardes et nippes sur lesdits lieux, tant sains que malades (...) aux frais et dépens de ladite compagnie sans rien diminuer sur les gages et salaires qui leur seront promis ». Au terme de ces six années, la compagnie promet de rapatrier ceux qui le souhaiteraient et de permettre aux autres d'y rester travailler à leur propre compte, moyennant alors des avances de fonds pour faciliter leur établissement.

Pour le travail sur place, durant la durée du contrat, les salaires, augmentés de primes à l'engagement donnés en plus de l'entretien, sont élevés, allant parfois jusqu'à 300 livres. Stimulés par ces perspectives, nos volontaires vont donc s'embarquer à Lorient, sur le bateau *La Loire*, pour une traversée dans les habituelles et inhumaines conditions d'entassement et d'inconfort. Le voyage dure trois mois, d'août à novembre, avec une escale à Saint-Domingue. Arrivés dans le golfe du Mexique, il leur faut gagner leur destination, en chaloupe et à la rame, puis remonter le cours du Mississippi jusqu'aux fameuses colonies où ils vont arriver harassés, parfois malades, pour tenter d'y amorcer une nouvelle vie.

De rudes épreuves les attendent. Le climat, les inondations, le régime alimentaire, les révoltes des indigènes font rapidement paraître les salaires insuffisants, et certains sont licenciés pour incapacité au travail ou ne sont pas payés suite à des difficultés des employeurs. Ils doivent pourtant s'accrocher, vivant sous la protection des fortins voisins et se serrant les coudes.

André Haussy, qui a étudié les destins de ces hommes loin de leur Hainaut natal, a pourtant relevé quelques belles réussites. Ainsi Pierre Piquery, autrefois boulanger à Taisnières-sur-Hon, parti avec sa femme et deux bébés, obtiendra le titre de « boulanger du roi » et, par là, le monopole du commerce de la farine à La Nouvelle-Orléans. Les descendants de Pierre-Philippe Lambremont, forgeron à Maubeuge, deviendront des fermiers puis des planteurs et des sucriers riches et prospères.

Mais tous ces efforts sont ruinés par la banqueroute de Law, et c'est une colonie peuplée d'à peine cinq mille colons (et trois mille esclaves) que la France cédera à l'Espagne en 1762, un an avant que le traité de Paris, mettant fin à vingt ans de guerre contre les Anglais, ne force Louis XV à abandonner à l'Angleterre toutes les possessions françaises d'Amérique du Nord, pour ne garder que les îles de Saint-Pierre-et-Miquelon.

Nos 231 Acadiens arriveront à La Nouvelle-Orléans deux ans plus tard. Ils y seront rejoints par plus d'un millier d'autres, avec lesquels ils fonderont la Nouvelle Acadie où arriveront plus tard d'autres Français, chassés de Saint-Domingue par le soulèvement de l'esclave noir Toussaint-Louverture rallié aux idées de 1789. A la même époque, en France, la Révolution poussera également quelque deux mille familles à se réfugier aux États-Unis et principalement à Philadelphie.

Le Québec et la Louisiane perdus, le rêve américain de la France évanoui, les rapports entre les descendants des Français d'Amérique avec leurs lointains parents de France souffriront longtemps à la fois de l'éloignement et de l'américanisation. Les descendants des colons percherons ou normands établis au Québec gardent pourtant fidèlement en mémoire leurs lointaines racines françaises, les cultivant comme dernières preuves de leur identité non anglo-saxonne. Aujourd'hui encore, les annuaires québécois ne contiennent pratiquement que des noms français, souvent normands ou percherons, offrant d'impressionnantes listes de Juchereau, de Couillard, de Gagnon... Listes d'autant plus longues que nombre de ces familles ont eu là-bas des démographies galopantes. Un des meilleurs exemples de ces destinées québécoises est très certainement celui de la famille de

Pierre Tremblay, natif du hameau de la Filonnière, dans la paroisse de Randonnai près de Tourouvre-au-Perche, dans l'actuel arrondissement de l'Orne, arrivé en Nouvelle-France en 1647. Marié à Ozanne Achon, l'une des « filles du roi » venues de La Rochelle, il aura douze enfants et une multitude de petits-enfants dont vingt-neuf garçons qui en ont fait l'ancêtre commun de plus de cent mille Tremblay vivant aujourd'hui au Québec, au Canada et aux États-Unis. Ces descendants, dont bon nombre ont effectué un pèlerinage à la Filonnière, lui ont fait ériger, dans la baie Saint-Paul, un monument le représentant liant des gerbes de blé tout en désignant à son fils la « seigneurie des Éboulements », que ses héritiers sauront acquérir et conserver plus d'un siècle durant.

Une fois délestée des Juchereau, Tremblay, Gagnon et autres Québécois, la Normandie, comme épuisée, n'a plus connu de migrations remarquables. Paris, proche et facile à gagner, a en fait largement suffi à absorber le trop-plein de ses campagnes. Seuls, quelques groupes se sont donc lancés par les routes de France.

La Manche a régulièrement vu partir en tournée des marchands de tamis et surtout, au printemps, quantité de « grillous » quittant la vallée de Brouins, parfois nommée la « Vallée du Couvert », pour parcourir la France. Ces « grillous » sont des potiers d'étain allant de ferme en ferme et reprenant les vieux couverts en étain pour en fondre des neufs. Ils se dirigent aussi vers les ports de la Manche où ils fournissent en coutellerie les bateaux corsaires et d'où ils rapportent les voiles usagées qui seront transformées en pâte à papier dans les moulins de leur région. Beaucoup, surtout au début du XVIIIe siècle, ont aussi sillonné l'Aquitaine, le Languedoc et le Roussillon, où un chercheur, René Richard, a pu trouver les traces de plus de cent cinquante d'entre eux. A la fin du XIXe siècle, ils transformeront plusieurs moulins à papier de leur région en fabriques de couverts qui seront bientôt usinés en métal aciéré dit « inoxydable ». Peu à peu, ils se sédentariseront et perdront leurs habitudes migratoires, pour les derniers d'entre eux, au moment de la dernière guerre. Ils laissent aujourd'hui au pays plusieurs établissements qui ont hérité de cette tradition, comme les usines Guy Degrenne à Sourdeval, alors qu'à Brouains même le moulin de la Sée a été transformé en écomusée.

Mais la plus originale de ces migrations a sans doute été celle des taupiers de l'Orne et du Calvados, originaires le plus souvent de la région de Falaise et Argentan. Petit village d'à peine deux cents habitants, la commune de Fourches, dans le Calvados, a perdu chaque année la quasi-totalité de ses hommes valides, jusqu'à n'en plus conserver qu'une quinzaine.

Si nombreux qu'ils s'organiseront en syndicat, ils sont chaque année partis pour deux périples, l'un de septembre-octobre à la fin de décembre, l'autre, de mars à juin-juillet. Jusqu'à la Première Guerre mondiale, ils s'en sont ainsi allés en Beauce, en Brie, en Picardie, dans les Flandres, en Belgique parfois, profitant de ce que les terres des champs et des jardins, qui avaient été labourées, sont encore libres, pour y traquer les taupes et les rats qui y font des ravages. Ces « cache-fouans », comme on les appelle en Picardie, se sont fait payer par les cultivateurs au nombre de prises ou au forfait, tout en conservant les peaux, les « sauvagines », qu'ils ont rapportées avec eux dans des sacs de cuir pour les vendre à bon compte aux marchands-tanneurs et aux fourreurs, retrouvant, de façon moins romanesque, la vieille aventure vécue par leurs lointains ancêtres « coureurs de bois » sur les terres enneigées des Hurons.

CHAPITRE XIV

Montreurs d'ours et bergers transhumants : jusqu'aux ranchos *de la Pampa*

De tous temps, les régions pyrénéennes ont été des terres de passage et de migrations.

Depuis le Moyen Age, les pèlerins ont emprunté leurs cols pour gagner Saint-Jacques-de-Compostelle. Par milliers, ils ont franchi Roncevaux ou le Somport, leur gros bâton ou « bourdon » en main, à leur ceinture leur besace et leur gourde, vêtus du long manteau sans manches qui, la nuit venue, leur sert de couverture, coiffés de leur chapeau plat à large bord. Ils marchent ainsi suivant « la voie lactée » en direction du couchant, qu'ils appellent justement le « chemin de Saint-Jacques ». Leurs dévotions accomplies, ils s'en reviennent, portant cousue à leur chapeau ou à leur « pèlerine » une coquille Saint-Jacques. Pour eux, cet objet est à la fois un souvenir précieux et un signe de reconnaissance vis-à-vis des populations des régions qu'ils traversent et auxquelles ils demandent du pain et une botte de foin pour la nuit. Bien mal avisé celui ou celle qui la leur refuserait : le malheur, à coup sûr, s'abattrait sur lui ! Ne raconte-t-on pas qu'à Poitiers, toute la rue Saint-Porchaire avait été détruite par un incendie après qu'un de ses habitants eut refusé d'héberger un de ces « jacquets » ? Certains individus mal intentionnés n'hésitent d'ailleurs pas à abuser de cette tradition en portant des coquilles à leur robe et en sollicitant une hospitalité qu'ils violent ensuite en se livrant à des larcins. On les nomme les « coquillards » ou les « coquins », et nombre d'entre eux seront traduits en justice, comme à Dijon, en 1455, où dix de ces imposteurs s'étaient vus condamnés à être pendus et quatre à être bouillis vifs.

Les bergers et leurs troupeaux, de leur côté, suivent régulièrement les chemins séculaires de la transhumance. Traditionnellement, les queues des moutons sont coupées le jour du Vendredi saint et, après la fête de saint Médard, le 8 juin, les troupeaux du Languedoc et de Catalogne prennent la route de l'Aubrac et des Cévennes pour une saison d'« estive » d'environ trois mois, jusqu'à l'approche de l'automne. Il s'agit d'énormes troupeaux, comptant facilement un à deux milliers de têtes, le record ayant dépassé les vingt mille — ce qui exige une organisation quasi militaire.

De loin, on est prévenu de leur arrivée par leur piétinement assourdissant rappelant celui d'une armée en marche et le tintement de leurs cloches et de leurs sonnailles. En tête et en queue, les chiens accompagnent ce flot, conduit par plusieurs compagnons-bergers sous le commandement de maîtres-bergers, tous jeunes et célibataires, sans attaches, recrutés d'après leur expérience et leur science. Le berger doit en effet savoir reconnaître et soigner ses bêtes, essentiellement par les plantes, comme la livèche ou le sureau, observer la nature et le ciel, faire la « caillade » avec le lait de ses brebis et fabriquer avec leur laine les « causos », sortes d'épaisses guêtres munies de volants pour éviter que l'eau n'entre dans les sabots. Par étapes de vingt à trente kilomètres, il fait à pied le chemin de la transhumance; le voyage dure de quinze à vingt jours. Il est équipé de grands parapluies aux baleines de bois afin de ne pas attirer la foudre, d'une cape longue et épaisse pesant huit kilos sèche, mais en atteignant douze lorsqu'elle est mouillée, d'un sac de cuir sur l'épaule pour remiser ses outils et instruments, d'un fouet qu'il utilise pour nettoyer le chemin et faire avancer le troupeau, d'un bâton, enfin, dont il ne se sépare jamais, la fameuse « houlette » munie d'un ergot qui lui permet de saisir à la patte le mouton fuyard. Comme beaucoup de migrants, le berger n'est pas toujours très bien vu des villageois, qui le soupçonnent facilement de sorcellerie et lui cherchent volontiers grief à propos des dégâts que peuvent commettre ses bêtes le long des routes.

Dans ces cortèges, parfois, des ânes portent les cruches et les bidons nécessaires à la traite, tirant aussi quelquefois de petites niches sur roues, dans lesquelles hommes et chiens pourront s'abriter les jours de pluie ou d'orage. Car là où il se rend, et chaque année au même endroit, le berger vit au rythme de ses bêtes et de la nature, sous le soleil ou sous la pluie, à la chaleur ou au froid. Il s'absente ainsi souvent plus de neuf mois, ne redescendant qu'à l'approche des mauvais jours, certains se louant l'année, quand bien même ils sont rémunérés en nature, recevant alors quelques-unes de ces bêtes à laine que l'on nomme des « hibernes ».

Leur position frontalière valait aussi aux Pyrénées d'être le passage de nombreux contrebandiers, sollicitant souvent l'hospitalité des villageois qu'ils remercient d'une poignée de sel ou d'une boîte d'allumettes de contrebande. Mais là comme ailleurs, des sols ingrats, un climat rude, une surpopulation chronique et des famines, comme celles qui affectent la Bigorre au XVIIIe siècle, ont très tôt poussé les hommes — qu'ils soient Fuxéens, Commingeois, Bigourdans, Béarnais ou Basques — à s'en aller tenter leur chance ailleurs.

Si certains Biscayens, au XVIIIe siècle, s'embarquent depuis le port de Saint-Jean-de-Luz sur des bâtiments de pêche comme chasseurs de baleines, d'autres, Béarnais, s'en vont de Buziet, d'Aramits ou d'Arudy châtrer les animaux domestiques dans les plaines d'alentour, alors que, plus à l'est encore, de la région de Foix, partent régulièrement des montreurs d'animaux.

Volontiers costumés en Piémontais ou en Tyroliens, portant des vêtements bariolés, des chemises bouffantes et des gilets de fourrure rehaussés de force galons et pompons, ils vont, un singe sur l'épaule, une marmotte au bout d'une chaîne, plus rarement un loup, qui apeure trop les gens, mais bien souvent, par contre, un ours muselé et tenu en laisse. Ils s'arrêtent sur les places des villages, les enfants viennent jeter des fruits et du pain aux animaux, et eux, prenant leur pipeau, jouent quelque mélopée monotone. L'ours, alors, se met à danser lourdement, se dandinant gauchement. Sur un signal de son maître, il fait quelques cabrioles, salue l'assistance et passe enfin devant elle, quêtant avec dans sa gueule une sébile où les plus braves déposent quelque piécette. D'autres fois, c'est à deux, le singe et l'ours, que les animaux dansent une ronde qui fait hurler le public de rire et lui fait jeter une pluie de sous de cuivre. Curieusement, ces petits entrepreneurs de spectacles, travaillant pour quelques liards, mais parfois à travers l'Europe entière, sont dans leur majorité originaires de trois petites communes du département de l'Ariège : Oust, Uston et Ercé, qui envoient ainsi régulièrement par les chemins jusqu'à deux cents montreurs d'ours ambulants.

Mais d'autres destinations attirent également de nombreux Pyrénéens, en premier lieu, bien sûr, l'Espagne toute proche, plus tard, les Antilles et même l'Argentine.

Au Moyen Age, les Pyrénéens ignorent Paris, préférant se diriger vers Londres, par l'Aquitaine voisine dont les Anglais sont les maîtres, ou plus simplement vers l'Espagne. Depuis longtemps, par les « lies et les passeries », ils se rendent en Catalogne, en Navarre ou en Aragon, bientôt sensibles aux mirages des « Indes de Castille ». La péninsule ibérique est alors à la fois la terre de refuge des minorités politiques ou religieuses et la terre d'espoir d'où l'on espère revenir riche. A Saragosse, à Madrid, à Valence, à Bilbao ou à Barcelone, les Français sont nombreux, tout comme à Carthagène, à Malaga ou à Séville. Outre les Auvergnats déjà rencontrés, les Béarnais de la région d'Oloron n'hésitent pas à descendre jusqu'en Andalousie, où plusieurs habitants de Lagor connaîtront la réussite. Jean Hourcau crée ainsi, en 1795, une fabrique de savons à Carabanchel, et Jean de Lagoardette, en 1793, une compagnie de café à Cadix, où d'autres de ses compatriotes viennent également vendre leur production de « bayette », sorte de flanelle grossière. Ils sont alors nombreux à sillonner la péninsule — Portugal compris — pour y commercialiser les textiles.

Bien des déshérités traversent les montagnes plusieurs fois l'an, au rythme des récoltes, des moissons et des vendanges, et, au début de l'hiver, ce sont des centaines d'hommes qui partent chaque année jusqu'en mai ou en juin, les uns pour se louer comme « presseurs d'huile » dans les fabriques catalanes ou aragonaises, les autres pour travailler comme bûcherons, charbonniers, meuniers, fabricants et marchands de tamis, tailleurs, tuiliers, briquetiers ou tanneurs, comme forgerons ou comme étameurs, les habitants de la petite commune ariégeoise de Gabre allant, eux, travailler comme verriers. Tous ces migrants, ici encore, abandonnent femmes et enfants le temps d'une saison et, s'ils peuvent se payer un âne ou un mulet, profitent de ces voyages pour emporter quelques marchandises dont ils essaieront de tirer bénéfice.

Longtemps les affaires se sont révélées prospères. Entraide, réseaux de solidarité et recrutement entre soi jouent de façon parfaitement classique. Toutefois, dès 1789, leurs origines françaises et la crainte de leurs idées révolutionnaires, puis la guerre d'Espagne, à partir de 1808, ont porté un coup fatal à cette émigration qui ne reprendra qu'au milieu du siècle dernier, temporairement et à un faible niveau, lorsque l'Espagne construira son réseau de chemin de fer.

C'est donc à partir du ralentissement de leurs affaires espagnoles que nos Pyrénéens, de plus en plus nombreux, ont commencé à se tourner vers les îles et l'Amérique, traversant l'Atlantique en s'embarquant depuis les ports espagnols ou portugais, ou, en France, depuis ceux de Bayonne ou de Bordeaux.

De Bordeaux, durant tout le XVIIIe siècle, des contingents de toutes les régions partent régulièrement, chacun ayant sa destination favorite.

Les Bigourdans, qui représentent le quart des partants, choisissent de préférence la Martinique, les Commingeois Saint-Domingue et les Ariégeois la Guadeloupe. Les Béarnais, quant à eux, représentent plus de la moitié des embarqués. Mais si, comme ailleurs, ces migrants sont surtout des jeunes de moins de trente-cinq ans (42 % ont moins de vingt-cinq ans), sont souvent unis par des liens de parenté ou d'amitié, ils présentent la particularité d'appartenir fréquemment (pour la moitié) aux couches supérieures de la société. Un trait original qui s'explique par le fait que ces régions, du point de vue juridique, connaissent presque toutes le régime de l'héritier unique et du droit d'aînesse, excluant impitoyablement de la succession de leurs parents, les plus jeunes fils condamnés à rester à la maison comme domestiques de leur frère aîné ou à aller gagner leur vie ailleurs. Certains « cadets » de Gascogne, ne suivant pas la voie de d'Artagnan, ont donc préféré se tourner vers les pays lointains, comme les Antilles, où nombre de médecins et de chirurgiens vont notamment se constituer une sorte de « monopole de la lancette », selon l'expression d'Abel Poitrineau.

Aux Antilles, Saint-Domingue est, dès le début, la destination de prédilection des cadets de la petite noblesse rurale de Bigorre. Les Davezac de Castéra, arrivés comme commerçants, y deviennent exploitants de caféières ou d'indigoteries et, au Saut-des-Pins, les Thèze posséderont une plantation de plus de 80 000 pieds de café.

Comme de coutume, ces « Antillais » vont persuader leurs compatriotes métropolitains de venir les rejoindre. D'autres fils de notables ou des gens de métier — maçons ou charpentiers, comme les frères Villar, de Plaisance —, y acquièrent peu à peu des biens et des terres. Regroupés dans les mêmes régions du nord, de l'ouest et du sud, comme à la Marelade ou à Acquin, tous s'entraident volontiers, tout en employant une main-d'œuvre d'esclaves noirs. Mais cette prospérité ne durera pas et seuls ceux qui auront su revendre assez tôt leurs biens pourront en effet profiter de leurs efforts. Les autres, dès 1789, se verront confrontés au soulèvement des noirs et des mulâtres, ravageant leurs maisons quand ils ne les assassinent pas. Il ne leur reste plus qu'à aller se réfugier aux États-Unis, à Cuba, ou au Mexique, comme les Iturbide, ancêtres du futur empereur, à moins qu'ils ne choisissent de rentrer en France aussi pauvres qu'ils en étaient partis.

Aux Antilles, se sont donc ajoutées d'autres destinations, comme l'Algérie, après la pacification, entre 1846 et 1861, ou comme les Canaries, où le Bayonnais Martin Sablette a été attiré par les plantations de cacao et d'où son petit-fils, Carlos, partira pour le Vénézuela où il sera chef d'état-major de l'armée du libérateur Simon Bolivar.

A l'époque de la crise du phylloxéra, de nombreux vignerons du Quercy émigreront à leur tour vers l'Amérique où, quelques dizaines d'années plus tôt, au milieu du XIXe siècle, des paysans de l'Ariège, du Gers ou du Lot-et-Garonne, avaient participé à la ruée vers l'or. Beaucoup y étaient restés, sans avoir pour autant toujours trouvé le précieux minerai. Si les descendants d'un groupe parti de Bagnères-de-Bigorre a conservé le souvenir du sac d'or rapporté par leur aïeul, beaucoup d'autres y sont finalement devenus éleveurs. Ils sont allés parfois jusqu'au Texas, où aujourd'hui encore les descendants d'une colonie sont regroupés au sein d'une « Ligue Henri IV » et lisent *Le Californien*, le seul quotidien de langue française édité outre-Atlantique.

L'étranger rime donc volontiers avec la réussite, et les exemples ne manquent pas. En 1777, un jeune Béarnais de vingt-trois ans, Pierre Loustounau, simple chevrier transhumant du village d'Aydus, ayant vendu son troupeau, utilise le montant de sa vente pour s'acheter un passage sur un bateau en partance pour les Indes. Là, les circonstances lui permettent bientôt de se faire apprécier d'un radjah en guerre contre les Anglais, qui en fait un de ses chefs militaires. Il se bat impétueusement et, après avoir eu une main tranchée par un coup de sabre au cours d'une bataille, se voit offrir une prothèse d'argent. Cinq années après son arrivée, connu sous le surnom de « Main d'argent », couvert de gloire et de richesses, il épouse la fille d'un officier français. En 1795, cousu d'or, il regagne la France, s'enflamme pour les idées nouvelles et transforme sa fortune en assignats. Mauvais calcul ! Il se retrouve à demi ruiné, achetant des forges avec ce qu'il arrive à sauver, et ne tardera pas, durant la guerre d'Espagne, à se retrouver prisonnier de l'armée espagnole. Complètement ruiné cette fois, il repartira pour le Moyen-Orient et personne ne recevra plus de ses nouvelles. Son exemple, pourtant, a décidé nombre d'Aydusiens à partir pour l'aventure, et plusieurs avec bonheur. Leurs histoires, comme celle de Loustounau, inlassablement racontées aux veillées, enivrent les générations suivantes, prêtes elles aussi à s'en aller tenter leur chance au loin.

Après les échecs en Espagne et aux Antilles, c'est surtout vers l'Amérique du Sud que les jeunes Pyrénéens vont se tourner, vers ces vastes pays neufs que l'on appelle les « Indes de Castille » et globalement, le Pérou, qui forme alors une immense entité administrative recouvrant les actuelles républiques du Pérou, de Bolivie, d'Argentine, du Chili, du Paraguay et de l'Uruguay. Deux villes s'y disputent longtemps la suprématie économique : Lima et Buenos Aires. Cette dernière l'emportera dans la seconde moitié du XVIIIe siècle, et cela grâce aux Basques.

Là encore, les cadets ont ouvert la voie. Jean de Pueyrredon, parti d'Issor en 1753, s'est installé dans l'actuelle capitale argentine pour y fonder une maison de commerce de gros, en association avec son frère qui, à Cadix, gère une affaire d'import-export. Il réussit, épouse une créole, et, au bout de seize ans, se voit accorder par le vice-roi la charge honorifique de capitaine du régiment des milices de Pruno, puis de Buenos Aires. A sa mort, en 1791, il est un énorme propriétaire, tant d'immeubles que de terres.

Des hommes de toutes conditions ne tardent pas à suivre. Jean-Baptiste Terrada, un boulanger natif de Lalanne-Magnoac, arrive à vingt-quatre ans, en 1762. Lui aussi fait rapidement fortune. Devenu l'un des gros négociants du pays, travaillant beaucoup avec le Chili, il épouse une créole, est nommé *alcade* (juge de paix et maire) en 1795, et fait venir ses neveux pour les associer à ses affaires. Le voilà bientôt propriétaire de quatre maisons, de vingt-quatre esclaves, d'une tannerie, de magasins et d'entrepôts, et exploitant d'une vaste *estancia* régie par un fermier qui y fait l'élevage des bovins.

Conscients de leur puissance, les Pueyrredon et les Terrada, souffrant du joug de Lima, prendront part en 1806 à la prise de Buenos Aires, qui aboutira à la proclamation de la déchéance du vice-roi et à l'indépendance administrative du Rio de La Plata vis-à-vis de l'Espagne et de Cadix. L'année suivante, ils mettent en place des compagnies de hussards et de grenadiers qui repoussent l'attaque anglaise et leur permettent d'accéder au pouvoir à la tête de la junte. Jean Martin de Pueyrredon, fils de Jean, devient directeur suprême des Provinces Unies du Rio de La Plata et Juan Florencio Terrada, gouverneur de la province du Cuyo, puis ministre de la Guerre. Tous deux ouvrent alors largement les portes du pays à leurs compatriotes, qui affluent, clandestinement souvent depuis les ports espagnols.

La progression se fait par vagues successives, de plus en plus importantes, s'enflant notamment à la suite du départ des frères Brié, de Saint-Jean-Pied-de-Port, en 1831, sous la dictature de Rosas, allié de la France. Des dizaines d'années durant, le Rio de La Plata va recevoir des centaines d'hommes originaires des régions de Bayonne et de Mauléon, au point d'inquiéter les autorités. Rosas déposé en 1852, ce mouvement ne fera qu'augmenter du fait que le gouvernement qui lui succède va distribuer gratuitement des concessions aux colons méritants et reconnaître à tout étranger les mêmes droits civils qu'aux nationaux. La promulgation, en France, quelques années plus tard, de la loi militaire renforçant le service militaire à la suite de la guerre de Crimée agit dans le même sens.

Un médecin, Auguste Bourgnes, part en 1850 pour Montevideo, en Uruguay, avec un projet de colonisation. A son arrivée, il trouve d'immenses zones incultes et fertiles où de superbes prairies à pâturages sont vendues à des prix dérisoires. Il ne manque que des hommes exercés à l'agriculture et à l'élevage pour les rentabiliser. Dès 1852, il publie un livret intitulé *Moyen de s'enrichir par la culture du sol en Uruguay*, qui vante les perspectives de la culture du coton, du maïs, du cacao et de la canne à sucre, et qui trouvera immédiatement, auprès de la jeunesse du Béarn et du Pays basque, l'écho que l'on imagine. Dans le même temps, un négociant de Bordeaux se charge d'organiser les départs des volontaires, recrutés essentiellement dans les Hautes-Pyrénées, à Argelès, à Lourdes, dans la plaine de Tarbes, à Maubourguet et à Rabastens, puis dans les départements limitrophes.

Une première vague de deux cent cinquante colons basques, dont soixante familles, arrive en 1854, suivie, deux mois plus tard, de l'arrivée de cent cinquante autres. Ce seront finalement mille agriculteurs que Bourgnes fera venir de France et qui recevront chacun vingt *cuadres*-carrés de terres, soit environ trente-trois hectares, une habitation en bois appelée *rancho*, douze têtes de bétail dont huit vaches, et une somme de mille francs avancée par le gouvernement. Sainte-Anne, puis San José et Santa Fé, seront ainsi fondées à partir de 1857, villes dont la population va rapidement croître, un colon en attirant d'autres, allant parfois jusqu'à envoyer à un parent les fonds nécessaires pour entreprendre le voyage. Une lettre enthousiaste d'un de ces hommes à sa famille convaincra de nombreux jeunes de son village d'Avezac-Prat.

A la même époque, en Argentine, les plus gros propriétaires et les municipalités agissent de même, pour recruter des hommes qualifiés, forgerons, charpentiers et maçons, des femmes aussi parfois, destinées notamment à la prostitution. Là aussi, ils se tournent vers la France, et des agences d'émigration s'ouvrent dans le Sud-Ouest. Elles préfèrent des hommes en règle, détenteurs d'un passeport, sans casier judiciaire et dégagés des obligations militaires, accompagnés de leurs femmes et de leurs enfants. Un bureau, à Bayonne, intéresse même financièrement les armateurs assurant les passages et envoie ses rabatteurs dans les foires et les marchés des vallées, payant à boire et distribuant des prospectus couverts de promesses fabuleuses.

Rassemblés à Bayonne, ces émigrants sont alors embarqués pour des traversées longues et pénibles, « entassés pêle-mêle dans les entreponts, mal nourris », sur des embarcations au sort parfois dramatique, comme celui du *Leopoldina-Rosa*, qui se brise, en 1842, sur les rochers de la côte uruguayenne. Sur place, ce sont des conditions de vie et de travail dures et difficiles qui les attendent, dans un pays longtemps privé de chemin de fer, aux pistes mauvaises et peu sûres, si bien que la majorité préférera souvent vivoter tant bien que mal dans les faubourgs de Buenos Aires. Il en va vite de même à Montevideo, où les migrants attirés par Bourgnes deviennent finalement trop nombreux, se voient mal accueillis et sont parfois en butte à l'hostilité des indigènes. Ils s'en prennent alors personnellement à lui, dont l'aventure se soldera par un échec.

Entre 1846 et 1900, ce ne sont pourtant pas moins de trente mille Béarnais et Basques qui sont ainsi partis pour la Pampa. Pour les deux tiers, ce sont de jeunes célibataires de moins de trente ans, généralement de condition modeste, journaliers ou domestiques agricoles, mais parfaitement entraînés à l'élevage des vaches ou des moutons.

Contrairement aux migrations des autres régions, et même si certains reviendront prendre plus tard leur retraite au pays, celle des Basques et des Béarnais est le plus souvent individuelle et sans espoir de retour. Elle n'en a pas moins vidé certains villages pyrénéens. Pierre Tucco-Chala cite ainsi le cas d'Ogeu, dans les Basses-Pyrénées, qui perd 30 % de ses habitants entre 1846 et 1873 et où, cette année-là, cinq conscrits seulement se présentent sur les vingt-huit recensés, les vingt-trois autres étant dits « aux Amériques ». Seule, finalement, la régression démographique, à l'époque de la guerre de 1914, mettra un terme à ce phénomène qui aura cependant permis à certaines familles, à force d'opiniâtreté, d'accéder rapidement à la fortune, par l'élevage dans la Pampa d'abord, puis par l'exercice, là-bas, de professions commerciales et libérales.

CHAPITRE XV

Boat people *et pépites d'or :*
l'origine des « arbres de Noël »

Nous sommes en 1839. Victor Hugo, après avoir écrit *Ruy Blas* et obtenu la grâce de Barbès, condamné à mort pour avoir pris la tête d'une insurrection, quitte Paris en août avec Juliette Drouet pour un voyage en Alsace et en Rhénanie. Vers cinq heures, à Vaux-Champs, peu avant Épernay, les voyageurs, dans leur berline, croisent un curieux équipage que l'auteur des *Misérables* décrit ainsi : « Pour attelage, un âne et un cheval. Sur la voiture, des casseroles, des chaudrons, de vieux coffres, des chaises de paille, un tas de meubles ; à l'avant, dans une espèce de panier trois petits enfants presque nus ; à l'arrière, dans un autre panier, des poules. Pour conducteur, un homme en blouse, à pied, portant un enfant sur son dos. A quelques pas, une femme, marchant aussi et portant aussi un enfant, mais dans son ventre. Tout ce déménagement se hâtait vers Montmirail, comme si la grande bataille de 1814 allait recommencer. (...) Ce n'était pas un déménagement, c'était une expatriation. Cela n'allait pas à Montmirail, cela allait en Amérique. Cela ne fuyait pas une bataille, cela fuyait la misère. (...) C'était une famille de pauvres paysans alsaciens émigrants, à qui l'on promet des terres dans l'Ohio. (...) Je les ai suivis quelque temps des yeux. (...) La route tourna, ils disparurent. J'entendis encore quelque temps le fouet de l'homme et la chanson de la femme, puis tout s'évanouit. »

A l'heure où, dans le Sud-Ouest, Basques et Béarnais s'embarquent massivement pour les pampas argentines ou uruguayennes, on émigre donc aussi du pays des cigognes, profitant même des opportunités nouvelles pour rattraper en quelque sorte le temps perdu. La province, en effet, avait longtemps connu bien des déboires qui avaient lourdement pesé sur ses habitudes migratoires.

Devenue française en 1648, elle avait vu ses populations protestantes traverser le Rhin pour pouvoir continuer à pratiquer leur religion et, pour les mennonites et anabaptistes, éviter d'avoir à servir dans les armées de nos rois catholiques. Très vite, ensuite, la guerre de Trente ans l'avait ruinée à force de ravages, de réquisitions et de corvées, le passage des terribles troupes de soldats suédois la dépeuplant même pour partie, au point qu'à la fin du siècle, alors que d'autres provinces commençaient à se vider de leurs excédents démographiques, elle connaissait la situation inverse. Il était alors interdit d'en émigrer, et tout était fait, au contraire, pour y attirer des hommes nouveaux.

La situation s'était rétablie, jusqu'à ce que les guerres de la Révolution et de l'Empire l'aient une nouvelle fois mise en première ligne. Les impôts sont lourds, les terres trop morcelées et la vieille noblesse qui les possède se montre peu progressiste. Certaines années sont mauvaises : 1817 amène la disette, qui sévit à nouveau de 1846 à 1848 après qu'un parasite est venu compromettre les récoltes de pommes de terre. L'Alsace a donc, elle aussi, ses pauvres, qui sont autant de candidats à l'émigration, sensibles aux appels des colonisateurs et de recruteurs pour les pays les plus variés, que ce soit la Bohême, la Perse ou le Caucase, mais surtout, l'Amérique et, différemment, l'Algérie.

Le Nouveau Monde, avec ses terres vierges, semble promettre la fortune aux Alsaciens. Les agents d'émigration le leur affirment. Bien qu'interdits jusqu'en 1830, ceux-ci parcourent en permanence les campagnes, déguisés en voyageurs anglais ou hollandais, avant que des agences officielles, établies en France et surtout en Suisse et en Allemagne, souvent en cheville avec aubergistes et maîtres de poste, ne les allèchent à leur tour. Tous promettent d'immenses espaces de cent hectares ou plus qui font rêver nos paysans démunis, et vont parfois jusqu'à leur payer leurs frais de voyage. Wurtembergeois, Badois, Suisses répondent en masse à ces invitations, imités par de nombreux Alsaciens, particulièrement dans le département du Haut-Rhin. Cultivateurs, journaliers, artisans vendent leurs quelques arpents de terre ou leurs outils, se font délivrer, pour dix francs — une somme alors énorme —, un passeport refusé, cependant, aux alcooliques et aux gens de mauvaise conduite, et s'en vont, entre septembre et décembre, au Havre, à Dunkerque, à Brême ou à Anvers, ou bien, par le Rhin, à Hambourg ou à Rotterdam, s'embarquer sur le premier navire venu. Des familles entières émigrent ainsi, fascinées par la perspective d'acquérir quelques acres de terres. Henri-Jean Paulus, tisserand à Langensoultzbach, cité par L.P. Lutten, part accompagné de sa femme et de ses cinq enfants dont le plus jeune n'a que dix-huit mois. En 1817, et plus tard, en 1841 et 1848, des pionniers de la vallée de la Thur partent aussi pour La Nouvelle-Orléans et deux cents Strasbourgeois pour l'Illinois.

La route est longue. Ils la font seuls ou en groupe, à pied, à cheval, parfois sous la conduite d'un voiturier professionnel. Le voyage dure trois semaines de Strasbourg au Havre, avant que le train ne vienne le réduire à deux ou trois jours. Beaucoup le font dans un charriot semblable à celui rencontrés par Victor Hugo, qui termine sa description en se demandant « où allait ce petit groupe cahoté et trébuchant ». Sans doute au Havre. Au Havre, qui est en effet, de 1827 à 1834, le principal port de l'émigration alsacienne et où, comme ailleurs, la demande d'embarquement est telle que les compagnies maritimes et les armateurs se livrent des guerres de tarifs faisant assez vite dégringoler les prix.

Au Havre, comme dans les autres ports, nos Alsaciens doivent parfois attendre des semaines entières le départ d'un bâtiment, logeant dans une auberge de dernière catégorie où l'hôte les dépouille de leurs derniers sous vaillants, les attirant par des enseignes souvent revues à leur intention, comme l'Hôtel de Metz ou le Café Vaudois. Finalement, ils s'embarquent sur d'énormes cargos à voile arrivés d'Amérique pleins de coton et qui y retournent bondés de migrants, entassés dans les entreponts, avec un sanitaire pour cent personnes et des planches pour couchettes. En 1854, le *John Hancock* transporte ainsi 311 passagers dont 92 Français, et la traversée dure entre trente-cinq et soixante jours.

Pour que le voyage coûte moins cher, nombreux sont ceux qui emportent leurs aliments : biscuits, viande salée, beurre et sel, qui s'altéreront au cours de la traversée durant laquelle les voyageurs sont par ailleurs exposés tant à la promiscuité qu'au soleil brûlant des tropiques. Les tempêtes provoquent de véritables paniques. Femmes et enfants hurlent pendant que les malles, défoncées, se vident de leur contenu ou que les pots de chambre répandent le leur. L'hygiène est inexistante; au mieux, on se lave sur le pont, dans des seaux d'eau de mer. Pour couronner le tout, des épidémies de typhus, de variole, de scorbut ou de choléra sévissent couramment, transformant parfois en mouroirs ces *boat people* du dernier espoir d'où l'on jette par centaines des cercueils à la mer.

A l'arrivée à New York, c'est la visite du médecin de la quarantaine et l'inspection des douaniers avant que les passagers ne parviennent au débarcadère des émigrants à Castle Garden, aux portes de Manhattan. Ils y seront nourris et hébergés pour une nuit, après quoi ils devront se rendre là où les attendent des terres ou du travail.

En 1817, l'année de la grande disette, l'émigration pulvérise ses records. En 1838, quinze mille Alsaciens s'embarquent. On se rue vers le Nouveau Monde, où quelques-uns réussissent brillamment, comme le boulanger Pierre Balz, devenu un des piliers de l'hôtellerie, ou la famille Kochersperger, partie de Drachenbron et désormais propriétaire d'immenses prairies dans la région de Chicago. Autre réussite, celle de Joseph Batt, de Morschwiller, un père de onze enfants qui, dès 1835, envoie son fils aîné en éclaireur aux États-Unis, où toute la famille le rejoint l'année suivante à bord du *Mary-Ann*. Après avoir essuyé une tempête et un naufrage, ils arrivent à New York en février 1837 et s'établissent dans la région de Buffalo. En 1843, Batt fera construire une chapelle en l'honneur de Notre-Dame dans laquelle sa femme et lui célébreront, vingt ans plus tard, leurs noces d'or, entourés de leurs soixante-quatorze descendants.

Certains colons envoient au pays des lettres délirantes, vantant leurs terres, leurs chevaux et leurs maisons, alors que pour d'autres l'aventure se solde par un échec. En 1828, le sous-préfet de Belfort écrit à tous les maires de son arrondissement, d'où proviennent 94 % de ces migrants. Afin de mettre en garde les candidats à l'émigration, il leur adresse copie d'un courrier reçu du maire de New York lui disant : « Je vous préviens que depuis quelque temps, il arrive beaucoup de gens de votre arrondissement dans le pays (...) qui s'y trouvent absolument réduits à la misère. » Une misère contre laquelle un homme va bientôt s'élever en les appelant à « Castroville ».

Issu d'une riche famille de juifs portugais, Henri Castro, consul de France à Rhode Island, a été emmené au Texas par le général Hamilton en 1838. Séduit par les opulentes forêts de noyers et de chênes verts du comté de Medina, il a accepté avec enthousiasme de s'engager comme *empresario* du tout jeune État texan pour participer à la colonisation de ses terres, en particulier celle d'une immense concession d'un million et demi d'acres, soit un million deux cent mille hectares. En 1842, il signe un accord avec son président, Sam Houston, pour organiser le recrutement en Europe de six cents colons âgés de plus de dix-sept ans, dont deux cents avant le 15 juillet suivant. Désireux d'éviter les marginaux et les aventuriers, il se tourne vers la population de l'Alsace, qu'il sait à la fois pauvre et laborieuse.

Pour ce faire, il organise de vastes opérations de propagande, présentant évidemment le Texas comme un véritable paradis terrestre et annonçant la construction d'une cité coloniale et le don de trois cent vingt acres de terre par famille, soit deux cent cinquante-neuf hectares de prairies, dans des régions au climat idéal, permettant de garder le bétail toute l'année au pré, argument de poids pour Vosgiens et Alsaciens, contraints à rentrer le leur chaque hiver à l'étable. Le contrat stipule aussi que Castro lui-même doit recevoir à chaque fois une surface de terre équivalente.

Une agence régionale, établie à Strasbourg, envoie deux agents dans le Haut-Rhin, l'un à Mulhouse, qui tient son quartier général à l'auberge Au Lion rouge; l'autre à Cernay, qui s'assure l'appui d'un prêtre, l'abbé Pfanner, curé de Soppe-le-Bas. Tous deux organisent une sélection draconienne des candidats, s'attachant à leur caractère et faisant en sorte qu'ils arrivent si possible là-bas avec leurs outils et leurs matériels propres.

Pendant ce temps, sur les bords de la rivière Medina, Castro fonde une ville à leur intention, faisant construire maisons, hangars communautaires, école, église... Trois ans plus tard, elle comptera sept cents habitants, laboureurs ou commerçants, dont un hôtelier, un boucher, un instituteur, et Castro la dote même d'un curé qu'il fait venir de Lyon, d'un maire, de deux juges, et d'un maître de postes. Inaugurée en septembre 1844, cette cité va bien sûr se voir baptisée... Castroville.

Dès 1842, cent quatorze Alsaciens, répondant à l'appel de Castro, s'embarquent sur le navire *Ebro* et, en 1844, ce sont sept autres bateaux qui y transporteront sept cents émigrants, suivis de deux autres de trois cents personnes. Lutten estime à plus de deux mille le nombre d'Européens que Castro aurait ainsi fait venir au Texas entre 1842 et 1847.

Mais si Castro jubile, les autorités françaises, qui veulent alors peupler l'Algérie, sont furieuses de cette concurrence. Elles organisent des campagnes de dénigrement, font courir de faux bruits et lui intentent un procès à l'issue duquel il se verra condamné à cinq ans de prison, pour être finalement blanchi en appel. La grande aventure de Castroville est définitivement compromise, ce qui n'empêche pas son instigateur de regagner sa colonie.

Là-bas, une autre catastrophe l'attend. Ses colons, qui n'ont reçu aucune des terres promises, sont dans la misère la plus noire. Il leur donne des garanties et, à force de se battre, obtient enfin de l'État texan la distribution de terres, non sans d'ailleurs se heurter aux prétentions de l'abbé Pfanner, qui réclame lui aussi sa part.

Une fois ces questions réglées, le travail peut commencer. Il est dur : presque tout doit être fait à la main, du défrichage à l'ensemencement. Par ailleurs, la menace indienne ne cesse de peser sur la sécurité des colons, et trois années durant, les Comanches s'abattent régulièrement sur la cité, qu'ils noient plusieurs fois dans de véritables bains de sang, à quoi s'ajoutent tantôt une sécheresse, tantôt une épidémie de choléra. Castro, peu à peu, va donc assister à l'évanouissement de son rêve. En 1877, l'invention du fil de fer barbelé, en mettant fin à la libre circulation du bétail, portera un autre coup décisif à l'élevage tel qu'il était alors pratiqué. Idéaliste jusqu'au bout, Castro, cependant, n'abandonnera jamais la place. Il terminera sa vie d'aventurier et d'homme d'affaires comme directeur de la poste de Castroville, petite ville de quelque 1 836 âmes, que l'on appelle déjà « Little Alsace ».

Dans le même temps, d'autres Alsaciens plus chanceux parviennent, eux, à faire fortune au Texas. La famille Wantz, arrivée en 1845 à bord du *Probus*, ne se retrouve-t-elle pas, quatorze ans plus tard, à la tête d'un immense troupeau ? La fortune n'a-t-elle pas également souri à Peter Bluntzer, un pauvre tisserand d'Oderen, parti à trente-huit ans, en novembre 1843, avec sa femme et ses enfants ? De Mulhouse, il a gagné Strasbourg, puis Cologne et Anvers en chemin de fer. Il s'est embarqué sur le *Heinrich* pour une traversée de quatre-vingt-dix jours au terme de laquelle il doit rejoindre Castro. Au port d'arrivée, on lui a remis pour continuer jusqu'au Texas, une charrette tirée par des bœufs. Mais la voiture s'est renversée en traversant une rivière, et sa femme, grièvement blessée, les a empêché de poursuivre. Ils sont restés là où ils étaient et se sont associés à des compagnons de voyage d'origine allemande, la famille Meyer. Avec eux, ils ont acheté des terres et ont fondé « Meyerville », où ils ont essuyé eux aussi des raids indiens, perdant même une de leurs filles qu'ils retrouveront plus tard princesse indienne. Leur réussite se confirmant, Bluntzer est reparti pour l'Alsace en 1854 pour y recruter des colons parmi sa famille, et pour revenir enfin s'y retirer fortune faite, en 1857.

Dans ces conditions, le flot des Alsaciens partant pour l'Amérique n'est pas près de se tarir. En 1870, on en dénombrera plus de six cents à Buffalo, et les États-Unis réclameront sans cesse des prêtres et des missionnaires pour guider ces communautés catholiques qui reviendront, à leur tour, comme Louise Feltin, de Geispolsheim, recruter régulièrement en Europe.

Il est vrai qu'il est bien difficile de résister à tant de tentations. Comment pourrait-on être insensible à certaines réussites spectaculaires ? Comment rester indifférent aux lettres dithyrambiques, comme celle de l'instituteur lorrain Charles Liégey écrivant en 1882 : « Je gagne maintenant tout ce que je veux et plus que je n'avais jamais pensé ou même espérer gagner », ou celle de Charles Heintz, assurant : « Ici le "farmer" a des terres en abondance » ? Comment lutter contre les recruteurs et leurs formidables « campagnes de communication », orchestrées à grand renfort d'annonces et d'affiches placardées dans les moindres villages et relayées dans la presse par d'énormes manchettes ? Comment, enfin, dissuader des paysans miséreux qui n'ont rien à perdre de répondre à l'appel de l'or californien ? Car désormais, il s'agit bel et bien d'or !

En 1848, en effet, la nouvelle de la découverte de gisements et de l'ouverture de mines, qui se répand comme une traînée de poudre par tout le vieux continent européen, à commencer par la France, provoque, en un seul jour, le départ d'une centaine d'Alsaciens.

Immédiatement, deux négociants lorrains partent de Gerbéviller avec un jeune Lunévillois. Ils gagnent Paris en diligence, puis San Francisco en bateau, par le cap Horn, après un voyage de deux cent cinquante-six jours ! Deux d'entre eux rentreront bredouilles et malades, le troisième ayant trouvé la mort pour quelques poignées de poussière d'or.

Deux ans plus tard pourtant, un autre Lorrain, rentre chez lui, à Montbronn, serrant sous son gilet une énorme pépite d'or. La région s'enflamme et les compagnies maritimes affrètent des bâtiments aux noms suggestifs comme *L'Abeille d'or, l'Espérance, La Fortune, La Toison d'or*... jusqu'à ce qu'en 1896, les découvertes des gisements en Oregon et à Sacramento, en Californie, largement diffusées par la presse ne viennent multiplier ces vocations de chercheurs d'or. Certains reviendront avec de l'argent et s'attacheront à bien le montrer, achetant des terres et des maisons. D'autres, devenus millionnaires, choisiront de rester outre-Atlantique, tels Raphaël Weill, parti à l'âge de dix-sept ans de Phalsbourg et devenu l'un des plus riches négociants de San Francisco, ou encore Eugène Meyer, banquier à Los Angeles.

Que reste-t-il aujourd'hui de tout cela ? De nombreux noms de villes rappellent, aux États-Unis, le souvenir de ces colons venus d'Alsace : on compte une dizaine de cités nommées Strasburg, deux Colmar, en Pennsylvanie et en Illinois, et une Millhousen, en Indiana... Du rêve américain, subsiste aussi Castroville, toujours gérée par des descendants d'Alsaciens qui y sont encore nombreux, comme la famille Tschihart, partie de Soppe-le-Haut en 1843 et embarquée sur *Le Norvégien*, qui compte aujourd'hui plus de deux mille descendants américains, dont certains élèvent des chevaux de course. Cent trente-trois ans après le départ de l'*Ebro*, le journal *L'Alsace* a fait venir, en 1976, deux cent vingt Texans en Alsace, qui ont été accueillis et logés chez leurs lointains cousins.

Mais pour les Alsaciens, la grande année est celle de 1872. L'année précédente, la défaite de Sedan ayant fait perdre à la France la Moselle et les deux départements alsaciens, leurs populations se voient offrir la possibilité d'opter pour la France et d'y transférer leur domicile, moyennant la procédure administrative de la déclaration préalable. Au début, peu semblent s'en inquiéter, mais le terme fixé par le traité se rapprochant, le désarroi et l'affolement éclatent. Le 12 juin 1872, à la suite d'un rappel de la procédure par les autorités, la fièvre s'empare des Alsaciens-Lorrains. La plupart sont viscéralement attachés à la France. D'autres, croyant à une revanche française, veulent, le jour venu, avoir un certificat à montrer. Les jeunes, quant à eux, redoutent plus que tout le sort des « malgré nous » qui se verront obligés d'accomplir leur service militaire dans l'armée allemande.

Ce jour de juin donc, les déménageurs de Metz vont charger dans les trains pour la France les mobiliers de cinquante-quatre familles de la ville et l'agitation atteindra son paroxysme en septembre, neuf Alsaciens-Lorrains sur dix voulant obtenir la nationalité française. On fait la queue aux portes des préfectures où l'on vient chercher les formulaires, et c'est l'émeute dès que ceux-ci viennent à manquer, comme à Altkirch. Parfois, on se contente d'opter pour la commune frontalière la plus proche. Six cents personnes de Sainte-Marie-aux-Mines traversent ainsi les Vosges en brandissant des drapeaux français et en chantant la Marseillaise.

Cent vingt mille personnes au moins émigrent alors, la moitié étant constituée de jeunes de dix-huit à vingt ans, pour les raisons que l'on a dites. Les plus aisés partent par le train, se hâtant de vendre leurs meubles aux enchères et amoncelant des montagnes de malles et de ballots sur les quais de gare. Ils partent acheter, en France ou en Suisse, quelque fonds de commerce dont les journaux ont annoncé la vente. Les autres s'en vont par les routes, faisant, comme on a pu le dire « le plébiscite avec leurs pieds », pour se retrouver par milliers à Saint-Dié ou à Nancy. Là, sur la place Stanislas, ils « s'asseyaient en cercle autour de la statue du dernier duc, attendant avec une dignité recueillie qu'on leur indiquât une destination ou un asile ». Mais la ville est bourrée et le prix des loyers s'envole...

Si quelques-uns vont en Normandie, où deux cent seize ouvriers travailleront notamment à Elbeuf dans l'industrie drapière, beaucoup se dirigent vers Paris, où deux associations sont bientôt créées pour les accueillir et les aider. Le comte d'Hausseville, fonde la Société de protection des Alsaciens-Lorrains demeurés français. Monarchiste, il reçoit l'appui du pouvoir et installe des comités à Saint-Dié et Raon, ainsi qu'à Lyon et Marseille. L'ancien maire républicain de Strasbourg, Charles Lauth, fonde de son côté l'Association générale d'Alsace-Lorraine, qui introduira dans la capitale la tradition de l'arbre de Noël avec cadeaux aux enfants et chants du pays. C'est l'occasion pour les Parisiens et les Français de découvrir et d'adopter alors cette coutume proprement alsacienne.

La presse aussi se mobilise. Le grand quotidien *Le Temps* réunit par souscription l'énorme somme de cent vingt mille francs en un mois. Paris, comme la France entière, se joint à ce grand geste de refus des Alsaciens-Lorrains et se lance dans la nostalgie des « provinces perdues », nostalgie propagée par des ouvrages populaires tels que ceux que le « petit Père Hansi » illustre à l'intention des enfants, ou le fameux *Tour de France de deux enfants* qui raconte les voyages à travers le pays de deux petits Alsaciens et dans les pages duquel des générations d'enfants vont apprendre la lecture.

Envoient aussi des dons les Alsaciens établis aux États-Unis, que certains « optants » décident parfois d'aller rejoindre à Baltimore, à Boston, à Philadelphie ou à New York, d'autres poussant jusqu'au Mexique ou au Salvador, au Brésil, au Pérou, au Chili ou en Uruguay, ou même en Afrique, en Australie ou en Nouvelle-Zélande... L'Alsace, à cette époque, voit une grande partie de ses forces vives la quitter.

Nombreux enfin sont les membres de cette véritable diaspora à partir pour l'Algérie, comme on le verra bientôt. Ils y rencontreront un peuple bien différent du leur et dont nous n'avons pas encore parlé : les Corses.

CHAPITRE XVI

Des millionnaires des Antilles aux policiers de Paris : l'odyssée de la « diaspora » corse

Notre tour de France nous a montré tous les montagnards, Savoyards et Dauphinois, Auvergnats et Limousins, Jurassiens et Morvandiaux, Béarnais et Basques, Vosgiens et Alsaciens, s'en aller, pour les mêmes raisons, tenter l'aventure, suivis des Bretons et des Normands et, sur l'eau, des Berrichons et des gens du Nord. Pourrait-il oublier la Corse, tout au bas de la carte de France ?

Qu'ont fait les Corses, et qu'ont-ils laissé comme image ? Si à Savoyard on ajoute volontiers ramoneur et si au Limousin on associe les maçons ; si, par la faute de Bécassine, on parle encore aujourd'hui des « bonnes bretonnes », et si les nourrices morvandelles sont restées célèbres, à quoi associe-t-on les Corses ?

A la police et à la gendarmerie.

Qu'en est-il, et au terme de quelle aventure se sont-ils dirigés dans cette voie ?

Mariant la mer aux montagnes, la Corse présente toutes les conditions pour engager ses habitants à aller chercher ailleurs de quoi améliorer leur existence. Ses sols pauvres ne laissent guère prospérer que les châtaigniers, les vignes et l'olivier et exigent de longues jachères de quatre à cinq années. Ses terres abruptes, son climat chaud et sec en été ne peuvent offrir à ses bergers et aux petits paysans de ses montagnes de quoi vivre correctement. Les activités commerciales sont limitées : ici, les châtaignes, acheminées à dos d'âne ou de mulet, sont troquées contre des tissus ou de la quincaillerie ; là, les olives, ramassées par les femmes, sont foulées aux pieds, pressées, et leur huile vendue aux savonniers de Marseille. Pourtant, la mer est là, à sa portée, offrant à l'habitant de l'île toutes les séductions et toutes les aventures. Qu'attend-il donc, ne serait-ce que pour aller travailler dans les ports ou se placer chez les bourgeois de Nice ou de Marseille ? Cela tiendrait-il à la répugnance légendaire pour le travail, confinant parfois à la caricature, que l'on se plaît à lui prêter ?

La réponse est beaucoup plus complexe. Elle tient pour partie au fait que le Corse, chez lui, sait se contenter de peu. « Pourvu qu'un ménage ait en sa propriété six châtaigniers et autant de chèvres, il ne pensera pas à cultiver d'autres productions, ni à faire le commerce », remarque en 1769 un ingénieur de la marine, cela au point que Paoli, présidant aux destinées de l'île au milieu du XVIIIe siècle, proposera ironiquement de détruire les châtaigniers pour obliger ses compatriotes à travailler. Mais la réponse, surtout, tient au caractère profond du Corse, qu'Abel Chatelain voit prêt à « servir dans les fonctions militaires et civiles, mais non dans des fonctions domestiques privées ». « Le Corse, poursuit-il, veut bien être un soldat ou un fonctionnaire, mais pas un valet ou un domestique. Il y a dans le choix une certaine fierté de l'individu. Ce montagnard méditerranéen restera dans son émigration temporaire un homme qui ne connaîtra guère les activités du port, du commerce ou de l'usine, mais qui recherchera le bureau, la caserne, les fonctions de surveillance, les postes qui apportent un prestige, même élémentaire, comme ceux de la colonisation d'outre-mer. » « Soldat ou fonctionnaire », écrit Chatelain : la police et la gendarmerie se profilent à l'horizon...

Voilà magistralement énoncées les clés de l'histoire des migrations corses, auxquelles il convient d'ajouter quelques données complémentaires.

Qui entend Corse pense à Colomba et aux fameuses vendettas familiales qui ne sont pas des inventions romanesques. Compter sans la famille, lorsque l'on parle des Corses, serait une grave erreur. La famille corse est forte, structurée, organisée et large, incluant volontiers les cousins, comme les parents et alliés éloignés. Elle s'appuie sur les traditions et le culte des morts, prénoms et surnoms s'y transmettant automatiquement selon des règles rigoureuses. De fait, l'entraide et la solidarité y sont des réalités constantes, et plus encore l'« honneur », qui est en jeu chaque fois qu'intervient un conflit entre deux individus. S'ils sont parents proches, le différend sera réglé en famille, au prix, s'il le faut, du meurtre ou de l'exil. S'ils ne le sont pas, ce sera la vendetta, qui regroupera autour de chacun ses parents proches, c'est-à-dire, en ligne directe, de l'arrière-grand-père à l'arrière-petit-fils et en ligne collatérale jusqu'aux cousins issus de germains, en même temps que ses alliés les plus proches. Chose curieuse cependant, à propos de l'honneur, que note Abel Chatelain : ce n'est guère que sur son île que cette considération conduit le Corse. Rien n'empêche tel insulaire devenu souteneur, proxénète ou gérant de salles de jeux sur le continent, de retrouver toute sa susceptibilité et de se montrer volontiers très pointilleux sur la morale, l'honnêteté et la justice dès lors qu'il rentre ou se retire au pays.

Aux mentalités et aux structures familiales, s'ajoutent des données historiques. Les Corses, des siècles durant, ont dû repousser de nombreuses tentatives d'invasion de leur île. Volontiers chasseurs, ils savent très jeunes porter les armes. Au XVIIIe siècle enfin, l'île et ses habitants ont souvent changé de statut. Longtemps possession génoise, elle n'a été vendue à la France qu'en 1768, l'année précédant la naissance de Napoléon, pour dépendre ensuite quelque temps de la couronne britannique. Nul doute, cependant, que son rattachement définitif à la France n'ait joué un rôle essentiel dans l'histoire de ses migrants.

Au temps où leur île dépendait de Gênes, les Corses s'expatriaient déjà. Estimant que les travaux pénibles devaient être réservés aux femmes et aux étrangers, ils ont généralement préféré confier les gros chantiers agricoles, forestiers ou de construction à des migrants saisonniers, lucquois ou sardes, quitte à s'en aller chercher à l'extérieur de quoi les rémunérer, et ce, souvent, dans les armées de la péninsule. Beaucoup ont ainsi été soldats du pape dont ils ont longtemps partagé avec les Suisses le monopole de la garde. D'autres sont allés en France, où ils se sont engagés dans le « Royal-Corse » et où, après le rattachement de leur île, les guerres de l'Empire ont encore augmenté pour eux les possibilités de carrières militaires.

Après Waterloo, quelques-uns se tournent vers les emplois civils de fonctionnaires, mais beaucoup s'en voient fermer les portes du fait de leur mauvaise pratique de la langue française — on se souvient du petit Napoleone Buonaparte en butte aux vexations de ses camarades au collège de Brienne — et de leur manque complet d'instruction. Mais, si les Bretons bretonnants, incompris hors de chez eux, s'abstiennent de voyager, et si les Auvergnats ou les Béarnais illettrés, complexés par leur infériorité, se gardent bien d'insister, les Corses, piqués au vif, n'hésitent pas à s'instruire, et la loi Guizot, en 1833, fera pour eux figure de bouée de sauvetage. Dès cette époque, le remarque Chatelain, « les Corses sont avides d'instruction et leur paresse pour les travaux manuels n'existe plus lorsqu'il s'agit de fournir un effort intellectuel ». En vingt ans, ils vont combler leur retard et, dès le Second Empire, si beaucoup continuent à s'engager dans l'armée, on les voit commencer à s'infiltrer dans les administrations, que ce soient celles des postes, du télégraphe ou des domaines. Au début du xxe siècle, obtenir son certificat d'études, à l'école ou éventuellement à l'armée, sera considéré par beaucoup de jeunes Corses comme la clé de la réussite, ouvrant les portes des carrières administratives.

L'empire colonial, surtout, sait les attirer, et bien des Corses vont laisser une œuvre et un nom dans l'histoire de la colonisation, comme Coppolani, initiateur de la politique musulmane française et précurseur de la pénétration saharienne. On trouve, en Afrique ou ailleurs, de nombreux Corses gouverneurs militaires ou civils, administrateurs en tout genre ou encore magistrats ou directeurs d'écoles ou de collèges. En 1934, 22 % des effectifs de l'armée coloniale et 20 % de ceux de l'administration coloniale sont corses, ce qui donne l'impression d'une véritable mainmise de nos insulaires sur certains pays ou certaines villes. Tel est le cas de Dakar, dans les années d'après-guerre, où ils se partagent la plupart des postes clés. Colombani, président de l'Amicale des Corses, est délégué du Sénégal auprès du gouvernement général, où il est assisté de Chiappini, administrateur en chef de son cabinet, de Fieschi, chef du service des Études au secrétariat général. A leurs côtés sont Poli, chef du cabinet du gouverneur général, un autre Colombani, inspecteur des services des Renseignements généraux, Sinibaldi, directeur du contentieux, Costa, directeur du service de Santé... A cette époque, quelque deux cent cinquante mille Corses sont en service outre-mer, dont les trois quarts en Afrique du Nord. L'Algérie en recense à elle seule plus de cent mille, que nous retrouverons au chapitre suivant.

Les Corses, dès lors qu'ils ont commencé à partir, se sont dispersés. Si, en 1891, plus de cinquante mille natifs de l'île sont militaires ou fonctionnaires outre-mer, et principalement en Afrique du Nord, autant sont fixés en métropole, concentrés, il est vrai, pour les trois quarts dans les départements du Midi méditerranéen, dont un quart dans les seules Bouches-du-Rhône. Toulon compte cinquante mille Corses; Marseille en recense près du double, ce qui fait dire à certains que la plus grande ville corse n'est pas Ajaccio. Environ 10 % enfin sont établis en région parisienne, où leur nombre ne va cesser de croître. Et cette dispersion va aller croissant tout au long du XXe siècle.

Étrangement, une fois arrivé sur le continent, « il y a pour le Corse migrant un dédoublement de personnalité », remarque Chatelain. Abandonnant ses habitudes congénitales, il devient parfois, hors de chez lui, moins chatouilleux quant aux questions d'« honneur ». De fait, quelques « Corsicos » tâtent au proxénétisme; d'autres deviennent des caïds chez les mauvais garçons, à Marseille ou à Pigalle. Plus étonnant, le Corse accepte tout à coup de travailler dur et pour autrui, dès lors que ce travail lui permet d'accéder à des situations intéressantes, voire enviables.

Pour cela, comme la plupart des migrants, il s'appuie, en Corse, et hors de Corse, sur de solides réseaux d'entraide et de solidarité fondés d'abord sur les liens familiaux. On aide le migrant à débuter et on lui accorde volontiers l'hospitalité. A Paris, L'Union générale des Corses, fondée en 1909, procure sans compter appuis et relations, aussi bien pour trouver un emploi que pour obtenir ensuite de l'avancement. Quelle famille corse ne compte pas rapidement quelque représentant dans le Midi de la France ou à Paris, qui comprendra d'autant mieux les motivations du migrant qu'elles ont été les siennes?

Tous ont le même parcours et partagent le même objectif. S'ils quittent leur village déshérité, c'est toujours avec la ferme intention d'y revenir. Bien que la migration corse reste encore longtemps masculine et soit le fait des célibataires, ceux des migrants qui se marient sont le plus souvent revenus chercher leur femme au pays. Ils les ramèneront sur le continent, où certaines se placeront comme domestiques, condition que la femme corse, contrairement à l'homme, ne refuse jamais. Les enfants qui naîtront seront fréquemment envoyés dans l'île, chez les grands-parents qui se chargeront de les élever. Les vacances ou l'été ramèneront les migrants au pays, bien que le voyage soit long et coûteux, la traversée depuis Marseille durant alors de quatorze à seize heures.

Même si le travail doit les retenir longtemps à l'extérieur, les Corses reviennent donc tôt ou tard chez eux. Seul le mariage avec une continentale modifie parfois ce scénario; rarement, il est vrai, et pratiquement dans les seuls cas où le village natal est vraiment trop isolé et inconfortable, et, encore, lorsque le mari est faible... Beaucoup de couples, en fait, transigent et optent pour les deux résidences : l'une, d'hiver, dans le Midi, et l'autre, d'été, dans l'île, qui voit chaque année ses villages se remplir. De retour chez lui, le Corse n'a cependant pas, comme les Creusois ou les Morvandiaux, l'obsession d'acheter des terres. Son idéal est de vivre en bourgeois et de savourer une retraite calme et tranquille. Il faut dire que nombre de ceux qui ont travaillé dans l'armée ou les administrations se sont souvent trouvés très jeunes à la retraite, parfois avant cinquante ans. « En Corse, remarque Quantin, on dit *pensionnata* (retraité), comme en France on dit millionnaire, avec une nuance dans le ton. Il n'y a pas d'ironie latente, mais du respect. »

Pendant tout le XXe siècle, la migration des Corses ne cesse donc de suivre une courbe ascensionnelle, apparemment indexée sur celle des effectifs de l'administration et du service public. Le douanier du *Siegfried* de Giraudoux, qui ne pouvait être qu'un Corse, est savoureux et typé. A qui, traversant la frontière pour rentrer au pays, lui demande : « Il y a du nouveau, en France, M. le Douanier ? », il répond : « Aujourd'hui, oui,... Le chef de gare de Bastia est promu à la première classe sur place. » Il faut remarquer, avec René Sédillot, que ces professions conviennent parfaitement à nos Corses. « Être douanier, être facteur, être gendarme, c'est acquérir de l'autorité — et la marque de l'autorité. » Dans les années cinquante, l'armée et la gendarmerie absorbent donc encore le tiers de leurs effectifs et si les chiffres actuels font défaut, nul doute qu'ils viendraient confirmer, sinon accentuer, cette tendance générale, même si les professions libérales ont parfois pris le relais et si la presse méridionale a été littéralement investie par les Corses. Ils continuent à rechercher pour eux-mêmes et leurs enfants une élévation sociale que l'administration leur propose encore sur le continent, avec même la perspective d'une mutation sur leur île, situation idéale alliant enfin tous les avantages : réussir chez soi, comme le chef de gare de Bastia cité par Giraudoux !

Cette réussite, pourtant, certains Corses sont allés la

chercher et la trouver par d'autres chemins, au point de mériter une place tout à fait à part dans ce chapitre : ce sont essentiellement les populations de la région du cap Corse, qui ont été à peu près les seules à s'être laissé attirer par l'étranger et le commerce.

Situé sur un promontoire rocheux entre ce que les insulaires appellent « les deux mers », le cap Corse est une région particulièrement pauvre, qui n'offre à ses habitants que la mer pour toute richesse. Dès l'enfance, ils se font donc volontiers marins, et, une fois adultes et mariés, s'en vont pêcher sur de petits bateaux à voiles ou à rames vers les côtes voisines de Sardaigne, d'Italie ou de France. Ils partent pour une saison entière, durant laquelle ils laissent femmes et enfants au village jusqu'à leur retour pour les récoltes.

Certains deviennent des navigateurs habiles et intrépides. Quelques-uns mêmes ont été corsaires, comme Pascal de Bonavita, parti au XVIIIe siècle sur une frégate du pape, et qui sut se faire agréer comme corsaire du roi, pour le compte duquel il mena la vie dure aux équipages anglais.

Bien des marins capcorsins se sont dirigés vers Marseille, comme un certain Thomas Lenche, qui y a brillamment réussi dans le négoce en se livrant à la fois au commerce maritime, au rachat des esclaves chrétiens en Barbarie et à la pêche au corail sur la côte algérienne pour le compte du sultan. A Marseille, même, il a fondé en 1552 la Grande Compagnie du Corail, a épousé la fille de riches bourgeois et s'est acheté une superbe maison sur le port. Là, lui-même, puis son neveu, qu'il a fait venir de son village de Morsiglia, occuperont le cinquième ou le sixième rang de l'oligarchie d'affaires de la cité phocéenne.

De cabotage en courses, nos Capcorsins, qui ont l'esprit d'aventure, sont quelquefois allés fort loin, jusqu'en Amérique. On dit que des marins de Calvi figuraient au nombre des équipages de Christophe Colomb, et l'on cite un certain Belvese, ancêtre des Franceschi, d'Ersa, qui aurait rapporté le premier café d'Amérique au XVIIe siècle. C'est, en tout cas, jusque dans les eaux de Saint-Domingue que Pascal de

Bonavita a coursé et capturé les bricks anglais. Au siècle suivant, en 1859, Paul Sanguinetti n'a que douze ans lorsqu'il part rejoindre des parents en Virginie, où, participant à la guerre de Sécession, il deviendra chef d'état-major, obéissant à la vieille vocation militaire de ses compatriotes.

Mais ce sont les aventures que les Corses iront tenter aux Antilles et en Amérique latine qui ont été les plus spectaculaires.

Par la contrebande, le trafic des bestiaux, ou parfois par la traite des noirs, des Capcorsins, souvent anciens partisans du régime anglais fuyant la Corse française, étaient arrivés sur l'île espagnole de Porto Rico à la fin du XVIIIe siècle et s'y étaient établis au port de Saint-Thomas. Dans un premier temps, ils y ont vécu, comme chez eux, de cabotage entre les ports et les îles antillaises, avant d'y fonder d'importantes *haciendas*, tout en continuant parfois le commerce maritime comme armateurs.

Bientôt, d'autres les ont rejoints, quittant eux aussi leur pays pour diverses raisons. Pour l'un, ce sont de mauvaises récoltes, notamment en 1830 ; un autre veut échapper au mauvais numéro qui le déclare bon pour sept années de service militaire ; un troisième agit par choix politique, refusant la francisation orchestrée par Paris dès 1850 ; pour d'autres, ce sont des « raisons de famille », résultant de brouilles, quand ce n'est pas de meurtres. Ce peut être le hasard, aussi, comme pour Antoine Antonmattei. Marin sur un cargo amarré dans un port antillais, il boit tellement de vin dans un cabaret qu'il ne se réveille qu'après le départ du navire. Mais la majorité, évidemment, arrive par la filière habituelle, attirée par la présence d'un membre de la grande famille qui a réussi. Le voyage des Guelfucci, revenus sur leur île natale rendre visite à leur famille, en 1843, avec leurs domestiques et leur or, n'aura pas manqué de donner des ailes à plus d'un jeune Capcorsin.

Les portes de la colonie portoricaine étant officiellement ouvertes aux étrangers dès 1815, on enregistre, durant toute la Restauration, et surtout sous la première moitié du règne de Napoléon III, entre 1850 et 1859, des départs massifs pour cette destination dans tout le nord de l'île et particulièrement dans la région du cap Corse. Balagne, Castagniccia, les cantons d'Oletta di Tuda, puis de Rogliano, Brando, Luri, voient partir par centaines leurs jeunes célibataires, à 80 % des moins de vingt ans, petits propriétaires terriens, salariés agricoles, bergers ou artisans. Ils s'embarquent à Livourne, en Italie, mais surtout à Marseille, d'où le voyage dure deux mois.

A Porto Rico, ils retrouvent leurs compatriotes à San German, à Ponce, à Yauco ou à Guayama, qui les associent plus ou moins directement à leurs affaires : des commerces sédentaires ou, plus souvent, de grandes cultures. Dans les zones marécageuses de Yauco, ils font pousser la canne à sucre; ailleurs, les orangers, l'indigotier, le coton, le café, le cacaoyer, le tabac, la patate douce, le bananier, l'oranger ou le citronnier... Plusieurs deviennent de riches éleveurs de bétail ou propriétaires de terres immenses et fécondes, terres jadis incultes et vierges, qui leur ont été offertes par le gouvernement espagnol ou qu'ils ont achetées à bas prix, rachetant systématiquement toutes les terres mises en vente. Marie-Jeanne Casablanca cite ainsi Jean Franceschi, propriétaire de l'*hacienda* Estrella couvrant plus de cinq cents *cuerdas*, soit plus de mille deux cents hectares, et Dominique Pietrantoni, dont l'*hacienda* Palma dépasse les deux mille. Jean-Marie Antongiordi possède plus de cinq mille hectares. Des fortunes se sont édifiées, comme celles des Arenas dans le tabac ou des Tristani dans la canne à sucre. Les Mariani, fondateurs de la société *Mariani y Compañia*, devenus des rois du café, font venir de Paris les machines les plus perfectionnées : moteurs hydrauliques, chemins de fer sur rails et jusqu'à un monte-charge pompeusement appelé « ascenseur ».

Sur ces terres, les anciens colons installent volontiers les nouveaux venus comme régisseurs ou intendants, leur donnant un quota d'esclaves. Ils les chargent de planter la canne à sucre, de construire des bâtiments avec moulins et alambics, tout en leur interdisant souvent d'acheter eux-mêmes des terres. Auprès d'anciens pionniers, les nouveaux arrivants pourront aussi emprunter de l'argent qu'ils rembourseront à des taux élevés et généralement en nature, en sucre ou en café. Ils se lanceront alors dans d'autres activités, multipliant, par exemple, les maisons de commerce et d'import-export, que ce soit de tissus, de quincaillerie, de vins, cafés et tabacs. Dans les villes, ils ouvrent des *pulperias*, où l'on trouve spiritueux et droguerie, des *mercerias*, vendant comme leur nom l'indique des articles de mercerie, ou encore des *tiendas mixtas*, combinant les deux formules. D'autres Corses, comme les Lucchetti, fondent encore d'importantes sociétés commerciales vendant sur terre et sur mer les produits les plus divers, de la chair de crabe et des épices jusqu'aux clous et autres articles de quincaillerie. Les Lucchetti, dit-on, jouent parfois leurs plantations ou leurs *haciendas* au poker, des nuits durant, contre les Négroni...

Forts de ces positions, les Corses se sont donc vite taillé dans l'économie de l'île une place prépondérante, doublée parfois de responsabilités politiques, nombre d'entre eux devenant *alcades*, autrement dit maires de leur cité. Dès 1821, Dominique Mattéi, établi à Yauco, est le plus important contribuable de l'île et plusieurs de ses compatriotes le suivent en tête des listes, désireux de préserver et de conforter leurs positions. La colonie corse, généralement aisée, reste concentrée sur les mêmes régions, les mêmes villes et les mêmes quartiers, à commencer par Yauco dont le maire est un Négroni. Cette communauté est tout à la fois fortement hiérarchisée et très soudée. Cultivant les liens matrimoniaux, elle ne répugne pas aux mariages consanguins entre cousins germains, parfois même entre un neveu et sa tante, ce qui engendre, comme chez les Mariani, de véritables imbroglios généalogiques entre les branches des Mariani-Pietri, Mariani-Dominicci ou Mariani-Mariani...

Toutes ces lignées, même loin de leur Corse natale, conservent leurs valeurs, leur fidélité à la religion catholique, leur amour-propre, leur susceptibilité aiguë, leur sens de l'honneur, n'hésitant pas à se livrer d'interminables procès lorsque celui de leur femme ou de leur fille a été atteint. Sur ce plan, ils ignorent ou méprisent les lois espagnoles, quitte à passer quelques jours au cachot. Ils ont « émigré avec toutes les habitudes de leur pays (...), vont et viennent le fusil à la main », note le consul en 1857.

Les réussites ont souvent été rapides. L'exemple des frères Mattéi, présenté par Marie-Jeanne Casablanca, est parfaitement représentatif. Jean-Baptiste, né à Rogliano en 1815 et cordonnier de son état, a débarqué en 1835 après avoir été marié par son père contre son gré. Quatre ans après son arrivée, il s'est constitué dans l'agriculture et le commerce, un capital de 27 000 pesos. Il fait alors venir son frère, avec lequel il monte une société de commerce, tout en consentant des prêts aux nouveaux venus. En 1860, tous deux se retrouvent à la tête d'une immense fortune en *estancias*, en maisons de commerce et aussi en esclaves.

Aux maisons de bois des premiers colons, construites à même le sol et couvertes de palmes, ont donc rapidement succédé des villas riches et luxueuses avec des coffre-forts, des meubles et bibelots rares et précieux que des domestiques époussettent. Signe de l'évolution, Marie-Jeanne Casablanca note l'apparition de bibliothèques et le désir parallèle de faire instruire les enfants.

Certains sont revenus en Corse où, comme les Barcelonnettes rentrés du Mexique, ils achètent ou font construire de somptueux *palazzi*, grandes maisons carrées de deux à trois étages, et d'imposants tombeaux. Ils offrent volontiers une chapelle ou une église à leur village natal, investissant aussi parfois dans la culture des cédrats ou dans la banque. De leur côté, ceux qui sont restés à Porto Rico, n'oublient pas pour autant de constituer des rentes à leurs vieux parents restés en Corse. Dès 1850, Santu Stella écrit ainsi aux siens, restés à Morsiglia : « Vous avez tellement travaillé durant votre jeunesse que nous espérons que Dieu nous permettra de vous faire jouir de vos vieux jours. Nous subviendrons à vos besoins... »

Nombreux, en effet, sont les Corses de Porto Rico qui

ne sont pas revenus sur leur île d'origine et qui vont peu à peu s'américaniser en épousant des Espagnoles ou des créoles, tout en se souvenant de leurs origines, entretenues aujourd'hui encore par une association des Corses de Porto Rico. Le cimetière de Yauco a longtemps ressemblé à celui de Bastia, et bien des noms de rues continuent à rendre hommage aux Corses les plus notoires, qu'ils aient été maires, promoteurs, universitaires, ou encore président de la Cour suprême comme Domingo Massari, ou du Sénat comme Giorgetti. Jusqu'au nom du village de Luri, donné par un planteur de café en souvenir de celui de son village de Corse au lieu où il avait fait construire ses établissements de torréfaction.

On ne saurait dire aujourd'hui le nombre d'habitants d'ascendance corse que compte l'île : de cent mille à un million. Ils s'accrochent à quelque menu viatique leur rappelant leurs origines et s'envolent volontiers pour découvrir le pays de leurs ancêtres, fiers souvent que leur grand-père se soit engagé volontairement dans les rangs de l'armée française lors des deux grandes guerres.

Ce grand flux migratoire qui avait amené au siècle dernier plus de deux mille cinq cents Corses à des milliers de kilomètres de leur île s'est finalement ralenti dès la fin du Second Empire, époque à partir de laquelle la colonie corse, trop nombreuse, n'a plus pu tenir les promesses d'autrefois. L'abolition de l'esclavage, la guerre hispano-américaine aboutissant à la cession de Porto Rico aux États-Unis en 1898, le terrible ouragan qui s'abattit sur l'île l'année suivante et la crise du café ont achevé d'épuiser le mouvement, conduisant les Corses à se tourner vers d'autres directions, les Antilles ou le Mexique, où ils ont créé des plantations de sisal et ont fait le commerce du bois de campêche.

Les États-Unis aussi les ont attirés. De 1860 à 1890, cent jeunes de la commune d'Ersa sont partis pour Philadelphie, où les Strenna ont fondé une banque et où les Bozio sont devenus les principaux actionnaires du Central Pacific Railway, pendant que les Vincentelli, de Centuri, se sont enrichis dans le commerce en Alabama. De nombreux Corses ont ainsi réussi au pays de l'Oncle Sam, jusqu'à Félix-le-Corse qui tenait, en plein cœur de New York, au coin de la Ve Avenue et de la 14e Rue, un établissement où l'on pouvait entendre des Castelli, des Arrighi, des Colonna et des Bartoli chanter leur île lointaine en grattant les cordes d'une guitare.

Mais à cette époque, c'est surtout la route du Venezuela que nos migrants ont choisie. L'exemple leur en aurait été donné par le docteur Gaspari, de Sisco, qui, après des études de médecine en Italie, aurait été présenté à Napoléon Ier. L'empereur lui aurait tapé sur l'épaule et lui aurait dit : « Travaille, mon garçon ! » L'histoire ne dit pas pourquoi notre Gaspari s'en est allé là-bas exercer son art, et plus précisément à Ciudad Bolivar, capitale des déserts de l'Orénoque, qui en a fait son maire. A sa suite, six cents de ses compatriotes se seraient établis à Carupano. Mais c'est surtout à la fin du siècle que le mouvement a grossi, gonflé par les anciens « Antillais » et par de nombreux prospecteurs d'or attirés par les richesses du pays.

Ils seraient plus de six mille à s'être alors rendus au pays d'El Dorado, où ils ont créé une vraie « petite France », faisant écrire à Marien Martini : « Tout est corse dans ce pays : les domaines, les villes, les magasins, les auberges, les brasseries, les hôpitaux et, parmi les Indiens, les Corses gardent leur parler, leurs usages, leurs traditions. » Si plus de six cents Corses ont prospéré à Carupano, d'autres ont œuvré, non seulement à Ciudad-Bolivar, mais aussi à Caracas ou à El Callao. Un voilier construit à Bastia, le *Mathieu-Orenga*, assure même, un temps, un service régulier entre l'île et le Venezuela, où deux cent mille de leurs descendants vivraient encore aujourd'hui et où ils ont souvent occupé des postes clés. Ils fourniront jusqu'à un président de la République, Raoul Léoni, issu d'une famille de Muratu, qui serait venue à bord du *Mathieu-Orenga*, et qui triomphera aux élections de 1964 contre l'ancien ministre des Finances Arturo Uslar-Piétri, lui-même issu d'une famille d'Ersa.

Leurs réussites, en effet, y ont souvent été plus brillantes encore qu'à Porto Rico, avec les Ristorcelli, constructeurs du chemin de fer de Maracaïbo et pionniers du pétrole, les Benedetti exportateurs de rhum, les Fericelli prospecteurs d'or et planteurs d'hévéas, les Pietri, propriétaires du grand hôtel Trianon, en pleine cordillère. Pourtant, qu'ils soient de la cordillère des Andes ou des bords de l'Orénoque, aucun de ces magnats n'oublie ses origines européennes, et tous envoient leurs enfants faire leurs études au pays, y expédiant même parfois plus tard leur or dans leurs avions personnels.

CHAPITRE XVII

Heures d'espoir et de désespoir au « Far West » français : l'aventure algérienne

Avec la prise d'Alger, en juillet 1830, la France entend marquer un point décisif dans son vieux projet impérialiste. Après ses anciens échecs en Amérique du Nord, elle va enfin pouvoir concurrencer les Espagnols et les Anglais. Son rêve colonial prend forme en Afrique du Nord.

Faute de télévision, ce sont des journaux comme *L'Illustration* qui proposent aux lecteurs de l'époque des reportages et des gravures, alliant déjà « le poids des mots et le choc des photos ». Chez les plus simples, arrivent aussi les images imprimées chez Pellerin, à Épinal, montrant Alger-la-Blanche, des paysages des bords de l'oued, des scènes militaires colorées représentant la marche triomphale des zouaves, vêtus de leur veste et pantalon bouffant et coiffés d'une chéchia écarlate, ou encore la rencontre d'Abd el-Kader avec le maréchal Bugeaud. Le grand vainqueur y paraît coiffé de son haut shako bleu foncé auquel il a ajouté une seconde visière à l'arrière pour protéger sa nuque des rayons torrides du soleil algérien, coiffure légendaire que tout le monde appelle sa « casquette » et qu'un refrain célèbre va populariser :

As-tu vu
La casquette, la casquette,
As-tu vu
La casquette du père Bugeaud ?

La France se passionne pour l'Algérie. Les Français se divisent et débattent ; le gouvernement retrouve, lui, les soucis qui avaient été, un siècle plus tôt, ceux du Régent quant aux terres d'Amérique, et qui tiennent en deux mots sans lesquels il ne peut y avoir de colonisation : pacification et peuplement. Les militaires se chargeant de la première, reste à organiser le second.

Mais si les Français suivent par le menu les affaires d'Algérie, très peu sont prêts à aller s'y installer, mis à part quelques « têtes brûlées » et une poignée d'aventuriers sur lesquels on ne peut sérieusement tabler. A quoi s'ajoutent quelques légitimistes qui ont préféré quitter la France à l'avènement de Louis-Philippe, nobles venus s'établir à leurs frais à Alger ou dans le Sahel, et que Bugeaud surnomme « les colons en gants jaunes et en chapeau de soie », tels les riches Auguste de Vialar ou Tonnac de Villeneuve, ce dernier n'hésitant pas à s'habiller à la mode indigène.

Le gouvernement a beau lancer une campagne de sensibilisation par voie d'affiches présentant l'Algérie comme un pays de Cocagne, offrir le voyage et promettre des vivres et des terres, il rencontre peu de succès. L'Algérie voit bien arriver des Espagnols, souvent venus des îles Baléares, des Italiens et des Maltais, généralement pauvres jardiniers ou moissonneurs ; les Français, eux, se font attendre.

Faute de volontaires, on va se souvenir des anciens envois d'individus indésirables en Louisiane et trouver là, du même coup, la solution pour se débarrasser des quarante-huitards, à qui l'on va donner des terres et des instruments de travail pour qu'ils aillent s'y fixer. D'octobre 1848 à mars 1849, dix-sept navires débarqueront ainsi près de quinze mille Parisiens, hommes, femmes et enfants.

Parallèlement, les campagnes d'opinion reprennent, parvenant à toucher les plus nécessiteux. Native de Bainville, en Lorraine, Anne-Marie Absalon a raconté l'odyssée algérienne dans laquelle sa famille fut entraînée par les circulaires gouvernementales que le curé faisait passer dans son village. Elle et son mari, François Guerry, décident de prendre le chemin d'Alger dans l'espoir d'y trouver une vie meilleure.

« Au moment de la révolution de 1848 à Paris, écrit-elle, il y avait une grande misère en France. Le pain se payait quatre-vingts centimes la livre. Les hommes qui travaillaient dans les champs gagnaient soixante ou quatre-vingts centimes par jour et les femmes quarante à cinquante centimes. (...) Ceux qui avaient un jardin vivaient de pommes de terre et autres légumes qu'ils récoltaient.

« (...) Nous avons vendu notre propriété à un étranger au village et sommes allés loger chez un cousin en attendant le départ. J'avais vendu aussi tous mes meubles. Toute la nuit, parents et amis vinrent nous faire leurs adieux.

« (...) Nous avons acheté une jument borgne et une grande voiture couverte de toile qu'on appelait une tartane ; nous l'avons chargée de linge, de quelques ustensiles de cuisine et nous sommes partis le matin avec nos cinq enfants ; l'aîné avait treize ans. »

Le mari conduit le jour et la femme la nuit, couchant dans leur voiture. « Nous aurions bien voulu coucher dans des lits, mais dans les villages où nous passions on ne voulait pas nous recevoir, nous prenant pour des Allemands. »

Par Lunéville, Nancy, Lyon, les Guérry cheminent longtemps, allant de mésaventure en mésaventure, victimes de vols et d'accidents de la route ; l'un des enfants fait une chute et se démet l'épaule. Souvent, aussi, les gens qu'ils rencontrent les injurient ou les découragent. Partout, on raconte qu'en Algérie, les colons meurent comme des mouches...

Arrivés en Avignon, ils revendent leur équipage pour gagner Marseille par le train et s'y embarquer sur un grand bateau à voiles et à roues. « Sur ce bateau, il y avait des gens de toutes professions : des paysans, des commerçants, des artisans, des gens cultivés, peut-être ruinés, des artistes, et même des danseuses de mœurs légères. (...) Lorsque le bateau s'éloigna, tous les yeux étaient fixés sur le rivage et lorsque la côte disparut, une femme éclata en sanglots et tous les passagers se mirent à pleurer. Nous nous demandions si nous reverrions un jour notre chère patrie. Beaucoup regrettaient d'être partis, mais il était trop tard. »

Après six jours de traversée, la famille Guérry débarque à Mers el-Kébir. « Il faisait une chaleur épouvantable. Nous avons vu pour la première fois les Arabes; il y en avait en quantité et même des nègres qui nous aidaient au déchargement des navires. »

Le jour du 15 août 1849, ils arrivent finalement à Négrier, à une dizaine de kilomètres d'Alger. « Le soleil chauffait comme celui des Tropiques et pas un arbre pour s'abriter. L'armée nous avait installé des tentes au milieu des broussailles et des pierres. Il y avait beaucoup de serpents et de bêtes sauvages, beaucoup de chacals, des hyènes et même quelques lions. Pas d'eau potable. »

Plusieurs mois durant, c'est l'armée qui assure leur nourriture. Chaque famille reçoit d'abord trois hectares, puis cinq quelque temps plus tard, avec une chèvre pour chaque mère allaitant un enfant. Le gouvernement leur envoie des « préfabriqués », baraquements de planches que les soldats vont les aider à construire. Ces appartements collectifs proposent une pièce commune pour deux familles. « On séparait la pièce par un rideau et l'une des familles passait par la fenêtre. » Et tout va par deux : comme on a donné une seule pièce, on donne une charrette, toujours pour deux familles.

C'est dans ce décor que ces Français travaillent la terre d'Afrique. « Les femmes aidaient leur mari à défricher les terres couvertes de broussailles, de lentisques et de palmiers nains dont les racines atteignaient au moins un mètre de profondeur. (...) Il nous fallait arracher le grain brin par brin car il faisait dix à quinze centimètres et la faucille ne pouvait pas le couper. (...) C'était (...) beaucoup plus dur qu'en France. »

Sans répit, ils sont confrontés à l'humidité des hivers, à la sécheresse de l'été et à la dureté des sols, aux moustiques, aux fièvres paludéennes, aux sources envahies régulièrement de sangsues, au choléra aussi, qui va s'abattre plusieurs fois sur la colonie et décimer des familles entières. Celles qui le peuvent se font rapatrier.

Plus tard, le gouvernement donne encore un bœuf par famille et du bois de charpente et des tuiles qui permettent de bâtir de vraies maisons, en dur « et même une vraie église, cela avec les pierres arrachées du sol, la boue tenant lieu de ciment. Les sols restent en terre battue. Un géomètre vient tracer le village, que l'on nomme Kléber, du nom du général et dont on attribue par lots les terres environnantes ».

Au blé, aux moutons, les colons ajoutent le bois de lentisque qu'ils vont livrer sur leurs charrettes à bœufs aux boulangers d'Oran. Les pistes sont mauvaises. Pour un trajet de vingt-sept kilomètres, l'aller-retour prend trois jours. Bientôt, certains penseront à la vigne. Anne-Marie, après que le choléra lui eut enlevé son mari et une de ses filles, se remarie à un voisin qui a perdu sa femme de la même façon. Originaire du Lauragais, celui-ci aura la témérité, malgré le scepticisme de leurs voisins, de faire venir des plants de vigne de son pays, et c'est ainsi que la famille s'en tirera...

A partir de 1868, cependant, les affaires vont mieux. En 1860, soucieux de revaloriser l'image de cette terre, l'empereur Napoléon III et l'impératrice Eugénie sont venus en personne à Alger et les salves d'artillerie qui les ont accueillis ont crédibilisé l'Algérie. Encore une campagne de communication réussie ! Les israélites indigènes, nombreux, se sont vu accorder la nationalité française. Aux yeux de la métropole, l'Algérie devient un creuset d'hommes de toutes origines, tous animés d'une volonté tenace de réussir. Les colons se font plus nombreux, leurs origines plus diverses, comme en témoigne cet ouvrier bourrelier de La Ferté-sous-Jouarre, arrivé par bateau, puis par diligence, jusqu'à Médéa. Enfin, vient l'heure des Corses et des Alsaciens.

Les Corses se souviennent-ils de Tavera, leur compatriote du XVIe siècle, enlevé tout jeune par des pirates barbaresques, et qui avait fini comme caïd d'Alger ? Peut-être... Quoi qu'il en soit, précédés par leurs marins et leurs soldats, ils vont rapidement se tourner vers cette terre, d'autant que leurs administrateurs ne tardent pas à y arriver, tel ce Coppolani, déjà évoqué, secrétaire général de la préfecture de Constantine vers 1870, ou le procureur général Pompéï. Une fois en place, ils facilitent la venue de leurs compatriotes, qui arrivent alors en nombre coloniser le pays. Comme la famille d'Anne-Marie, ils n'hésitent pas à travailler durement, s'attachant à l'Algérie « comme à une seconde patrie », qui semble d'ailleurs, comme le note Marien Martini, parfaitement convenir à leur tempérament. En 1934, ils y seront plus de cent mille. On en trouve également trente mille en Tunisie et vingt mille au Maroc, où leurs parcours sont en tous points semblables.

A l'époque où leur destin les oblige à faire des choix tragiques qui les déracinent et les dispersent, le gouvernement, toujours à la recherche de colons, saisit l'occasion pour « vendre » l'aventure algérienne aux Alsaciens-Lorrains de 1870. L'Assemblée nationale, qui propose alors cent mille hectares de terres domaniales, leur en accorde la priorité. Sur le plan national, la commission Wolinski prépare à la fois leur voyage, pris en charge par l'État, et leur installation sur place. A Nancy et à Belfort, les candidats sont rigoureusement triés sur le volet et envoyés à Marseille, souvent dans la plus grande confusion : 167 personnes, convoyées en février 1872 par le capitaine Ziegler, débarquent à Constantine en plein désarroi, laissant l'Allemagne ricaner.

Ce sont ainsi 1 400 Alsaciens-Lorrains qui viennent travailler le sol algérien. Avec les terres, on leur fournit pain, sel, sabots, paillasses, charrue, charrette, fourrage et semences, et une aide de cinquante centimes par jour jusqu'à la première récolte. Leur protecteur, le comte d'Haussonville fonde à Arzib-Zamoum une colonie qui deviendra, plus tard, Haussonvillier, et qui, dès 1880, reçoit cinquante-sept familles. D'autres, l'imitant, fondent Ribeauvillé, Eguisheim, Hombourg, autant de cités qu'ils ont soin d'entourer de murs, de fossés et de remparts, pour se protéger des éventuelles attaques des indigènes qui ont parfois du mal à accepter leur présence. C'est une bonne soixantaine de villages qui sont ainsi créés par quelque cinq mille Alsaciens-Lorrains. Venus pour y garder leur nationalité française, ce sont eux qui finalement ont véritablement « fait » l'Algérie.

Appelés « pieds-noirs » par les Arabes, sans doute parce qu'ils avaient été les premiers habitants du pays à porter des chaussures, ces colons, d'où qu'ils soient venus, se sont vus largement récompenser de leurs efforts. Riera, arrivé dès 1840 avec un petit pécule, fera fortune dans le coton et deviendra promoteur en Oranie. Les Delbonno, venus de Malte, posséderont plus de deux mille cinq cents hectares de vignes. L'Espagnol Joseph Campello s'enrichira en créant, dès 1845, un service de voitures reliant Oran à Mostaganem. Antoine Sanchez, petit jardinier arrivé d'Espagne en 1850, possédera, à sa mort, plus de mille hectares; les Garcia, maraîchers, en exploitent quatre cents. Le Corse Dominique Franceschi, qui quitte en 1874 son village de Sorbo-Ocagnano avec sa femme et ses cinq enfants, verra sa nombreuse descendance peupler le village de Châteaudun-du-Rhumel, où ils posséderont des milliers d'hectares consacrés à l'élevage et à la culture, et beaucoup de ses compatriotes seront maires, conseillers généraux, députés ou sénateurs dans leur nouvelle patrie. Selon Marien Martini, 60 % des communes du département de Constantine auront ainsi un maire d'origine corse. Les générations passant, tous ces colons, d'où qu'ils viennent, se sentent donc réellement chez eux et leurs descendants n'en auront que plus de mal, à l'heure de l'indépendance, à renoncer à ce qui était véritablement devenu leurs racines et leur identité pour refaire, à l'envers, le voyage de leurs ancêtres.

« On a attendu trois jours et trois nuits des places de

bateau sur le quai d'Alger. Les gens étaient hagards, usés, angoissés. Ils n'avaient qu'une valise chacun et quelques balluchons. Les gosses hurlaient. Il faisait une chaleur étouffante », raconte, à Danielle Michel-Chich, Roger Duval, un commerçant de soixante-neuf ans obligé de tout quitter. En ce mois de juillet 1962, 850 000 « pieds-noirs » viennent rejoindre en métropole les quelque 95 000 autres qui, depuis quelques années déjà, avaient repassé la Méditerranée. Laissant « chez eux » leurs maisons, leurs amis, leurs morts aussi, ils débarquent à Marseille, à Port-Vendres, ou, par avion, à Toulouse, à Nice ou à Paris où les appareils atterrissent après 23 heures, au moment du trafic réduit. Des voyages de retour étrangement similaires aux voyages d'aller, un siècle plus tôt.

De même que leurs arrière-grands-parents n'avaient jamais vu l'Algérie avant d'y mettre les pieds, il faut avoir conscience que le tiers des pieds-noirs prenant le chemin de l'exil n'est jamais venu sur le continent.

Mal préparés à cet afflux de réfugiés, les Français de métropole, eux aussi, comprennent mal. Certains les prennent pour des vacanciers, d'autres pour des étrangers... Beaucoup les voient arriver d'un mauvais œil. Personne n'a préparé leur arrivée. On ne sait ni où les loger, ni comment les ravitailler ou les soigner. Si certains peuvent se réfugier dans leur famille, la plupart n'en ont pas et sont hébergés par des municipalités et des organismes divers, dans des hôtels, des locaux administratifs, souvent sous des tentes ou dans des campements de fortune. A Versailles, ce sont plus de cent familles qui seront ainsi, trois mois durant, entassées dans un lycée transformé en dortoir, avec des lits superposés et des couvertures tendues pour les séparer. Autant d'images rappelant, là encore, les épisodes vécus par leurs ancêtres à leur arrivée en Algérie.

Six cent mille d'entre eux se fixent dans les départements du Midi, jusqu'en Lozère et en Ardèche, où ils retroussent courageusement leurs manches pour défricher et mettre en culture des terres souvent ingrates. Nombreux sont ceux qui s'installent en Corse et y achètent des vignes :

trois cents pieds-noirs se partageront bientôt 70 % du vignoble corse.

Pour éviter qu'ils ne se concentrent trop dans les départements du littoral méditerranéen, l'État s'efforce d'en faire acheminer, le plus souvent par le train, vers d'autres régions, comme le Nord et l'Est. En région parisienne, hâtivement, il leur fait construire ou leur ouvre de grands ensembles, à Massy et à Sarcelles. Mais l'accueil reste peu chaleureux. L'hiver 1962-1963, particulièrement rigoureux, est pour eux l'épreuve de la découverte du froid. Pour beaucoup, il est difficile de trouver un emploi, et d'anciens cadres se retrouvent ouvriers d'usine ou agents de la RATP. Beaucoup préfèrent repartir vers des pays ou des destinations plus ensoleillés. Quarante mille iront s'établir en Espagne, dont les trois quarts à Alicante ; soixante mille, de confession juive, se fixeront à Haïfa et en Israël, d'autres s'en allant en Argentine, aux Antilles, en Nouvelle-Calédonie. De cette dispersion naît bientôt un sentiment de « clan perdu ».

La majorité, pourtant, reste en métropole, où plus d'un million d'entre eux vit toujours, développant les rites des retrouvailles par des kermesses où tous se rassemblent, arborant sur des badges le nom de leur village ou de leur quartier de là-bas, s'embrassant et, bien sûr, mangeant des merguez...

CHAPITRE XVIII

Pour l'amour de Dieu ou la gloire du roi : fuite des élites et armée des princes

Si les Alsaciens-Lorrains ont, en 1872, quitté leur village et leur famille par amour de leur patrie, d'autres Français, avant eux, l'avaient fait pour d'autres causes ou d'autres idéaux : les protestants à la fin du XVIIe siècle, et les nobles sous la Révolution.

1685. Avec l'édit de Fontainebleau, Louis XIV révoque celui de Nantes par lequel son grand-père, le bon roi Henri IV, avait accordé la liberté de conscience et de culte aux protestants. Depuis plusieurs années déjà, on les traquait sans relâche. Quatre ans plus tôt, l'intendant du Poitou, avait eu l'idée des « dragonnades ». Il s'agissait de loger des soldats chez les habitants protestants, avec mission de dévorer leurs provisions, de briser leur mobilier et de les soumettre à des sévices corporels jusqu'à ce qu'ils se décident à abjurer la « religion prétendue réformée ». Lorsque les habitants d'un village ou d'une ville étaient ainsi « convertis », on les envoyait dans la localité voisine, laissant la précédente dévastée. La formule ayant fait ses preuves, elle avait été étendue à d'autres provinces. Partout, la seule annonce de l'arrivée des dragons semait la panique dans la communauté protestante, provoquant abjurations ou fuites.

On aurait alors trompé le roi en lui faisant croire que, grâce aux dragonnades, il n'y avait plus de protestants en France et, aussitôt le nouvel édit signé, on s'est mis à détruire les temples, à emprisonner les pasteurs et leurs ouailles, à enfermer les femmes dans des couvents. On enlève même parfois des enfants à leurs parents pour les placer chez les jésuites. Celui qui continue en cachette à pratiquer le culte risque les galères, et de même celui qui quitterait la France. Tout nouveau converti est étroitement surveillé. On vérifie qu'il assiste bien aux offices catholiques et, toujours soupçonné, il lui est interdit de vendre ses biens, pour l'empêcher de passer à l'étranger avec le capital qu'il en aurait tiré.

Devant cette épuration impitoyable, nombreux sont ceux qui, au risque de leur vie, décident de prendre les chemins de l'exil. Beaucoup partent par bateau, les plus riches ayant parfois le leur, les autres se faisant enrôler dans l'équipage, se cachant dans les cales, au milieu des vivres ou des marchandises, ou s'entassant dans des barques de pêcheurs. Les conditions de départ et de voyages sont dures ; il faut braver la faim et le froid. En 1685, dès la fête de saint Martin (le 11 novembre), les chutes de neige ont, de surcroît, été plus denses et plus nombreuses que d'habitude dans les Alpes, et beaucoup de ceux qui fuient à pied doivent faire preuve d'héroïsme comme le montrent certains des cas décrits par Samuel Bastide.

Peu de temps avant l'édit royal, les dragons ont ainsi saccagé la maison du bourgeois Abraham Privat. Ils l'ont enfermé dans une forteresse et ont massacré sa femme, laissant leur onze enfants errer dans le pays. Le père réussit à leur faire parvenir un écu d'or de six livres et leur ordonne de quitter la France dans la direction de l'étoile polaire. Ils marcheront jusqu'à Francfort, où ils travailleront de leurs mains.

Mlle de la Chesnoye, elle, se frotte les mains et la figure avec des orties pour correspondre au signalement porté sur le faux passeport qu'elle a acheté à prix d'or à une servante tachée de rousseur. Les demoiselles Roboteau, de La Rochelle, gagnent Dublin cachées dans une caisse de pommes...

Sur les routes, ce sont des défilés de familles paysannes chargées de ballots et de vivres, qui se dirigent vers Genève et les cantons suisses, accompagnées de leur bétail et transportant meubles et grains sur des charrettes. Pour passer les frontières, certains se déguisent en soldats, d'autres même parfois en prêtres catholiques ! Mieux valait en effet ne pas pouvoir être identifié. R. von Thadden cite l'exemple d'Étienne Chauvin, pasteur de l'église d'Uzès, en fuite avec sa femme et ses deux enfants, arrêté à Grenoble, qui restera quarante-trois jours à croupir au fond d'un cachot. Samuel Bastide raconte le sort émouvant des Hubert, fuyant Clermont-Ferrand pour la Suisse, arrêtés et enchaînés par des villageois qui, toute la journée, leur jettent des pierres et de la boue au visage en les injuriant. Le soir, le père fait mettre sa famille à genoux pour prier et chanter un psaume et leurs tortionnaires, émus, essuient les visages des enfants et les délivrent.

Les plus aisés peuvent s'offrir les services de guides qui les font voyager de nuit, par des itinéraires reconnus, et se cacher le jour dans les bois ou les forêts. A Lyon, des professionnels se chargent ainsi d'escorter des fuyards en Suisse ; un guide savoyard y conduira à lui seul vingt-deux personnes à pied ; sur le littoral, des passeurs promettent l'Angleterre. Mais si certaines villes suisses, comme Rolle, paient elles-mêmes des bûcherons ou des prêtres pour guider les exilés, ailleurs il en coûte de mille à six mille livres — une fortune : des millions de francs d'aujourd'hui ! Au long des routes, près des frontières, certains bourgs ou certaines maisons privées proposent cependant des lits et distribuent gratuitement des vivres et des vêtements. Neuveville, près de la frontière suisse, recevra ainsi, entre 1685 et 1731, plus de dix mille réfugiés allant à Neufchâtel.

Ils seront en tout deux cent à trois cent mille à quitter ainsi la France, dont à peu près cent mille Saintongeais, et Paris, à elle seule, perdra quelque douze cents familles.

Où vont ces gens ?

Les destinations varient, en fonction des filières suivies et de la région de départ. Toutes sont évidemment des terres de souverains protestants. La Suisse, avec Genève et Lausanne, est surtout un lieu de passage. Beaucoup gagnent Francfort, qui fera office de plaque tournante et d'où ils repartiront souvent ailleurs.

A Francfort, ils arrivent « démunis de tout, (...) et souvent en mauvais état physique à cause des privations, des intempéries et des accidents », comme Abel Malle, « tombé d'un charriot et un autre charriot lui ayant passé sur le corps », qui avait dû rester cinq mois à Zurich. Leur prise en charge est organisée, tant pour les loger, les nourrir que les soigner, le temps pour eux de souffler avant de poursuivre leur route, pour laquelle on leur remet volontiers quelque viatique.

La Suisse, si elle a sans doute été traversée par près de cent cinquante mille réfugiés, n'a gardé que les plus pauvres, arrivés à pied des Cévennes ou du Dauphiné par la Savoie ou les forêts du Jura, et qui s'entassent dans des chambres misérables de Genève où leur nombre montera à quatre mille, à une époque où la ville ne compte que seize mille âmes. A Neufchâtel, des quêtes ont lieu à l'issue des offices pour aider les Français à continuer leur voyage. A Zurich, la ville loge à ses frais les Queyrassins d'Abries arrivés par le col des Grisons. Bâle, Schaffhouse et Berne agissent de même.

De Francfort et de Suisse, beaucoup continuent vers d'autres directions, à travers l'Allemagne souvent, mais surtout vers la Hollande.

L'Allemagne — ou plus exactement les multiples principautés qui composent alors l'empire — offre des asiles sûrs et parfois même, en cadeau de bienvenue, l'exemption d'impôts. Ce sont donc 44 000 huguenots qui se fixent en Brandebourg (notamment toute une communauté venue d'Aubusson), dans le landgraviat de Hesse-Kassel ou à Heidelberg, dans le Palatinat, où ils sont d'autant mieux accueillis que ces contrées viennent d'être dépeuplées par la guerre de Trente ans. Beaucoup vont également en Prusse. Berlin comptera jusqu'à un tiers de réfugiés français et le Grand Électeur intégrant volontiers les gentilshommes à son armée, six cents officiers français en rejoignent les rangs, comme Jean Cayart, un ancien élève de Vauban, qui y devient chirurgien général des armées.

Plus au Nord, les « Provinces-Unies » reçoivent le contingent le plus nombreux. Quelque 85 000 réfugiés s'établissent principalement dans les trois villes d'Amsterdam, La Haye et Rotterdam, où des collectes sont organisées. Là aussi, on leur offre le droit de bourgeoisie et des avantages fiscaux. Pour les recevoir, Amsterdam construit mille maisons.

De 50 000 à 70 000 protestants gagnent encore par bateau l'Angleterre et l'Irlande : Londres surtout mais aussi Canterbury, Bristol, Norwich, Southampton... Le roi lance à leur intention une collecte, le *Royal Bounty*, qui rapportera deux cent mille livres.

Un groupe de médecins ira jusqu'à Moscou et quelques familles au Danemark, en Suède, voire en Turquie... D'autres, plus téméraires, partent défricher les forêts américaines près de Boston ou de Charleston et figureront parmi les ancêtres directs des présidents Washington et Roosevelt. Quelques-uns, enfin, iront jusqu'au cap de Bonne-Espérance planter du blé et de la vigne dans la vallée de la Perle, en Afrique du Sud.

Certaines familles se voient ainsi dispersées, comme les Foissin, autrefois marchands de dentelles dans le bourg de Villers-le-Bel, sur le plateau de France, tout près de Paris, qui compteront parmi leurs descendants un conseiller du roi de Prusse et un officier du duc de Brunswick, des planteurs en Caroline du Sud et des filles réfugiées à Genève et en Angleterre.

Mais, si la solidarité est souvent au rendez-vous dans leur pays d'adoption, la vie que les huguenots vont devoir y mener n'en sera pas moins dure. Dans les campagnes de

Hesse, on les voit ainsi se construire, de leurs propres mains, des baraquements de bois.

Si certains, errant de communauté en communauté, devront vivre d'aumônes jusqu'à leur mort, beaucoup pourtant réussiront. Un descendant des Privat deviendra maire de Francfort. Les pays d'accueil les aident volontiers. Pierre Baille, ex-directeur général de la Manufacture royale de tissus à Clermont, en Languedoc, se voit consentir, en Hollande, un prêt sans intérêts de cinquante mille florins et mettre à sa disposition deux cents orphelins de dix ans comme ouvriers gratuits. A Boston, des négociants rochelais fondent un puissant réseau commercial et financier. Dans tous ces pays, on mesure, en effet le potentiel tant intellectuel qu'économique de ces Français exilés dont la France vient de se priver en se saignant d'une partie de ses enfants.

La région de La Rochelle perd ainsi le tiers de sa population ; dans tout le royaume, ce sont des industriels, papetiers, peaussiers, soyeux, verriers, horlogers, maîtres de forges qui s'en sont allés, le vidant de nombre de ses familles fortunées et de ses sources vives. Il n'est qu'à songer au riche ingénieur Denis Papin, qui mourra à Londres sans avoir jamais revu sa patrie. En révoquant l'édit de Nantes, Louis XIV a privé le pays d'une grande partie de ses élites qui sont allées mettre leur argent et leur savoir au service d'autres souverains parfaitement conscients de l'aubaine. Très vite, les protestants français réfugiés en Hollande seront naturalisés et oublieront leur fol espoir de rentrer en France, où le roi s'obstinera longtemps dans son aveuglement plutôt que de leur offrir le retour.

Peu à peu, où qu'ils soient, ces réfugiés s'intégreront à leur nouvelle patrie. Se retrouvant entre eux, ils n'ont généralement guère laissé de parents en France, mais certains, pourtant, iront parfois clandestinement revoir ceux qui sont restés. Bien peu, en 1802, répondront à l'offre que leur fera Bonaparte de revenir et de retrouver les biens de leurs ancêtres.

Il est vrai que le démarrage industriel était lent à venir en France, en comparaison de ce qui se passait en Angleterre. Vrai aussi que la Révolution était passée par là. Deux situations, d'ailleurs, que cette « fuite des élites », comme l'ont appelée les historiens, a sans doute largement alimentées.

16 juillet 1789, la Bastille n'est pas tombée depuis deux jours que le comte d'Artois, frère de Louis XVI et futur Charles X, part sur l'ordre du roi pour Namur, suivi du maréchal de Broglie, du prince de Condé et du duc et de la duchesse de Polignac. Cette dernière, la favorite de Marie-Antoinette, est déguisée en femme de chambre. La veille au soir, déjà, le duc de Montmorency-Luxembourg s'est embarqué pour l'Angleterre avec sa femme et ses deux fils. L'émigration commence...

A Bruxelles, Artois est rejoint par les Breteuil, les Lambesc, les Conti et bien d'autres. De riches Parisiens, inquiets par la tournure que prennent les événements leur emboîtent le pas au cours de l'été, alors que l'ancien ministre Necker rejoint son château de Coppet, sur les bords du lac Léman, avec sa fille — Mme de Staël —, Mme de Mailly et le maréchal de Castries, sa femme et sa maîtresse.

A la fin de l'année, Artois se fixe à Turin dont le roi, Victor-Amédée, n'est autre que le père de sa femme. Celle-ci rejoint rapidement son mari, escortée à son tour par quelques fidèles avec lesquels elle va poursuivre la vie insouciante et frivole qu'elle menait à la cour, ne s'occupant guère des événements de France.

Après que la nuit du 4 août eut aboli les privilèges, les journées de juin 1790 suppriment la noblesse héréditaire et les titres, interdisant les livrées et les armoiries. Qu'importe ! La cour, désormais en exil, n'accorde à tout cela que peu d'intérêt, ne comprenant pas davantage ce qui se passe qu'elle ne l'a compris, naguère à Versailles, où Louis XVI se retrouve maintenant prisonnier de fait. Tout au plus se demande-t-on pourquoi lui-même ne fuit pas aussi ce pays infesté de révolutionnaires qui, en avril 1791, vont jusqu'à lui faire adopter une constitution civile pour le clergé, obligeant les prêtres à prêter le serment civique, jetant en prison ceux qui s'y refusent. Or, les ecclésiastiques sont d'autant plus nombreux à s'y opposer que le pape a condamné ce texte et ceux qui s'y rangeraient. Le clergé « réfractaire » prend à son tour les chemins de l'exil.

L'idée de la fuite du roi fait pourtant son chemin. A la cour — ou du moins ce qu'il en reste —, on prépare une opération secrète, qui va se solder par l'épilogue bien connu de Varennes, d'où la famille royale est ramenée en prisonnière.

Tirant les conclusions de cet échec, une nouvelle vague d'émigrés se dirige alors vers les frontières, avec à sa tête l'autre frère de Louis XVI, le comte de Provence (futur Louis XVIII), qui quitte le royaume avec sa femme pour se diriger vers Bruxelles, où l'archiduchesse Christine, sœur de Marie-Antoinette, tient sa cour. Artois vient l'y rejoindre et Bruxelles succède à Turin comme capitale de l'émigration. Par milliers, on y accueille aristocrates et militaires à qui l'on remet la cocarde blanche dont le port est interdit en France, où le gouvernement a d'ailleurs voté un décret d'accusation contre les princes émigrés et a déclaré leurs propriétés biens nationaux. Les jeux, cette fois-ci, semblent faits. La petite noblesse campagnarde aurait-elle eu raison de se calfeutrer sur ses terres ?

Les Bourbon ne se posent pas la question. A Bruxelles, leur comportement suffisant et irrévérencieux, lasse leur protectrice et ils doivent bientôt en repartir avec leur nombreuse suite, se dirigeant vers Coblence, où l'électeur de Trèves est ravi de les accueillir. Il ne leur ménage ni les égards ni les largesses, dont la bande va largement profiter et abuser. Débauches et intrigues, hauteur et sottise, toilettes et soupers fins..., on retrouve une fois de plus la vie d'autrefois. En fait, remarque Christian de Bartillat, « on va à Coblence comme on allait hier à Versailles ». Un gouvernement fantoche est créé, avec Calonne pour Premier ministre, qui assiste, sans vraiment la voir, à la rencontre de deux mondes : celui de la petite noblesse, venue ici pour organiser l'armée de la reconquête et de la libération de son roi, et celui de la noblesse de cour, obsédée par la vanité, l'intrigue et l'étiquette, qui se voit déjà réintégrer à Versailles ses charges et ses privilèges. « Ils avaient de beaux uniformes et nous regardaient dédaigneusement cheminer à pied (...) nous, petits gentilshommes de province ou pauvres officiers devenus soldats », écrit Chateaubriand dans les *Mémoires d'outre-tombe*.

Mais les petits princes germaniques sont fiers d'accueillir chez eux et d'obliger cette haute noblesse française, même s'il doit parfois leur en coûter. A Coblence, selon Ghislain de Diesbach, ce sont quelque huit cents douzaines de serviettes et cent couverts d'argent que nos Français, en souvenir de l'hospitalité reçue, auraient ainsi emportés lors de leur départ en juillet pour Bingen, chez le margrave de Hesse.

Pendant ce temps, en France, les événements se précipitent. Louis XVI et sa famille sont emprisonnés au Temple; la République est proclamée. Certains des nobles restés, craignant le couperet de la guillotine, tentent, souvent en vain, de partir, achetant parfois des passeports à prix d'or. On revoit des duchesses se déguiser en femmes de chambre ou en matelots pour gagner l'Angleterre sur des bateaux où chaque passager vit de terribles heures d'angoisse.

La République déclare la guerre à l'Autriche. Enfin, l'on va se battre. Les émigrés ont derrière eux quelque 25 000 hommes, 10 000 dans « l'armée des princes », commandée par les frères du roi, 9 000 dans celle du duc de Bourbon et 6 000 sous la bannière du prince de Condé. Les deux premières sont dispersées dès la bataille de Valmy. Les Français entrant en Belgique, les émigrés qui y étaient restés s'enfuient dans des équipages divers, des berlines élégantes aux charrettes les plus misérables. Réfugiés en Hollande, ils y seront bientôt rejoints par les armées républicaines exportant la Révolution et s'enfuiront à nouveau vers Hambourg et le Hanovre.

Le temps des rêves de victoires militaires est passé. L'espoir s'en va. C'est l'heure du deuil, et chez certains, enfin, de la prise de conscience lorsque la tête de Louis XVI tombe, le 21 janvier 1793. Ses frères reçoivent du roi de Prusse une maison en Westphalie, mais l'ancienne cour en exil va encore errer entre Vérone, Blankenburg, dans le duché de Brunswick, Mittau, en Lettonie... Les autres s'efforcent tant bien que mal de survivre là où il sont.

A Hambourg, « Mme de Falaiseau fabrique des calendriers perpétuels, la comtesse de Neuilly ouvre un petit commerce de mode, lingerie et parfumerie, et la comtesse de Rochechouart décore des éventails dont ses deux fils confectionnent les boîtes ». Les hommes, de leur côté, dérogent : « Des chevaliers de Saint-Louis se font embaucher comme pâtissiers. M. de Pradt est changeur ambulant. M. de La Roche-Courbon fait commerce de chevaux et le marquis de Romance celui de comestibles. M. de Montlaur est acteur et Graffeteaux souffleur (...) M. d'Agoult meunier, Alexandre de Lameth chemisier. Nombre de Français se placent comme précepteurs et répétiteurs, d'autres courent de maison en maison donnant des leçons de danse, de chant, de dessin et bien entendu de français. » A Saint-Pétersbourg, certains se retrouvent peintres ou coiffeurs. En Prusse, nombreux sont ceux qui, comme les protestants de jadis, s'enrôlent dans les armées du roi. A Londres, où le gouvernement leur alloue un shilling par jour, des femmes ourlent, brodent, festonnent, faufilent ou tressent de la paille pour fabriquer de la vannerie pendant que leurs maris s'échinent à vendre des vins ou du charbon. Mme de Guéry se fait marchande de glaces et compte parmi ses clients le prince de Galles et ses frères. Le chevalier de Cosson « tient tout d'abord un restaurant, puis une fabrique de chapeaux, puis monte une librairie et s'établit enfin dentiste ». Le soir, dans les appartements de Hyde Park dont ils ont bien du mal à payer les loyers, les Noailles, Polignac, Choiseul, Montesquiou donnent des dîners où chacun apporte son plat et sa bougie : leur misère sait émouvoir la générosité britannique. On organise à nouveau souscriptions et comités... tandis que la marquise de La Tour du Pin, cédant, avec quelques autres, au mirage américain et devenue fermière aux États-Unis, adopte le costume de ses voisines, « jupe de laine bleu et noir rayée et petite camisole en toile de coton ».

Comme l'explique Ghislain de Diesbach, malgré quelques destins exceptionnels, tels celui des princes de Rohan devenus feld-maréchaux dans l'armée autrichienne, le sort de ces émigrés reste donc peu brillant. Dès la chute de Robespierre, quelques-uns rentreront chez eux, parfois sous de faux noms, en éclaireurs. Leurs parents restés en France se débrouillent pour leur fournir de faux « certificats de résidence », attestant qu'ils n'avaient jamais quitté le pays et obtenant ainsi leur radiation de la liste des émigrés. On use parfois des subterfuges les plus rocambolesques. Au château de Sully, en Bourgogne, la vieille marquise de Mac-Mahon s'était éteinte, en pleine Terreur, par un matin d'automne, alors que ses deux fils étaient inscrits sur la liste des émigrés. Pourtant, elle était morte sereine, confiante en la promesse que lui avait faite son régisseur de sauver le château. Pour éviter qu'il ne soit, du fait de la mort de sa propriétaire, considéré comme bien d'émigré et ne devienne bien national, celui-ci a l'idée de cacher le décès de sa maîtresse. Dès qu'elle rend le dernier soupir, il fait immerger son corps dans une grande auge remplie d'eau-de-vie d'où il pourra, au besoin, le retirer pour le présenter comme celui d'une femme se mourant dans son lit, et il attend le retour de la paix et des fils de la défunte pour aller déclarer le décès à la mairie.

Bonaparte, en 1801, prendra un certain nombre de mesures aboutissant de fait à une amnistie quasi générale. L'année suivante, sur les deux cent cinquante à trois cent mille personnes qui avaient émigré, plus de la moitié étaient rentrées, souvent privées de leurs repères dans la nouvelle France. Seul le noyau dur attendait, avec les frères du roi, résidant désormais au château de Hartwell en Angleterre, que vienne enfin l'heure de la restauration de ce monarque pour la gloire duquel ils étaient partis.

CHAPITRE XIX

Tsiganes, bateleurs, militaires et compagnons : autres mobilités et autres épopées

Barcelonnettes partis pour le Mexique, Normands pour le Québec, Basques pour l'Argentine, Alsaciens pour le Texas, Corses pour Porto Rico ou le Venezuela, colons d'Algérie, tous s'en sont allés par les mers à la recherche d'une vie meilleure. Protestants ou aristocrates, ils ont fui les persécutions et ont tout quitté pour sauver leur vie, croisant parfois les précédents sur les océans, ou bien, rencontrant sur les routes : colporteurs dauphinois, herboristes alpins, instituteurs queyrassins, ramoneurs savoyards, chiffonniers et étameurs auvergnats, maçons marchois, scieurs de longs et pionniers foréziens, rouliers jurassiens et galvachers morvandiaux, montreurs d'ours fuxéens, châtreurs béarnais, portiers suisses, pèlerins se rendant à Saint-Jacques... Tous s'en sont allés, à travers bois et forêts, par les ponts ou par les gués, à pied, à cheval, en voiture, en chariot ou en diligence, en croisant sans cesse d'autres : bohémiens et tsiganes, compagnons du tour de France, militaires, eux aussi en permanence sur les chemins de l'aventure.

Depuis le XVe siècle, des groupes de tsiganes ont été

signalés en France. En 1419, une troupe de « Sarrasins » composée de quelque cent vingt personnes, munies de lettres de l'empereur et du duc de Savoie, traverse le royaume, de la Dombes à la Provence. Conduits par le duc André de Petite Égypte, ils ébahissent et inquiètent les populations des bourgs et des villes qu'ils traversent. A Mâcon, à Sisteron, les bourgeois leur donnent du vin, du pain, de la viande, de l'avoine... Quelques années plus tard, d'autres arrivent à Paris, où ils attirent les gens par les récits de leurs voyages et surtout en disant la bonne aventure; l'avenir a toujours fait recette. Mais l'archevêque de Paris, en exhortant ses curés à mettre en garde, dans leurs sermons, les naïfs qui se sont fait lire les lignes de la main, provoque ainsi leur départ. Les voici bientôt signalés dans d'autres provinces, mais aussi en Espagne, en Angleterre, en Scandinavie, en Pologne, en Russie, et plus tard en Afrique et en Amérique.

D'où viennent-ils? De Basse-Égypte, comme ils le prétendent souvent? A moins qu'ils ne soient, comme on l'a imaginé, des naufragés de l'Atlantide, le fabuleux continent englouti? Plus vraisemblablement, et comme tend à le montrer leur langue, ils seraient originaires de l'Inde qu'ils auraient quittée pour l'Ouest, comme l'avaient déjà fait bien avant eux les peuples de l'époque des grandes invasions. De là, ils auraient progressé lentement à travers l'Iran, les pays byzantins et l'Europe balkanique, où la majorité d'entre eux serait restée, d'autres continuant vers l'Allemagne et la Suisse pour se disperser ensuite à travers l'Europe tout entière.

Ils appartiennent à trois groupes essentiels : les Roms, installés en Europe orientale, les Manouches, établis en Europe occidentale, et les Sintés, en Allemagne et en Piémont. Mais chacun de ces groupes est aussi divisé en clans et tribus, et cela selon leur spécialité, comme les Kalderash, chaudronniers, les Lovara, maquignons, les Tchourara, fabricants de tamis, les Boiash ou Ursari, montreurs d'ours, les Aurari ou Zlatari, orpailleurs... Les *gadjos* — comme ils nomment tous ceux qui leur sont étrangers — les appellent des gitans (d'après le mot « égyptans », se référant à leurs origines légendaires), ou encore des bohémiens, car ils sont souvent venus par la Bohême, et plus volontiers encore des « romanichels », d'après le nom des « Roms ».

Ces tsiganes inquiètent, et cela aussi bien par leur organisation et leurs modes de vie, que par leur accoutrement, leurs activités, leurs discours et leurs comportements.

De confession musulmane ou chrétienne, ils circulent par bandes, conduites par des chefs qui se disent, comme on l'a vu, ducs ou comtes « de la Petite Égypte ». Les hommes portent des barbes et des cheveux noirs et longs; les femmes de longues queues-de-cheval, avec des turbans, des anneaux aux oreilles et la gorge découverte. Tous sont vêtus de couleurs voyantes, souvent de rouge, avec des boutons dorés ou d'or. Dans les villages, ils jouent de la musique, du violon, vendent des lanternes magiques, présentent des animaux savants : ours, singes, chiens, et font des démonstrations de danses autrement plus endiablées que les bourrées paysannes. Ils prédisent l'avenir, prétendent pouvoir guérir les hommes et les bêtes, mais ils chapardent aussi, qui des poules, qui des chevaux et vivent ouvertement de l'aumône publique et privée. Les voir arriver, avec leurs chiens et leurs voitures à deux roues tirées par des ânes ou des mulets, suffit donc à semer le trouble parmi les populations paysannes d'autrefois, qui les haïssent véritablement.

Peu importe, alors, qu'ils aient ou non des structures familiales fortes, des noms de famille à l'image des nôtres, leur seul nomadisme leur vaut une lourde suspicion. Ils se marient donc entre eux et errent plus que personne par les routes, tel ce Jean Winterstein, né dans le Bas-Rhin, dont les enfants naîtront à La Réole, Abbeville, Vannes, Castres, Montagnac et Cérilly...

Parallèlement aux tsiganes, bateleurs et « cirquassiens » sillonnent le pays, proposant à nos ancêtres d'autres numéros d'animaux déguisés, des maquillages de bazar, parfois des écuyères à paillettes, bref le royaume des mille et une merveilles.

Dès la seconde moitié du siècle dernier, c'est souvent un petit cirque ambulant qui arrive au village, conduit par un vieux cheval blanc efflanqué que l'on va mettre au pré. Le soir, au coin du feu, un vieil artiste — clown ou acrobate — accompagné de quelque gamin dresseur d'animaux ou d'un « homme-caoutchouc » offrira son spectacle aux villageois et à leur marmaille.

Le plus souvent, pourtant, c'est sur les foires que les artistes se produisent, au milieu des attractions les plus diverses. Chaque baraque propose la sienne : marchands d'oiseaux des îles ou de dentelles du Japon, loteries, stands de tir ou de lancement d'anneaux, dresseurs de puces sauteuses, costumées en marquises ou en gladiateurs (*sic*), présentateurs d'automates en tout genre ou de « panoramas » qui en mettent « plein la vue » avec des images touristiques de Paris, de Rome ou de Jérusalem. Dans d'autres baraques, cartomanciennes, mages, voyantes, lisent dans le marc de café, tirent les cartes et vous révèlent tout, du passé à l'avenir... Mais ce sont surtout les « phénomènes » qui attirent les foules, à commencer par les géants et les nains, tels J.P. de Montastruc, mesurant 2 m 40 et pesant 160 kg, Mlle Carline, géante belge de 2 m 20, ou Mlle Rose, Marseillaise de 2 m 15 ; tel, enfin, M. Mouche, faisant, à vingt-trois ans 77 cm et 7 kg, ou la « Princesse Paulina », de 42 cm et de 3 kg ! A leurs côtés, se dressent les colosses que les bateleurs disent prêts à relever les défis au « bras de fer », pendant que d'autres annoncent un avaleur de sabre ou un homme-canon. Le public, du matin au soir, hurle de rire devant les prouesses des pétomanes et reste coi devant les « hommes momies », les « femmes girafes », les « hommes à tête de veau », les hommes ou femmes-troncs, les femmes à barbe ou « à deux têtes ». Un peuple d'infortunés, rassemblant toute la misère humaine, est ainsi pitoyablement mené de ville en ville dans des roulottes tenant de la cage. Ce n'est que plus tard, avec les grands cirques comme Barnum et Medrano, que les ménageries montreront les premières bêtes fauves et abrégeront le martyre de ces tristes phénomènes.

Autres familiers des routes, les militaires ne se déplacent qu'à pied, témoin l'émouvante aventure du soldat Audin, qu'un mauvais numéro au tirage au sort, vers 1845, envoie de son Bourbonnais natal en garnison à Rennes. Marié très jeune, il laisse donc sa femme et ses très jeunes enfants. Au bout de plusieurs années, durant lesquelles il n'est évidemment jamais revenu en permission au pays, faute d'argent et de moyen de transport, il obtient de son capitaine une permission exceptionnelle de trente jours, à la suite d'un geste de bravoure. Jugez de sa joie : il va pouvoir revoir le clocher de son village et ceux qui lui sont chers ! Trente jours, le Pérou ! Son adjudant le met cependant bien en garde : « Ne laisse pas passer la date du retour, sinon, gare : le trou ! » Et comme Audin ne sait ni lire, ni écrire, ni compter, un copain instruit lui trace sur une feuille trente bâtons, et lui donne un crayon, à charge pour lui d'en barrer un chaque soir, avant de s'endormir, et de reprendre la route dès qu'il en aura barré la moitié. Audin s'en va donc, à pied naturellement et en sabots : pas question de s'offrir une diligence ni d'user les « godillots » de l'armée, faisant entre trente et quarante kilomètres chaque jour, couchant dans une grange la nuit venue, et biffant son bâton. Un soir, il biffe ainsi le quinzième, s'endort, et le lendemain matin, s'en retourne docilement vers Rennes. Il avait passé la nuit à moins d'une journée de marche de chez lui !

Sous l'Ancien Régime, le principal souci des sergents recruteurs, faisant signer les gars qu'ils ont soûlés, était de trouver de bons marcheurs. Si les deux tiers de leurs recrues sont des ruraux et souvent des gars des provinces du Nord et de l'Est, là où l'on migre moins, ils recherchent particulièrement ceux des autres régions, notamment les Creusois, réputés aguerris à la marche. Beaucoup sont engagés par les jeunes capitaines issus de familles nobles venus lever leur compagnie sur les terres familiales, parmi les enfants des métayers de leur père. Repartaient avec eux les plus misérables ou les plus désespérés, les têtes brûlées du village, les jeunes agissant sur un coup de tête à la suite de quelque brimade, ou d'un conflit avec leur père. Beaucoup, de ce fait, vont à l'échec. Se voyant condamnés à rester célibataires, car le mariage est mal vu dans l'armée, et conscients du peu d'espoir de promotion, nombre d'entre eux préfèrent déserter, et vont alors grossir la troupe de ceux qui mendient leur pain.

Les vagabonds sont nombreux sur les chemins et leur passage inquiète les populations. Tout au long du siècle dernier, les maires des petites communes n'ont cessé de lutter contre ces hommes qui pratiquent la « pique » ou la « tune », déguisés parfois en pèlerins ou en militaires. De certains cantons d'Auvergne, comme celui de Saint-Dier, dans l'actuel département du Puy-de-Dôme, il en part de véritables essaims, munis de certificats plus ou moins exacts, qui se livrent constamment à des chapardages, sous prétexte de mendier quelques croûtes de pain. Par milliers, ils marchent ainsi, sur les chemins du désespoir plus que sur ceux de l'aventure.

Mais ceux qui savent le mieux quelle aventure ils poursuivent sur les routes sont sans doute les compagnons du tour de France. Balluchon à l'épaule, canne ferrée (pour se défendre) et décorée de rubans multicolores, ils vont eux aussi fréquemment par équipes, se croisant et se hélant avec des cris et des gestes étranges qui sont autant de messages codés ou de mots de passe. « Bons drilles », « devoirants », « enfants de maître Jacques, de maître Soubise ou de maître Salomon » ont en effet non seulement leur code, mais aussi leurs rites. Des rites parfois rivaux, au point de provoquer des batailles rangées, comme celle racontée par Mistral et qui aurait, en Provence, opposé des centaines de compagnons appartenant à des « devoirs » différents. Tous, pourtant, sillonnent les routes selon des itinéraires balisés d'auberges, de cabarets ou tout simplement de granges, quand ils ne dorment pas à la belle étoile. Marcheurs intrépides, ils cheminent à la recherche d'un « singe » (un patron) et d'une « cayenne » accueillante, sorte de pension de famille recevant ceux d'un même métier (charpentiers, boulangers, horlogers, tailleurs de pierre...). Là, ils trouveront la « mère », la logeuse des gens de ce métier, qui leur assurera la soupe et le lit et leur proposera une manière de nouvelle famille, s'ils savent se montrer sérieux et disciplinés. Elle leur fera volontiers crédit jusqu'à ce qu'ils aient trouvé une embauche leur permettant de continuer l'apprentissage du métier, qu'ils poursuivent ainsi de ville en ville. Ce périple, qu'ils appellent leur « tour de France », nos compagnons l'effectuent toujours dans le même sens, celui du soleil. Ils visitent Paris, Lyon, Marseille, Montpellier, Toulouse, Bordeaux, Nantes, Tours..., faisant, en Provence, un crochet par la Sainte-Baume où la légende veut que maître Jacques soit venu se réfugier. Ils passent par d'autres villes encore : Auxerre, Dijon, Carcassonne, Agen, Angers... selon que ces cités sont dites « villes bâtardes » ou « villes de devoir ». Ces dernières, constituant des étapes obligatoires, sont celles où s'effectuent les réceptions lors desquelles les « aspirants » pourront être reçus compagnons. Pour bien marquer le passage de ce cap, ils seront alors baptisés d'un de ces surnoms compagnonniques attribués en référence à la fois à la région d'origine et aux qualités humaines ou professionnelles : Auguste Batard, compagnon bourrelier-harnacheur, devient ainsi « Nantais-la-Belle-Conduite » ; Abel Boyer, compagnon maréchal-ferrant, « Périgord-Cœur-Loyal » ; Jean-Baptiste Arnaud, compagnon-boulanger, « Libourne-le-Décidé » ; Joseph Voisin, compagnon-charpentier « Angoumois-l'Ami-du-Trait ». On pense, bien sûr, au compagnon-menuisier Agricol Perdiguier, dit « Avignonnais-la-Vertu », qui a raconté ce long périple menant à la « maîtrise », ambition réaliste qui vaut à l'ouvrier la reconnaissance professionnelle et par là, souvent, la progression sur l'échelle sociale. L'ouvrier-compagnon, lorsqu'il effectue son tour de France, est en fait un des rares migrants à suivre un trajet planifié et gradué, où les risques et les espoirs sont parfaitement dosés.

Que reste-t-il, aujourd'hui, de tous ces itinéraires, de ces réseaux, de ces solidarités, de ce sens de l'aventure et de ces courses à la fois du désespoir et de l'espoir ?

Dès le milieu du siècle dernier, le chemin de fer qui, dans un premier temps, avait nourri et accéléré ces mouvements, les a en fait vite arrêtés. Le train a beaucoup fait rêver. Le mécanicien conduisant la locomotive n'est-il pas appelé « Monsieur » et ne porte-t-il pas un chapeau haut de forme, même s'il le remise dans un coffre en cours de trajet, pour ne le sortir que dans les gares et à chaque passage à niveau pour saluer la garde-barrière ? Si les migrations saisonnières s'effacent peu à peu devant les migrations viagères et journalières, c'est que ce moyen de transport permet enfin à tout un chacun de quitter son pays avec un espoir de retour qui n'a plus rien d'une gageure : de six millions de voyageurs transportés en 1841, il passe à cinq cent vingt-neuf millions à la veille de la Grande Guerre. Les ouvriers, quittant l'atelier proche pour l'usine d'un grand centre industriel ou de Paris, peuvent désormais aller en famille retrouver le frère ou le beau-frère qui les y a devancés. Une étude des ouvriers creusotins montre des ménages de frères et beaux-frères se retrouvant à Paris dans les mêmes rues, et se transportant plus tard dans un petit pavillon qu'ils font construire en proche banlieue, cédant leur logement à quelque neveu ou parent qu'ils ont fait venir du pays.

Les progrès techniques n'ont, par ailleurs, guère engendré de migrations nouvelles, exception faite pour les Savoyards de Mieussy que l'on a vus conquérir le monopole du chauffage des établissements publics parisiens, et de ceux que l'on a appelés les « migrants du sucre ». Dès les années 1850-1880, le développement, en Artois et en Picardie, de la culture des betteraves sucrières a déclenché de nouveaux flux migratoires. Binage, sarclage, éclaircissage des plants, arrachage et nettoyage exigent une main-d'œuvre nombreuse que les régions productrices ne suffisent pas à fournir. On voit donc venir des ouvriers de tous horizons : des Belges, très nombreux, puisque évalués à plus de cinquante mille hommes vers 1900, des « camberlots » du Nord, pauvres paysans-tisserands à la recherche d'un revenu complémentaire, des Bretons venus de l'intérieur de leur province et non des régions côtières, mais aussi des gens du Vivarais, qui s'en vont désormais « au sucre » comme leurs ancêtres partaient « à la peille » ou « à la drouine ». Dans un bissac de grosse toile à matelas bleue, ils emportent leur linge de corps et des vêtements de travail, une casquette plate et des sabots, et prennent le train pour les régions septentrionales, où ils vont transporter sur leur dos, à longueur de journée, des sacs de cinquante kilos et travailler dans l'odeur nauséabonde de la pulpe des betteraves. Ils sont logés dans des granges et des cambuses rustiques, mal nourris et, qui plus est, mal considérés par les villageois. Pourtant, leur migration durera longtemps. En 1964 encore, cent quinze « sucriers » sont ainsi partis des environs de Saugues, en Haute-Loire, où un rabatteur y effectuait toujours des tournées de recrutement en 2CV dans les années 1976-1977.

Pourtant, comme les autres, ces dernières migrations se sont éteintes. Est-ce à dire que l'esprit d'aventure, aujourd'hui, aurait disparu ? Bien sûr que non. L'aventure, simplement, se vit différemment ou sur d'autres échelles, et avant tout sur le plan international.

CHAPITRE XX

Chapeaux jaunes et diasporas : errances et longues marches des juifs et des Arméniens

On a noté que les immigrés étrangers étaient longtemps restés peu nombreux dans l'ancienne France. Les frontières, qui ont d'ailleurs souvent fluctué, ont surtout été franchies par les Français : Auvergnats ou Pyrénéens se rendant en Espagne, herboristes ou libraires dauphinois s'en allant à travers l'Europe ; Barcelonnettes, Béarnais ou Alsaciens partant pour les Amériques... A l'exception des juifs, à la situation longtemps ambiguë, les étrangers ne sont pratiquement pas venus tenter leur chance en France avant le début de notre siècle.

Il est impossible de parler des migrations entre la France et l'étranger, des aventures et des courses à la recherche d'une vie meilleure, sans évoquer le cas des juifs, sans raconter leur longue marche, dont l'origine semble se perdre dans la nuit des temps. Commencée dès le IXe siècle avant notre ère, leur « dispersion » n'a cessé d'être nourrie au fil des temps. La chute de Samarie, puis la captivité de Babylone, en furent les premières occasions, suivies de la prise de Jérusalem par les armées romaines de Titus, en 70 après Jésus-Christ. En 135 enfin, l'insurrection juive contre les légions d'Hadrien s'est terminée par la destruction du Temple et l'ordre donné d'anéantir la nation juive.

Très tôt donc, les juifs ont quitté par milliers leur pays pour se disperser à travers le monde antique, vers Alexandrie, Antioche, Carthage ou Rome, où ils sont nombreux à s'engager dans l'armée. De Rome, beaucoup ont alors pris la route du nord, une communauté importante gagnant ainsi Cologne et s'y établissant, pendant que de nombreux groupes s'éparpillaient à travers l'Europe.

Durant près de mille ans, ils ont vécu en paix. Même s'ils sont présentés comme ceux qui ont vendu le Christ et si saint Jean Chrysostome exhorte à s'en défier, les juifs ne sont alors ni persécutés ni assignés à vivre dans des quartiers à eux comme plus tard, à Venise, celui du « ghetto ». Ce n'est qu'avec les croisades, que leurs épreuves vont commencer.

Jérusalem est à peine tombée entre les mains des Turcs, que circulent des nouvelles alarmistes, largement colportées et amplifiées par les pèlerins de retour des lieux saints. A Byzance, l'empereur, inquiet, essaie de gagner à sa cause les souverains d'Europe, et d'abord le pape Urbain II. De Clermont, où il se trouve, celui-ci n'hésite pas à s'engager et prêche la première croisade.

En promettant l'indulgence plénière, c'est-à-dire la remise de la pénitence imposée pour le pardon des péchés, à tous les hommes, de toute condition, qui partiront libérer l'Église de Dieu à Jérusalem, il déclenche un formidable élan dans tout l'Occident chrétien qui, noblesse en tête, se rallie au signe symbolique de la croix. Des foules d'hommes se ruent sur les routes d'Orient, prêtes à faire quelque sept mille kilomètres, à pied ou à cheval : une grande aventure, une sorte de Paris-Dakar médiéval.

Partis des Flandres, de Normandie ou de Languedoc, ils traversent l'Allemagne, suivent le Danube, remontent la vallée de la Morava pour gagner Constantinople et traverser le Bosphore, en de lourds et longs cortèges enferraillés. La piétaille porte lances et flèches; les chefs, caparaçonnés dans leurs armures, leur lourd bouclier au poing, chevauchent des destriers bardés de fer. Tout cela s'en va, cliquetant et grinçant à qui mieux mieux, délivrer le tombeau du Christ et gagner un droit d'accès au paradis.

Les croisés français sont conduits par le fameux Godefroy de Bouillon qui, pour mieux répondre à l'appel du pape, décide, avant de partir, de s'entraîner sur les juifs, jurant « de ne point prendre la route qu'il n'ait vengé le sang du crucifié dans le sang d'Israël et de ne point laisser de survivant ni de rescapé portant un nom juif ». L'ère des massacres a sonné...

« Pourquoi devons-nous chercher les ennemis du Christ en Orient, lorsque les juifs blasphémateurs, qui sont bien pires que les Sarrasins, vivent au milieu de nous et outragent impunément le Christ et les sanctuaires de l'Église ? Je ne demande pas qu'ils soient livrés à la mort, car il est écrit "tu ne tueras pas", mais qu'ils soient réduits à la servitude, misérables, opprimés, craintifs, et qu'ils le restent jusqu'à ce qu'ils se tournent vers la voie du salut. » C'est le moine Pierre de Cluny qui parle ainsi, se faisant le porte-parole d'une hostilité assez générale et qui ne doit pas surprendre.

Souvent cultivés, sachant parler plusieurs langues, les juifs, en effet, étonnent et dérangent. Par ailleurs, l'Église interdisant aux chrétiens de faire le commerce de l'argent, ils en ont largement profité, par la pratique de l'usure. Prédisposés au commerce, la plupart sont donc riches, ce qui aggrave évidemment leur cas en provoquant jalousie et convoitise.

Tour à tour, on va chercher à les éliminer pour prendre leur argent ou à se les concilier pour le leur faire donner et, durant tout le Moyen Age, les juifs ne vont cesser de se voir ainsi tantôt chassés et tantôt rappelés. Philippe Auguste, en 1182, les expulse pour récupérer leurs biens au profit du trésor royal, comme le feront après lui Louis VII, puis Philippe le Bel, renvoyant plus de cent mille juifs de Normandie en 1306. Rappelés par Louis le Hutin en 1315, ils seront bannis sept ans plus tard par un décret de Philippe V et rappelés par le futur Charles V, à condition qu'ils contribuent à payer la rançon de son père, le roi Jean le Bon, retenu prisonnier en

Angleterre de nouveau. En 1394, sous le règne de Charles VI devenu fou, ils seront de nouveau expulsés.

Dès 1215, le concile du Latran leur a imposé une marque infamante, le port de la « rouelle », morceau d'étoffe en forme de roue, ce qui les met au même rang que les lépreux ou les filles publiques, et à quoi le roi Louis VIII a ajouté le port obligatoire d'un chapeau jaune et pointu pour les hommes, et d'une cocarde de même couleur pour les femmes. La plupart des villes les assignent à résider dans des quartiers bien circonscrits, dits « quartiers juifs », et, à tous points de vue, leur statut est inférieur : là où le passager d'un bateau doit payer un droit de passage d'un denier, le juif doit en payer douze !

Les persécutions, surtout, se multiplient. A compter de 1232, l'Inquisition, qui ne s'en prenait jusqu'alors qu'aux hérétiques, va les poursuivre, et désormais ils serviront constamment de boucs émissaires. Ne va-t-on pas les rendre responsables de la peste noire, qui, au XIVe siècle, décime la France, en les accusant d'avoir empoisonné les puits ?

Finalement, beaucoup s'en vont, notamment de Normandie et de Champagne, se réfugier ailleurs, en dehors du royaume tel qu'il est alors limité. C'est ainsi que jusqu'à la Révolution, les juifs sont surtout regroupés dans trois régions principales : les anciens États pontificaux d'Avignon, le Sud-Ouest et l'Alsace-Lorraine.

Dès que le Languedoc et la Provence ont été réunis à la couronne de France, ceux qui y avaient vécu jusqu'alors en paix se sont dirigés vers les États pontificaux dont les frontières étaient ponctuées de hautes croix dorées promettant l'asile du Saint-Père. Toutefois, si certains auteurs ou historiens ont parlé d'une « Jérusalem provençale », il ne faut pas idéaliser le tableau, mais savoir que, même en Avignon, à Carpentras ou à Cavaillon, ils ont vécu dans l'angoisse permanente des revirements de leurs protecteurs, les papes successifs oscillant volontiers, eux aussi, entre des positions favorables ou défavorables à leur communauté.

Le Sud-Ouest, au fil des temps, a vu arriver beaucoup de « marranes », comme on appelle les juifs chassés d'Espagne ou du Portugal, convertis de force au catholicisme mais continuant souvent, une fois en France, à pratiquer leur religion en secret.

Juifs « du pape » et « marranes » sont le plus souvent d'origine séfarade, d'après l'ancien nom hébreu de l'Espagne, parce qu'issus du vieux noyau établi dans le califat de Cordoue et le royaume maure de Grenade dès les débuts de la diaspora. On les oppose généralement aux « ashkénazes » (du nom de leur ancêtre biblique), établis autrefois dans les régions saxonnes et qui ont fui les persécutions des pays d'Europe de l'Est en direction de la Rhénanie. De là, certains ont gagné nos provinces de l'est, qui en abritent, elles aussi beaucoup. L'Alsace, qui a longtemps été une véritable mosaïque aussi bien sur le plan politique que sur le plan religieux, compte en effet d'anciennes et fortes communautés juives que Louis XIV tolère officiellement dès le rattachement de la province à la France. Metz et la Lorraine, comptent de nombreux juifs, prospères et bien vus du roi. En 1787, l'académie de Metz lance même un concours sur le thème : « Est-il des moyens de rendre les juifs plus utiles et plus heureux en France ? » question à laquelle l'abbé Grégoire apportera sa remarquable réponse d'humaniste.

A la veille de la Révolution, ce sont ainsi quelque 40 000 juifs qui vivent en France, dont 1 500 à 2 000 dans le Sud-Ouest et 20 000 en Alsace, le reste étant dispersé entre la Lorraine et quelques grandes villes, dont Paris.

Paris, en effet, reçoit de plus en plus de juifs qui commencent à y constituer une population flottante de négociants. En 1750, on en aurait déjà compté trois cents, appartenant aux deux groupes que l'on vient de voir et vivant en communautés parfaitement distinctes, séparées aussi bien socialement, culturellement, que géographiquement, par la Seine. Ceux venus des pays et provinces de l'Est, dits « allemands », se regroupent près des portes Saint-Denis et Saint-Martin, sur les paroisses Saint-Nicolas-des-Champs et Saint-Merri, où ils ont leurs bouchers rituels, leurs auberges, et bientôt leur synagogue et leur cimetière. Ceux venus du Sud, Portugais, Avignonnais, moins nombreux mais généralement plus riches, se retrouvent dans les quartiers Saint-Germain-des-Prés, Saint-Séverin et Saint-André-des-Arts.

Le décret d'émancipation voté par la Constituante en 1791, va évidemment modifier leur statut. Napoléon, par le Concordat de 1802, leur garantit la liberté de culte, même si, pour les besoins du recrutement de l'armée, il les oblige bientôt à avoir des noms de famille fixes et non plus, comme cela avait été le cas jusqu'alors, changeant à chaque génération, voire à chaque naissance.

Au XIXe siècle, les communautés juives vont donc se développer partout. De 500 juifs en 1789, Paris passera à 2600 en 1808 et à 45 000 à la fin du siècle, recevant au fil des ans de nouveaux venus, arrivant d'Allemagne, de Pologne, de Hollande... En 1870, beaucoup de juifs alsaciens ou lorrains viennent encore gonfler ces effectifs, inquiétant parfois les Parisiens, même si l'ascension des Rothschild les a profondément impressionnés. Avec l'affaire Dreyfus, on assistera à une nouvelle vague d'antisémitisme, non encore endiguée à la fin de la Première Guerre. « Il n'est pas un crime, pas un délit, pas une fraude, dans laquelle on ne trouve un juif », peut-on lire sous la plume d'un certain Dudouyt en 1895. Un autre auteur, signant sous le pseudonyme du Dr Celticus un livre intitulé *Les dix-neuf tares corporelles visibles pour reconnaître un juif*, publié en 1903 par la Librairie antisémite, affirme : « Le peuple hébreu, c'est le pou du genre humain. »

De Pologne et de Russie, arriveront ensuite de nombreux juifs fuyant les pogromes. Ce sont pour la plupart des artisans, bonnetiers, fourreurs, cordonniers, qui vont se fixer dans les quartiers du Marais, de la Bastille, de la République ou de Belleville. Avec la montée du nazisme en Allemagne, arrivent des milliers de juifs allemands, autrichiens et polonais, qui vont en porter le nombre à près de 400 000 au moment où éclate la guerre.

Le 14 mai 1948, enfin, avec l'indépendance d'Israël, les juifs français survivants pourront choisir entre « rester en diaspora » ou rejoindre ceux qui ont déjà gagné la terre promise. Ils seraient cinq à sept cent mille à vivre aujourd'hui en France, dont plus de la moitié en région parisienne, descendants des anciennes communautés, souvent ashkénases, mais aussi séfarades, ces derniers venus parfois plus récemment d'Afrique du Nord, au nombre des pieds-noirs d'Algérie.

Persécutés pour des raisons religieuses, les juifs seront au fil du temps, rejoints par bien d'autres peuples opprimés pour leurs opinions et venant se réfugier aux pays des droits de l'homme. Après la révolution bolchevique de 1917, ce sont de nombreux Russes qui arrivent à Paris et qui vont se concentrer à la fois dans le XVe arrondissement et près du parc Monceau, la cathédrale orthodoxe de Paris étant située rue Daru. Ils auraient été quatre cent mille à venir en France, tous animés de la même volonté farouche de s'en sortir, travaillant dans les mines de fer lorraines, comme poseurs de rails en Auvergne ou comme ouvriers agricoles dans le Sud-Ouest. A Paris, relayant les Corréziens, ils sont souvent devenus chauffeurs de taxis. Après eux, ce sont les Arméniens, dont l'histoire rappelle, par bien des aspects, celle du peuple juif, qui vont arriver en masse.

Après avoir fait, au fil des siècles, les frais de toutes les guerres entre les Russes, les Byzantins et les Turcs, les Arméniens chrétiens se sont vus, en 1915, persécutés et jetés hors de leur pays par les Ottomans. C'est à un véritable génocide que ces derniers se sont livrés sur eux, les massacrant par centaines de milliers et dispersant les autres, principalement entre l'U.R.S.S., les États-Unis et la France. A Marseille, ils sont arrivés par bateaux entiers où, durant huit jours, ils ont été entassés à mille ou quinze cents, essayant, grâce à des associations d'accueil, de trouver du travail, sur place ou ailleurs.

A partir de 1923, ils sont dirigés vers Issy-les-Moulineaux, en banlieue parisienne, commune proche des nombreux ateliers implantés sur les bords de la Seine, comme la cartoucherie Gévelot, qui envoie ses commissionnaires les recruter directement à leur arrivée à Marseille. Dès 1925, les Arméniens représentent 80 % des quelque cinq mille personnes vivant dans l'île Saint-Germain, habitant des bidonvilles faits de planches et de papier goudronné, le long de rues boueuses et sans trottoirs. Traditionnellement tisserands chez eux, ils vont concourir au développement de l'industrie de la maille et du tricot. Six tricoteries sont bientôt installées à Issy-les-Moulineaux. Beaucoup tissent chez eux, en famille, à commencer par les femmes dont le mari travaille chez Renault, à Billancourt. Solidaires, soudés, ils s'efforceront de s'intégrer rapidement, obsédés aussi bien par la réussite sociale que par l'oubli du passé. D'ouvriers tricoteurs, certains deviendront patrons, puis entrepreneurs, se dirigeant ensuite vers les voies les plus diverses où ils savent parfaitement, aujourd'hui encore, se reconnaître et s'entraider.

CHAPITRE XXI

Mineurs polonais et bonnes espagnoles : quand les étrangers ont pris le relais

Dès la fin du siècle dernier, de nationale, l'aventure est souvent devenue internationale et nos migrants d'hier se voient de plus en plus imités par d'autres, d'origine étrangère, qui vont venir tenter, en France, une aventure tout aussi courageuse, que ce livre se doit d'étudier.

Si, en 1851, les étrangers ne sont encore que 380 000 en France, représentant à peine 1 % de la population totale, leur nombre va pratiquement tripler d'ici à la fin du siècle pour atteindre le million, soit 3 %, en 1881. Jusqu'alors, sauf pour les juifs, leurs contingents sont surtout répartis sur Paris et les régions frontalières, et souvent largement composés de Belges, essentiellement concentrés dans le Nord et à Paris.

Cette présence des Belges s'explique par plusieurs facteurs : une frontière aisément franchissable, de nombreux ateliers et filatures dans les villes voisines du nord de la France, qui recrutent sur un vaste rayon, des voies d'accès commodes permettant de gagner Paris notamment par les rivières et les canaux; la langue, enfin, qui donne au migrant belge un avantage notoire sur son homologue breton ou alsacien.

Il en va de même pour les Suisses, venus d'autant plus volontiers que, depuis le XVIe siècle, une convention signée entre la France et les cantons suisses leur a accordé maints avantages, notamment sur le plan fiscal. Curieusement, beaucoup s'étaient engagés dans l'armée française qui comptait alors plusieurs régiments suisses, dont quatre bataillons de chacun quatre compagnies — une de grenadiers et trois de fusiliers —, arborant un uniforme rouge écarlate, avec parements, revers et collets bleus, doublure, veste et culotte blanche. La totalité de ces effectifs représentait environ seize cents hommes et chaque compagnie correspondait à l'un des cantons où elle se recrutait. Leurs meilleurs éléments étaient incorporés à la Compagnie des Cent-Suisses (qui étaient en réalité cent vingt-sept). De 1496 à 1792, celle-ci a assuré la garde personnelle du roi, dans de magnifiques uniformes d'apparat à pourpoint et haut-de-chausse à l'antique, tailladés de taffetas incarnat, bleu et blanc, fraise au col, toque de velours noir garnie de plumets blancs. Ces hommes portaient hallebarde et épée et battaient tambour lorsque le roi allait à la messe. Leur capitaine était le premier garde du corps du souverain, montant avec lui en carrosse en l'absence de la reine, servant la viande sur la table royale lors des repas officiels. Ceux des Suisses qui n'étaient pas militaires étaient gardiens d'églises, ou plus modestement gardiens de maisons, c'est-à-dire, concierges ou portiers.

C'est surtout à partir du début du XXe siècle que l'on va voir arriver en France des hommes venus d'autres pays. Alors que les vieilles migrations saisonnières traditionnelles s'épuisent, les étrangers prennent le relais dans des conditions en tous points similaires : comme les Creusois, les Basques, les Dauphinois et tant d'autres Français l'ont fait, ils quittent leur village et leur famille. Fuyant la misère, ils viennent tenter chez nous l'aventure, faisant le même pari de réussite ou au moins d'une vie meilleure, à la seule différence que beaucoup n'ont guère d'espoir de retour. A cela près, l'épopée de l'Italien, du Polonais, de l'Espagnol ou du Portugais venant travailler en France, ressemble trait pour trait à celle de nos anciens migrants internes.

Les premiers à arriver en France ont été les Italiens. De 1870 à 1915, six millions d'entre eux ont quitté leur pays pour l'étranger, presque toujours définitivement. Quatre autres millions les suivront entre 1915 et 1939.

Beaucoup, dès la fin du XIXe siècle, sont venus travailler dans le bassin sidérurgique lorrain. Ils sont arrivés comme terrassiers, maçons, plâtriers, peintres, mineurs, bûcherons... et selon le processus habituel, le premier arrivé en a appelé d'autres qui, avec leurs économies ou à l'aide du pécule d'un cousin curé, sont venus les rejoindre en chariot ou en train, quand ce n'était pas à pied, par les routes ou, clandestinement, par les chemins de montagne. A Marseille, Pepenielle a ainsi trouvé une maison et un petit travail à son cousin Vincenzo, âgé de vingt-cinq ans, qui voulait fuir la misère de la région napolitaine. Il va l'attendre sur le quai avec une charrette tirée par un vieux cheval pour y charger sa malle, qui a fait avec lui le voyage au fond de la cale d'un cargo. Pepenielle héberge sans doute chez lui Vincenzo. Huit jours plus tard, celui-ci travaille comme manœuvre dans une savonnerie, puis, au bout d'un an, s'achètera un âne et s'établira comme brocanteur, récupérant et revendant de vieux chiffons, des bouts de ferrailles et des vieux habits.

Souvent, un certain laps de temps est nécessaire pour réussir à s'en sortir. Il y a, d'abord, l'apprentissage de la langue, qui, tant qu'il n'est pas acquis, va durement l'isoler, surtout s'il est célibataire comme c'est le cas de beaucoup de ces gars qui arrivent jeunes, généralement à moins de trente ans. Ceux qui sont mariés, ont quant à eux souvent laissé leur femme et leurs enfants au pays pour les en faire venir dès qu'ils le pourront.

Mais le voyage par le train coûte cher, et beaucoup préfèrent le faire à pied. Quantité de bûcherons sont ainsi arrivés des hautes vallées de l'Apennin septentrional pour, à l'instar de leurs voisins Savoyards, devenir ramoneurs ou chauffagistes à Paris et terminer parfois leur carrière en montant leur propre entreprise de fumisterie ou de chauffage central. Nombreux aussi sont ceux qui viennent travailler dans le bâtiment, relayant nos maçons creusois ou nos terrassiers auvergnats qui ont, eux, renoncé à leurs habitudes migratoires. D'autres viennent cultiver la terre de départements plus excentrés, comme le Lot-et-Garonne, ou vont travailler dans les mines des régions du Centre ou de l'Est. Beaucoup aussi se fixent plus près de chez eux, par exemple dans le Jura ou en Savoie, ou trouvent un emploi dans les mines de charbon près de Grenoble. Ils sont bien sûr très nombreux dans les Alpes-Maritimes.

Issus le plus souvent des classes ouvrières d'origine rurale, ces Italiens qui vont représenter, durant le premier quart du siècle, la majorité des étrangers vivent souvent dans les logements de la mine ou de l'usine qui les emploie et qui va devenir leur principal cadre de vie.

En 1914, on en recense un million, soit le tiers de la population d'origine étrangère, densité qui ne manque pas de faire de ces hommes des boucs émissaires, d'autant que la presse dénonce volontiers leur criminalité ou leur mauvaise moralité, les accusant surtout, en réalité, d'accepter des conditions de travail et de salaires que les Français refusent. N'est-ce pas d'ailleurs un Italien, l'anarchiste Caserio, qui a assassiné à Lyon le président de la République, Sadi Carnot, en juin 1894? On se défie d'eux, comme, autrefois, des bandes de maçons, de scieurs de long ou de mariniers.

Durant la guerre de 1914-1918, la France fera massivement entrer des coloniaux et des Chinois pour prendre, à l'usine, la place des hommes mobilisés. Après la guerre, ayant perdu plus d'un million d'hommes en âge de travailler, elle va devoir les remplacer. Elle ouvre largement ses frontières à la main-d'œuvre étrangère, et les Italiens continuent à affluer. Dès le début des années vingt, ils se voient pourtant rejoints par d'autres étrangers : les Polonais.

Le besoin de main-d'œuvre est alors tel que, ne pouvant

se contenter des migrants spontanés, le pays doit susciter des arrivées. A cette fin, on organise des missions officielles d'embauche, et des organisations patronales affrètent des trains spéciaux pour aller chercher des ouvriers en Europe centrale. Le gouvernement passe des accords avec certains pays susceptibles de fournir des hommes : l'Italie, la Tchécoslovaquie et surtout la Pologne, dont certaines régions, comme la Galicie, connaissent depuis le début du siècle une misère doublée d'une démographie beaucoup trop forte.

Jadis, ces conditions avaient poussé les jeunes à s'expatrier vers la Saxe ou l'Allemagne, ne serait-ce qu'à l'occasion des travaux de moissons, de sarclage des betteraves ou de récolte du houblon. Mais en 1918, l'Allemagne vaincue ne peut plus garantir ces débouchés, et le pays, qui renaît enfin de ses cendres, se trouve dans une situation économique désastreuse, pour laquelle l'exode massif semble être la seule issue. Sensible à cette détresse, la France, dont certaines régions ont été dévastées par la guerre, signe, dès septembre 1919, une convention avec le jeune gouvernement polonais, en vue, notamment, de reconstruire son bassin houiller du Nord-Pas-de-Calais.

Des affiches sont placardées sur les murs des villages, faisant état de ces accords et des possibilités de salaires, invitant les individus ou les familles intéressés à se présenter devant les offices de main-d'œuvre avec des documents d'identité. Immédiatement, toute la Galicie entre en ébullition. « La possibilité d'aller vivre en France, dans ce pays ami, d'être payés en francs, monnaie victorieuse, enflamme les enthousiasmes. Les filles se montrent même plus emballées que les garçons. » Sur les routes du pays, ce sont des défilés de gens et de charrettes en direction des gares et des ports, « jeunes gens en casquette; hommes mûrs en chapeau; anciens soldats en vareuse verte; paysannes en robe de laine, les cheveux serrés sous un foulard bariolé; enfants accrochés aux jupes de leurs mères... » Les scènes décrites par Jean Anglade, sont poignantes : la visite médicale, la douche, l'élimination des éléments souffreteux ou rachitiques, puis, les individus retenus désinfectés, vaccinés, tondus, photographiés, tout ce monde, enfin, rassemblé pour une messe au cours de laquelle le prêtre met en garde contre l'impiété de bien des Français et contre leurs écoles publiques « fermées à Dieu »...

Durant sept années, de 1919 à 1926, ce sont des centaines de milliers de travailleurs qui vivront ce scénario et gagneront la France, arrivant par le train de Varsovie à Toul, ou entassés par milliers sur des bateaux reliant Dantzig au Havre ou à Dunkerque. Un dépôt est organisé à Toul, chargé de l'accueil et des questions d'hygiène et de santé. C'est de là que les migrants sont ensuite orientés vers leur lieu d'embauche, un carton parfois suspendu à leur cou où l'on inscrit, pour le « Polak » incapable de se débrouiller en français, son nom, sa destination et le texte « prière de donner tous renseignements permettant de se rendre à l'adresse susindiquée ».

Si quelques-uns deviennent salariés agricoles ou vachers, l'immense majorité est employée dans les mines de charbon et de fer. En mars 1926, le Pas-de-Calais en compte ainsi 309 000 (soit 8 % de sa population et 29 % de la population polonaise en France), qui sont surtout concentrés sur l'arrondissement de Béthune, comme à Bruay-en-Artois, où ils représentent plus de 40 % des habitants. A la même époque, on en recense plus de 50 000 dans le Nord, presque tous « houilleurs », et 40 000 en Lorraine, travaillant dans les charbonnages et les mines de fer, dont la moitié en Moselle. D'autres encore travaillent au Creusot, à Montceau-les-Mines, à Saint-Étienne, à Bourges, à Alès ou à Decazeville... A partir de 1926, le flux, qui a « marqué le pas », reprend à raison d'environ 40 000 à 50 000 nouveaux venus chaque année, achevant de vider les excédents de populations des régions de Lvov, de Cracovie, de Lodz ou de Kielce.

Comme les Italiens, les Polonais répondant à l'appel de la France sont des gens jeunes, issus du petit prolétariat rural ou semi-rural et mus essentiellement par des motifs économiques. Arrivés seuls ou avec leurs femmes, ils vont connaître l'épreuve de l'isolement dans des baraquements souvent sales, les pleurs, les rejets, s'entendant traiter de

« sales Polonais, venus manger le pain des Français ». C'est aussi pour eux la difficulté de l'apprentissage de la langue, celle de trouver une femme, lorsqu'ils sont célibataires, difficulté qui les fera se marier presque toujours entre eux. Les femmes, lorsqu'elles sont là et si elles ne travaillent pas, prennent volontiers en pension leurs compatriotes célibataires, lesquels, de leur côté, envoient souvent des colis au pays.

L'intégration sera lente. Les Polonais la réussiront en partie grâce à leur vie en colonie (que n'ont guère cultivé les Italiens) et grâce à leur religion. Très pratiquants, ils auront leurs aumôniers, et parfois leurs écoles. Certains pourtant, préféreront rentrer au pays pour y retrouver leur famille. De 1931 à 1936, 130 000 seraient ainsi repartis par des trains ou par des cars affrétés par le gouvernement français. Mais au fil des années, ceux qui sont restés s'intégreront et s'en sortiront se faisant volontiers boutiquiers ou artisans (épiciers, tailleurs, cordonniers...). Ils abandonnent alors l'idée du retour au pays qui avait pourtant présidé, tout comme chez les Italiens, à leur départ et oublient leur intention d'acheter quelques arpents de terre ou une maison dans leur village natal pour s'enraciner délibérément en France.

Après la Seconde Guerre mondiale, le mouvement va continuer. Pour la reconstruction, la France a, de nouveau, besoin de bras, et le code de la nationalité, promulgué en octobre 1945, va la doter, dès l'année suivante, de 853 000 étrangers représentant plus de 2 % de sa population, effectifs que d'autres vagues vont encore grossir.

Si les Espagnols, hormis durant la guerre civile et pour des raisons politiques ou idéologiques, ont jusqu'alors peu émigré, beaucoup commencent à songer à quitter un pays économiquement très en retard et ne pouvant fournir du travail à tous ses bras. Ils sont alors nombreux à venir travailler dans les exploitations agricoles françaises des départements pyrénéens, mais aussi de l'Hérault, de l'Aude ou de la Gironde. Pourtant, c'est surtout à partir de 1950 que cet exode va s'enfler. En 1956, sur autorisation du gouvernement de Madrid, la France installe en Espagne un Office national français de l'immigration, avec des missions à Barcelone et à Irun. Cette vague, alors, va aller s'amplifiant et toucher davantage de régions, atteignant Marseille, l'Est et surtout Paris où ils rencontreront les difficultés classiques de la langue et plus souvent du logement.

Pourtant, la plupart des Espagnols s'en tireront bien. Grâce à leur valeur professionnelle d'abord, ce sont, dans leur grande majorité, des ouvriers et des apprentis de l'industrie. Grâce à leur religion, des « missions » leur assurent bientôt une vie de groupe riche et active. Grâce à leur esprit de solidarité et d'entraide enfin, notamment à Paris, pour conquérir le monopole des employées de maison, avec les fameuses « Conchita » des années soixante, et celui des loges de gardiennes d'immeuble. C'est le scénario bien connu et encore pratiqué du travail intensif de tous les éléments du groupe familial, trimant jusqu'à douze ou quatorze heures par jour, à l'usine ou comme personnel de maison : scénario de l'argent engrangé, des vacances au pays, de l'aide aux vieux parents, de la construction de la maison pour la retraite, des neveux et nièces ramenés en France..., le même que pour les Portugais.

Si plusieurs milliers de Portugais étaient déjà venus en France entre les deux guerres, c'est surtout à compter des années soixante qu'ils arrivent en masse, attirés, comme leurs voisins espagnols, par la France gaullienne et prospère. Ils fuient l'analphabétisme, la démographie galopante et la misère, les plats de choux verts grillés, faute de pouvoir s'offrir la *bacalhau* de morue que l'on garde pour les jours de fête. Certains craignent aussi de devoir aller défendre leur vieil empire colonial qui, en Afrique, se démantèle de jour en jour.

Les hommes, domestiques agricoles, artisans ou petits

propriétaires, gagnent La France pour y travailler dans le bâtiment, alors en plein développement. Selon les régions, ils se dirigent vers des zones souvent précises. De Vida Nova de Foz Coa, on va ainsi plutôt au nord de Paris; de Meda, dans l'Essonne; d'ailleurs, à l'ouest. Ils s'orientent vers des secteurs professionnels particuliers : ceux de la région de Sintra, aux carrières de marbre réputées, vont volontiers s'embaucher dans les carrières de la région lyonnaise, ceux de la région de Guimaraes, connue pour son industrie coutelière, se dirigent vers Thiers, alors que les paysans rejoignent des exploitations en Champagne, en Brie ou en Aquitaine.

Longtemps, la route de l'émigration leur sera pourtant bouchée. Devant cette énorme déferlante, les deux gouvernements, français et portugais, ont en effet décidé de réagir et ont pris des mesures pour endiguer ce flot. Le passeport d'émigrant, cher, n'est plus toujours automatiquement délivré et, lorsqu'il l'est, doit souvent être attendu des mois. Bientôt, tous ne peuvent donc plus aller en France.

Des passeurs proposent alors aux candidats, moyennant une importante rétribution, de les acheminer clandestinement jusqu'en Espagne, les entassant à plus de soixante ou soixante-dix dans des camions bâchés déjà bourrés de sacs de pommes de terre. Les trajets, de nuit, sont aussi longs qu'inconfortables. Arrivés à la frontière espagnole, rien n'est encore joué. La traversée de l'Espagne est elle-même risquée, la *guardia civil* franquiste étant toujours prête à les arrêter et à les reconduire à la frontière après un solide passage à tabac. Il leur faut donc, à pied ou par des moyens de fortune, traverser le pays et passer les Pyrénées avec un autre guide, tout aussi chèrement payé. Jacintho da Silva raconte à Jean Anglade comme il a dû se battre pour avoir sa part de litière et de fumier sur laquelle dormir, dans un abri à moutons bondé de migrants. Dans ses souvenirs, Linda de Suza évoque son départ en train de la gare Santa Appolonia de Lisbonne, suivi de sa longue marche, tenant à la main sa célèbre « valise en carton », le long de la Bidassoa, ses chaussures s'enfonçant à chaque pas dans la boue. Tous, pourtant, s'efforcent de gagner ainsi Bayonne, où ils prendront le train pour Paris.

Là, comme les Bretonnes débarquant autrefois à la gare Montparnasse, ils sont faciles à repérer avec leur casquette à oreilles et leurs espadrilles ou leurs gros godillots. C'est donc parfois sur le quai même qu'ils se voient proposer un travail dans lequel ils mettront l'ardeur et le rendement qui seront leurs formidables atouts dans cette aventure.

Rapidement, les Portugais vont devenir la première minorité étrangère du pays, avec 900 000 ressortissants en 1976. Longtemps, pourtant, ils se sont vus confrontés à bien des misères et des tracasseries. Si notre langue, en effet, leur est vite devenue familière, ils auront souvent des difficultés à trouver un vrai travail, déclaré, à obtenir une carte de séjour ou à la faire renouveler, et donc à se loger. Beaucoup, après avoir d'abord connu des garnis et hôtels-dortoirs rappelant ceux des maçons creusois d'autrefois, iront habiter les grandes cités ou les bidonvilles de Saint-Denis, de Nanterre ou de Champigny, ou se construiront des cabanes avec des matériaux de récupération, sans échapper à leur part de vexations xénophobes.

Certains, en province, ouvriers aux usines Michelin de Clermont-Ferrand ou ailleurs, trouveront des conditions plus agréables, finissant par retaper quelque maison en ruine dans un hameau abandonné, leurs femmes redonnant vie aux vieux lavoirs depuis longtemps désertés par les Françaises pourvues de machines à laver. Mais ceux qui s'en tireront le mieux seront, sans nul doute, ceux qui travailleront dans le bâtiment et les travaux publics, et surtout les Parisiens, dont les femmes, à l'instar des Espagnoles, deviennent gardiennes d'immeuble ou femmes de ménage. En 1982, on recense quelque 764 000 Portugais et Espagnols, dont respectivement 5 800 et 5 300 dans le « très chic » XVIe arrondissement de Paris, soit près de 6 % de la population de ce quartier huppé. Là aussi, la solidarité, les communautés religieuses (comme, à Paris, celle de Sainte-Marie-des-Batignolles), les associations (plus de mille recensées en France dès 1981) joueront un rôle capital, bals et repas de fête étant autant d'occasions d'agrandir l'espace familial, de trouver des conjoints, et surtout de conserver sa culture.

Italiens, Polonais, Espagnols, Portugais, toutes ces communautés ont mené en France une vie fondée sur la rupture. Toutes se sont accrochées à leur culture, surtout à la première génération, pour laquelle l'isolement a été le plus fort. Comme les Italiens cultivent parfois aujourd'hui encore leurs traditions en continuant à se donner les prénoms de chez eux, les Polonais fredonnent les chants de Noël et les berceuses du pays, les Portugais, à la Toussaint et le jour de la fête de Saint-Martin, mangent des marrons grillés et boivent le *magusto*, le vin nouveau. En fait, le migrant étranger s'isole ou se fond, l'Italien par son usine, le Portugais par ses associations. L'enracinement ne peut être que progressif, n'intervenant guère qu'à la deuxième ou troisième génération, lorsque les descendants des migrants commencent à épouser des Françaises. Mais même alors, tout ce qui rappelle leur pays continue à les réunir.

ÉPILOGUE

Pour les étrangers, comme autrefois pour les migrants provinciaux, la réussite de certains membres de la colonie n'est-elle pas souvent la meilleure des récompenses ? Aux réussites d'un Marcelin Cazes chez Lipp, d'un Arnaud à Barcelonnette ou d'un Mariani à Porto Rico, équivalent, en France, celles d'un Reggiani, d'un Platini ou d'un Colucci (Coluche), Italiens ; d'un Luis Fernandez, Espagnol des Minguettes ; d'un Mocky ou d'un Kopaszewski (le footballeur Raymond Kopa), Polonais ; d'une Alice Sapritch, d'un Aznavour, d'un Verneuil (de leur vrai nom Aznavourian et Malakian), Arméniens ; d'un Gainsbourg, fils d'immigrés russes, d'une Adjani, fille d'Algériens... Ce n'est pas un hasard, mais plutôt un plan de géniaux spécialistes de la communication, si Enrico Macias et ses chansons ont connu un tel succès dans les années qui ont suivi l'indépendance de l'Algérie. A cette époque, il incarne la communauté des pieds-noirs, comme Linda de Suza incarnera celle des Portugais quelque vingt ans plus tard, avec sa fameuse « valise en carton » qu'elle portera jusque sur la scène de l'Olympia.

A de très rares exceptions près, les migrations intérieures que nous avons étudiées, saisonnières ou viagères, ont disparu depuis près d'un siècle, et sociologues et ethnologues étudient l'agonie des dernières, comme, au début des années quatre-vingt-dix, celle des chauffagistes de Mieussy. Ils surveillent le dernier « binôme » de sucriers saugains partant travailler dans les champs de betteraves picards, l'ultime poignée des *Johnnies* roscovites continuant à vendre leur ail en Angleterre, et les « cols-rouges » savoyards de l'Hôtel Drouot entretenant encore soigneusement leur clan et leurs traditions. Les vagues contemporaines des migrations d'origine étrangère déferlant sur le pays leur fournissent d'abondants et riches matériaux : étrangers aux physiques plus typés, et surtout religions et cultures profondément différentes des nôtres, provenant souvent de pays qui ont été en guerre avec nous pour se libérer de notre tutelle. Dès les années soixante-dix, les populations d'Afrique du Nord ont, en effet, relayé celles de la péninsule ibérique, à commencer par les Algériens qui, aujourd'hui en tête des minorités étrangères, vivent à leur tour des expériences identiques à celles décrites tout au long ce livre, et que connaissent aussi plusieurs minorités asiatiques, comme Chinois et Vietnamiens, si nombreux dans le *Chinatown* parisien du « Triangle de Choisy ». Deux communautés dont les ressortissants tiennent volontiers de petites épiceries de quartiers, ouvertes généralement tard le soir, et qui ressemblent sous bien des angles, aux anciennes boutiques des bougnats auvergnats.

En 1990, on estime que plus d'un Français sur cinq était d'origine étrangère, et le pays comptait un nombre d'étrangers assez stable depuis quinze ans — de près de quatre millions et demi — dont 29,5 % de Maghrébins, 14,5 % de Portugais, 12 % d'Italiens, 10 % d'Espagnols, 4 % originaires d'Afrique noire et 3,7 % de ressortissants de l'ancienne Indochine... Tout cela donne finalement la même image de brassage que celle que présentait jadis Paris avec les populations d'origine provinciale. Il ne s'agit là, en fait, que d'une évolution : le passage de la vie d'autrefois limitée à l'échelle nationale, à la vie actuelle, européenne et mondiale. On peut aujourd'hui estimer qu'au moins un Français sur trois a un ancêtre d'origine étrangère parmi ses quatre grands-parents et la France commence à ressembler au fameux *melting-pot* américain que beaucoup considèrent, à juste titre, comme une des grandes richesses du pays de l'Oncle Sam...

L'émigration serait-elle une chance ? Existe-t-il des migrants heureux, alors que toute émigration est une rupture, une brisure violente, dont la plaie a du mal à cicatriser quand bien même le migrant devient riche. « Je ne souhaite à personne cette expérience enrichissante », écrit Antonin Liehm, exilé de Prague à Paris *via* New York.

Mais l'émigration correspond aussi à un des traits de la nature humaine : l'esprit d'aventure, vieux comme le monde, celui qui conduisait déjà par les mers Ulysse et ses compagnons. Esprit d'aventure si pressant que beaucoup d'hommes, sans pour autant bouger géographiquement, n'en ont pas moins vécu de formidables odyssées sur les seules routes de la société.

Des siècles durant, l'Ancien Régime ne laisse guère de place à l'esprit d'entreprise, imposant à tous les niveaux des hiérarchies et un cloisonnement social hermétiques. Si, dans l'artisanat, il est possible de passer de la situation d'apprenti à celle de maître à force de travail et de mérite, il est bien difficile, ailleurs, de naviguer à travers les couches de la société, que ce soit de journalier agricole à laboureur ou de noble de robe à noble d'épée. Seuls, certains chemins offrent quelques opportunités de réussite, à condition cependant que la chance s'en mêle en apportant des affaires prospères, un beau mariage ou un protecteur bien placé.

En réalité, ces chemins tiennent beaucoup de la course d'obstacles. Il faut plusieurs générations pour les parcourir et la ruine y guette à tout moment. Le laboureur, français moyen d'alors, propriétaire, non du sol, mais des instruments de production — essentiellement une paire de bœufs et une charrue — n'a que peu de perspectives d'enrichissement, sauf à se laisser tenter par « la marchandise ». Vendant son bétail et en rachetant d'autre, il peut se faire maquignon. La profession de « marchand », à la campagne, fait alors figure de « piste de décollage » social. Elle conduit à celle d'intendant-régisseur, lequel s'enrichit volontiers sur le dos des propriétaires et des châtelains, pour les ruiner parfois, afin de mieux racheter leurs terres et prendre leur place.

Elle peut aussi conduire à quitter son milieu d'origine pour chercher ailleurs une réussite plus complète et spectaculaire. De « marchand », notre homme et ses enfants, souvent aidés par quelque parent curé leur ayant donné de l'instruction, peuvent se diriger vers les petits métiers juridiques, comme ceux de procureur ou de notaire. Aux générations suivantes, on pourra les retrouver avocats, puis conseillers du roi, et les voir acheter des « offices ». De père en fils, ils se transmettront ces charges professionnelles dont l'exercice, au bout d'un certain nombre d'années ou de générations, leur conférera la noblesse dite « de robe », sans pour autant les rendre égaux à la vieille noblesse « d'épée », qui se ferme de plus en plus.

Avec la Révolution, les choses vont radicalement changer. Au XIXe siècle, certaines professions favorisent une ascension sociale plus rapide et moins risquée. La carrière militaire, largement démocratisée, la fonction publique et son système de recrutement, vont proposer des voies nouvelles. Des métiers, comme celui d'instituteur, vont donner la possibilité de traverser la pyramide sociale en trois générations, comme l'illustrent les Pompidou ou les Chirac, avec les séquences : cultivateur ou artisan — instituteur — haut fonctionnaire ou directeur de sociétés.

Toute réussite, toute fortune a donc son promoteur, sédentaire qui a su franchir les degrés de l'échelle sociale ou voyageur infatigable parti pour l'aventure, à l'image de tous ceux que nous avons décrits. De même Augustin Rolland et ses trois compagnons ont joué avec la vie le formidable

« quitte ou double » qui les avait, dans la nuit du 27 septembre 1764, conduits à Lanobre, dans la grange en feu d'Antoine Journiat.

« *Le 27 septembre 1764, environ les onze heures du soir, a été incendié le domaine de la Jarrige, appartenant au sieur Journiat (...), dans lequel incendie ledit Journiat a perdu totalement sa maison, granges, recettes et meubles et ont estés incendiés deux pauvres merciers qui avaient étés logés là par charité et tellement réduits en cendre par le feu qu'il n'a resté que quelques petits ossements. Ils étaient quatre, deux ont échappé aux flammes, les deux autres susdits y ont péri, en foy de quoi ai signé avec les témoings (...) scavoir Antoine Journiat et Jean Journiat. (signé :) Omerin, curé.*

Quelques jours plus tard, l'un des cadavres sera identifié comme étant celui d'Augustin Rolland, de la paroisse de Celles.

Alors que la destinée d'Augustin Rolland s'était arrêtée à Lanobre, celle de deux de ses compagnons, restés inconnus, les conduisait ailleurs. Tous deux, ils auront repris leur chemin, leur balle sur le dos, vers d'autres villages, d'autres nuits d'orage... d'autres aventures.

Sources et orientations bibliographiques

En rédigeant ce livre, le fervent généalogiste que je suis n'a, bien sûr, pas cessé de penser à certains de ses propres ancêtres qui avaient vécu ces aventures, de même qu'à ces migrants et voyageurs de tout poil rencontrés à travers les liasses d'archives ou les cahiers paroissiaux.

Son écriture a demandé une très longue recherche bibliographique, aux résultats inégaux, et je tiens à remercier ceux qui m'ont aidé dans ce travail, en particulier Véronique Lamère et le personnel de la Bibliothèque du Musée des Arts et des Traditions populaires. Toutefois, si certaines migrations ont été souvent étudiées, comme celles des colporteurs ou des Auvergnats, d'autres, plus récentes, comme celles des Corses s'engageant dans la police parisienne ou des Espagnoles et Portugaises devenues gardiennes d'immeuble, n'ont pas encore fait l'objet de publications facilement accessibles.

Bien des sujets, par ailleurs, ont leur spécialiste, souvent passionné, et qui s'est parfois formé sur le tas, à partir de son propre matériau. Beaucoup ont été poussés sur ces voies par l'histoire de leur propre famille, comme Patrice Gouy, pour les Barcelonnettes, bercé durant toute son enfance par les histoires de ses grand-tantes Fortoul au Mexique, ou Noëlle Renault, par les récits de sa grand-mère, elle-même fille d'une nourrice morvandelle. Certains de ces auteurs sont devenus des « collectionneurs », tels Geneviève Millot, engrangeant des maçons marchois établis hors du Limousin, ou Annie Arnoult, faisant de même avec les scieurs de long foréziens. A tous, ce livre doit beaucoup, et je tiens ici à leur rendre hommage, avec une mention particulière pour la regrettée Marie-Anne Moulin pour ses études sur les maçons creusois, Philippe Berte-Langereau pour les galvachers du Morvan, Bernard Le Sueur pour les pénichiens du Nord, Jeanne-Marie Casablanca pour l'émigration des Corses à Porto Rico, Ghislain de Diesbach pour les émigrés sous la Révolution, Annie Perchenet pour les juifs... Je ne saurais enfin oublier les travaux généraux des deux grands spécialistes des migrations en France, les « deux Abel », sur les livres desquels je me suis beaucoup appuyé : Abel Poitrineau, qui connaît mieux que personne les migrations sous l'Ancien Régime et en dresse un tableau d'un réalisme saisissant, et Abel Châtelain, qui a pris son relais pour les étudier sur la période suivante, dans une analyse d'une étonnante minutie.

Pour qui souhaiterait vérifier ou approfondir une question, j'ai enfin rassemblé ci-après les quelque deux cents sources principales à partir desquelles j'ai travaillé.

Principales références bibliographiques

Livres

Allix (André) et Muller (Robert) : *Un type d'émigration alpin : les colporteurs de l'Oisans*, Grenoble, J. Rey, 1925.

Amouretti (Bernard) : *Les Hommes et la Route au* XIX*e* *siècle, de Briançon ou Bourg d'Oisans*, Edisud, 1984.

Anglade (Jean) : *La Vie quotidienne dans le Massif central au* XIX*e* *siècle*, Hachette, 1971.

Anglade (Jean) : *La Vie quotidienne des immigrés en France, de 1919 à nos jours*, Hachette, 1976.

Antiq-Auvaro (Raymonde) : *Les Barcelonnettes au Mexique*, Serre, 1992.

Arnoult (Annie) : *La Grande Histoire des scieurs de long*, Éditions du Bon Laboureur, 1996.

Audisio (Gabriel) : *Les Français d'hier ! Des paysans.* XV*e*-XIX*e* *siècle*, Armand-Colin, 1993.

Auguet (Roland) : *Histoire et légende du cirque*, Flammarion, 1974.

Bandy de Nalèche (Louis) : *Les Maçons de la Creuse*, René Dessagne, 1984.

Baroli (Marc) : *L'Algérie, terre d'espérances, colons et immigrants, 1830-1914*, L'Harmattan, 1992.

Barret (Pierre) et Gurgand (Jean-Noël) : *Ils voyageaient la France, Vie et traditions des compagnons du Tour de France au* XIX*e* *siècle*, Hachette, 1980.

Bartillat (Christian de) : *Histoire de la noblesse française, 1789-1989, tome 1 : les Aristocrates de la Révolution au Second Empire*, Albin Michel, 1988.

Bastide (Samuel) : *L'Exode des Huguenots*, Éditions Augur, 1959.

Baylé (Jacqueline) : *Quand l'Algérie devenait française*, Fayard, 1981.

Beaucarnot (Jean-Louis) : *Ainsi vivaient nos ancêtres; de leurs coutumes à nos habitudes*, Robert Laffont, 1989.

BEAUCHESNE (Hervé) : *Enfants de migrants*, P.U.F., 1981.
BECQUEVORT (Raymond) : *Les Colporteurs d'Argonsat au XIXe siècle*, Cercle occitan d'Auvergne, Clermont-Ferrand, 1991.
BELLON (Eugène) : *Dispersés à tous vents : l'exode en Allemagne des familles protestantes du Queyras*, Société d'Études des Hautes-Alpes, 1981.
BERRUER (Pierre) : *Les Bretons migrateurs*, Presses de la Cité, 1977.
BERTE-LANGEREAU (Philippe) : *Les Galvachers et charretiers du Morvan*, Éditions Nourrices du Morvan, 1996.
BÉTEILLE (Roger) : *Les Aveyronnais*, Poitiers, 1974.
BOMBAL (Eusèbe) : *La Haute Dordogne et ses Gabariers*, Éditions des Monédières, Tulle, 1981.
BONNEFOY (Antoine) : *Les Auvergnats à Paris*, Paris, 1933.
BONNEFOY (Claude) : *La Littérature de Colportage*, Seita, 1971.
BONNIN (R.) : *Caractères des migrations dans les régions de montagnes du Dauphiné aux XVIIe et XVIIIe siècles.*
BOUTET (Gérard) : *Ils étaient de leur village*, Jean-Cyrille Godefroy, 1988.
BOUTET (Gérard) : *Les Gagne-misère* (tomes 2 et 3), Jean-Cyrille Godefroy, 1988, 1989.
BRIÈRE (Camille) : *Ceux qu'on appelle les Pieds-Noirs*, Éditions Atlanthrope, 1984.
BRISEBARRE (Anne-Marie) : *Bergers des Cévennes*, Berger-Levrault, 1978.
BROCHON (Pierre) : *Le Livre de colportage en France depuis le XVIe siècle*, Gründ, Paris, 1954.
BRULEY (Joseph) : *Le Morvan, cœur de la France,* tome 2, La Morvandelle, 1966.
BRULEY (Joseph) : *Les Gondoliers du Morvan*, Paris, La Morvandelle, 1982.
CALVÉ (Armel) : *Histoire des Bretons à Paris*, Paris, Spézet, 1994.
CASABLANCA (Marie-Jeanne) : *L'Émigration corse à Porto Rico*, Le Signet, 1993.
CAYLA (Martin) : *Chanson des maçons de la Creuse.*
CAZES (Marcelin) : *50 ans de Lipp*, La Jeune Parque, 1966.
CÉZILLY (Georges) : *Cent ans d'une famille française en Algérie*, Éditions d'Aujourd'hui, 1980.
CHABOT (Michel) : *Jean et Yvonne, domestiques en 1900*, Belfond, 1980.
CHALIAND (Gérard) : *Atlas des Diasporas*, Odile Jacob, 1991.
CHARPENEL (Emile) : *Miscellannées ubayennes, sociologie du passé de Barcelonnette dont la vie d'un valéian parti au Mexique*, 1986.
CHATELAIN (Abel) : *Les Migrants temporaires en France de 1800 à 1914,* tomes 1 et 2, Publications de l'Université de Lille III, 1976.
CHAUSSARD (Paul) : *La Marine de Loire*, Horwath, 1980.
CORTAT (Raymond) : *L'Auvergne chez elle et à travers le monde*, USMA, Aurillac, 1938.
CRAVO (Antonio) : *Les Portugais en France et leur mouvement associatif, 1901-1986*, C.I.E.M.I, 1995.
CROZES (Daniel) et MAGNE (Danielle) : *Les Aveyronnais, L'esprit des conquérants*, Éditions du Rouergue, 1993.

CUZACQ (René) : *Les Basques, chasseurs de baleines*, Bayonne, 1972.
DARMON (Jean-Jacques) : *Le Colportage de librairie en France sous le Second Empire : grands colporteurs et culture populaire*, Plon, 1972.
DEBIEN (Gabriel) : *Les Engagés pour les Antilles, 1634-1975*, Paillart, 1951.
DEGUIRAL (R.) : *L'Aveyron et l'émigration aveyronnaise*, Rodez, 1942.
DESPLATS (C.) : *Errance et pèlerinage dans les Pyrénées au XVIII*e *siècle*, in Pèlerins et Pèlerinage dans les Pyrénées, Exposition du Musée des Pyrénées de Lourdes, 1975.
DIESBACH (Ghislain de) : *Histoire de l'Émigration, 1789-1814*, 1975.
DUGRAND (Alain) et VALLAEYS (Anne) : *Les Barcelonnettes, Les Jardins de l'Almaeda*, J.C. Lattès, 1983.
DUSSOURD (Henriette) : *Les Hommes de la Loire*, Berger-Levrault, 1985.
DUTEYRAT (Eugène) : *La Revanche d'un limousinant : un maçon creusois raconte*, Éditions Verso, 1991.
ESPOSITO (José) : *Enfants de migrants*, P.U.F., 1985.
FÄY-SALLOIS (Fanny) : *Les Nourrices à Paris au XIX*e *siècle*, Payot, 1980.
FÉNIX (Joseph-Laurent) : *Histoire passionnante de la vie d'un petit Savoyard, écrite par lui-même*, Le Sycomore, 1978.
FINBERT (Elian J.) : *Hautes terres*, Plon, 1973.
FONTAINE (Laurence) : *Colporteurs de l'Oisans au XIX*e *siècle*, Presses Universitaires de Lyon, 1982.
FONTAINE (Laurence) : *Histoire du colportage en Europe, XV*e*-XIX*e *siècle*, Albin Michel, 1993.
FONTANEL (Béatrice) et HARCOURT (Claire d') : *L'Épopée des bébés, une histoire des petits d'hommes*, Éditions de La Martinière, 1996.
FOUCHÉ (Nicole) : *Émigration alsacienne aux États-Unis, 1815-1870*, Publications de la Sorbonne, 1992.
FOURNIER (Marcel) : *Dictionnaire biographique des Bretons en Nouvelle-France, 1600-1765*, A.N. Québec, 1981.
FRICHET (Henry) : *Le Cirque et les forains*, Mame, 1899.
GARNIER (G) : *Paysans du Beaujolais et du Lyonnais, 1800-1970*, Grenoble, 1973.
GARNIER (Jacques) : *Forains d'hier et d'aujourd'hui*, Paris, 1968.
GIRARD (Alain) et STOEZEL (Jean) : *Français et immigrés, l'attitude française, l'adaptation des Italiens et des Polonais*, PUF, 1953.
GIRARD (Roger) : *Quand les Auvergnats partaient conquérir Paris*, Fayard, 1979.
GOUY (Patrice) : *Périgrination des Barcelonnettes au Mexique*, Presses Universitaires de Grenoble, 1980.
GUÉRY (N) : *Les Colporteurs de Chamagne : étude d'après leurs passeports, 1824-1861*, Catalogue de l'exposition inaugurée le 2 juin 1990 à la maison natale de Claude Gellée, à Chamagne (88).
GUILLOT-CHÊNE (Gérard) : *Le Flottage en Morvan du bois pour Paris*, Garnier, 1979.
GUILLOU (Michelle) : *Le Triangle de Choisy, un quartier chinois à Paris*, L'Harmattan, 1986.

GUIRAL (Pierre) et THUILLIER (Guy) : *La Vie quotidienne des domestiques en France au XIXe siècle*, Hachette, 1978.

HAUSSY (André) : *Du Hainaut au Mississippi*, 1996.

HAZARD (Marie-Jo.) : *Entrée de service*, Éditions Ouvrières, 1992.

HENRY (Bernard) : *Des métiers et des hommes*, Le Seuil, 1976.

HERMET (Guy) : *Les Espagnols en France*, Éditions Ouvrières, 1967.

HOVANESSIAN (Martine) : *Le Lien communautaire, trois générations d'Arméniens*, Armand-Colin, 1992.

HUSSON (François) : *Les Maçons et tailleurs de pierre*, Paris, 1903.

ICHER (François) : *La France des compagnons*, Éditions de La Martinière, 1994.

KRAFFT-POURRAT (Claire) : *Le Colporteur et la mercière, récit et enquête*, Denoël, 1982.

LAGACHE (N...) : *Nous les Lagache, betteraviers et sucriers du Santerre*, Horwath, 1984.

LAGRAFEUILLE (Marcel) : *Les Derniers Scieurs de long*, Tulle, 1957.

LAMAZOU (Étienne) : *L'Ours et les brebis, Mémoires d'un berger transhumant des Pyrénées à la Gironde*, Seghers, 1988.

LANGLOYS (Renée), *La Haute Auvergne au bon vieux temps*, Aurillac, 1976-1981.

LARDILLIER (Alain) : *Le Peuplement français en Algérie, 1830-1900*, Atlanthrope, 1992.

LAYBOURN (Norman) : *L'Émigration des Alsaciens et des Lorrains du XVIIIe au XXe siècle*, Association des Publications près les Universités de Strasbourg, 1986.

LE SUEUR (Bernard) : *Batelleries et bateliers de France*, Horwath, 1985.

LE SUEUR (Bernard) : *Le Pénichien, marinier du Nord, 1850-1950, Essai d'histoire sociale*, Thèse, Paris, 1982.

LE TENNEUR (René) : *Les Normands et les origines du Canada français*, OCEP, 1973.

LEPETITBLOIS (Léon) : *La Batellerie d'autrefois*, Beuvry, 1962.

LETONNELIER (G.) : *L'Émigration des Savoyards*, Grenoble, 1921.

LÉVY (Paul) : *Les Noms des Israélites en France, Histoire et dictionnaire*, P.U.F., 1960.

LHEUREUX (Jean-Charles) : *Les Olle-Lacour et la Saga des colporteurs d'Ardiège en Comminges*, Nîmes, 1991.

LOSSOUARN (Olivier Vincent) : *Les Bretons dans le monde*, Jean-Didier, 1969.

LUTTEN (L.P.) : *Castroville, Texas, une extraordinaire aventure alsacienne en Amérique*, Bueb et Reumaux, 1986.

MAGDELEINE (M.) et THADDEN (R. von) : *Le Refuge huguenot*, Armand-Colin, 1985.

MAIRE (Camille) : *Lettres d'Amérique*, Éditions Serpenoises, 1992.

MAISTRE (Chantal et Gilbert) et HEITZ (Georges) : *Colporteurs et marchands savoyards dans l'Europe des XVIIe et XVIIIe siècles*, Académie Salésienne, 1992.

MARSEILLE (Jacques) : *Le Temps des chemins de fer en France*, Nathan, 1986.

MARTIN-FRUGIER (Anne) : *La Domesticité féminine en 1900, la place des bonnes*, Paris, 1985.

MARTINET (Jean-Claude) : *Clamecy et ses flotteurs, de la monarchie de Juillet à l'insurrection des « Marianne », 1830-1851*, Delayance, 1980.

MARTINI (Marien) : *Les Corses dans l'expansion française*, Les Myrtes, 1953.

MAURON (Marie) : *La Transhumance du pays d'Arles aux grandes Alpes*, Perrin, 1959.

MERCIER (Louis-Sébastien) : *Le Tableau de Paris*, « Découvertes », François Maspéro, 1979.

MICHEL-CHICH (Danielle) : *Les Pieds-Noirs aujourd'hui*, Calmann-Lévy, 1990.

MILLOT (Geneviève) : *A la conquête des cœurs et des boisselées, Un maçon de la Marche sur la terre berrichonne (1734-1810)*, Bourges, 1981.

MILLOT (Geneviève) : *Une mobilité d'autrefois, La migration des maçons de la Creuse dans le centre de la France*, Cercle généalogique du Haut-Berry, 1988.

MOULIN (Marie-Anne) : *Les Maçons de la Haute-Marche au XVIIIe siècle*, Institut d'Études du Massif central, 1986.

NADAUD (Martin) : *Léonard, maçon de la Creuse*, Maspéro, 1977.

NOIRIEL (N.) : *Le Creuset français, histoire de l'immigration, XIXe-XXe siècle*, Le Seuil, 1988.

PERCHENET (Annie) : *Histoire des juifs de France*, Le Cerf, 1988.

PINOT (Robert) : *Paysans et horlogers jurassiens*, Éditions Grounoauer, 1979.

POITRINEAU (Abel) : *Ils travaillaient La France, Métiers et mentalités du XVIe au XIXe siècle*, Armand-Colin, 1992.

POITRINEAU (Abel) : *Les Espagnols de l'Auvergne et du Limousin du XVIIe au XIXe siècle*, Malroux Mazel, Aurillac, 1985.

POITRINEAU (Abel) : *Remues d'hommes, les migrations montagnardes en France, XVIIe-XVIIIe siècles*, Aubier, 1983.

PONTY (Janine) : *Polonais méconnus, Histoire des travailleurs immigrés en France dans l'entre-deux-guerres*, Publications de la Sorbonne, 1988.

PRIVAL (Marc) : *Les Migrants de travail d'Auvergne et du Limousin au XXe siècle*, Institut d'Études du Massif central, 1979.

PROAL (Maurice) et CHARPENEL (Pierre-Martin) : *L'Empire des Barcelonnettes au Mexique*, Éditions Jeanne Laffitte, 1986.

RAISON-JOURDE (Françoise) : *La Colonie auvergnate de Paris au XIXe siècle*, Paris, 1976.

RAMBAUD (Placide) et VINCIENNE (Monique) : *Les Transformations d'une société rurale, la Maurienne, 1561-1960*, Armand-Colin, 1964.

RAYNAL (François Paul) : *Les Auvergnats de Paris*, Éditions Internationales, 1946.

RENAULT (Noëlle) : *Nourrices du Morvan*, Éditions Nourrices du Morvan, 1995.

REYNIER (Élie) : *Le Pays du Vivarais*, Valence, 1934.
RIPA (Robert) : *Les Étrangers des maisons basses*, Jeanne Lafitte, 1977.
ROUILLON (Pierre) : *Le Commissaire-priseur et l'Hôtel des Ventes*, Toulouse, 1928.
SÉDILLOT (René) : *La Grande aventure des Corses*, Fayard, 1969.
SOULET (Jean-François) : *La Vie quotidienne dans les Pyrénées sous l'Ancien Régime*, Hachette, 1974.
STREBLER (Joseph) : *Alsaciens au Texas*, Éditions Culture Alsacienne, 1975.
SUZA (Linda de) : *La Valise en carton*, Carrère-Lafon, 1984.
TOSCAN (Raoul) : *L'Épopée des Mariniers de la Loire*, Delayance, 1938.
TOUSSAINT (Jean) : *L'Émigration corse dans la colonisation française*, Montpellier, 1951.
TROLLIET (Pierre) : *La Diaspora chinoise*, « Que sais-je ? » P.U.F., 1994.
VAUX DE FOLETIER (François de) : *Mille ans d'histoire des tsiganes*, Fayard, 1970.
VERNUS (Michel) : *La Vie comtoise au temps de l'Ancien Régime,* tome 1, Marque-Maillard, 1983.
VIALLET (Hélène) : *Les Anciennes migrations savoyardes*, Archives départementales de la Haute-Savoie, 1994.
VINCENOT (Henri) : *La Vie quotidienne dans les chemins de fer français au XIXe siècle*, Hachette, 1975.
WAHL (Alfred) : *L'Option et l'émigration des Alsaciens-Lorrains, 1871-1872*, Association des Publications de l'Université de Strasbourg, 1971.
YARDENI (Myriam) : *Le Refuge protestant*, P.U.F., 1985.

Ouvrages collectifs

ALBERT (Marlène), CABROL (André) et PINIÈS (J.P.) : *Bergers et troupeaux en Languedoc et Catalogne*, Garae, 1985.
DUBY (Georges) : *Histoire de la France rurale,* tomes 2 et 3, Le Seuil, 1976.
DUPAQUIER (Jacques) : *Histoire de la population française,* tomes 2 et 3, P.U.F., 1988.
GARDEN (Maurice), POUSSOU (Jean-Pierre), PÉROUAS (L.), ROSTAN (M.) et MOULIN (Marie-Anne) : *Entre faim et loup, les problèmes de la vie et de l'émigration sur les hautes terres françaises au XVIIIe siècle*, Clermont-Ferrand, 1977.
GAUTIER (Jean-Maurice) et HADJADJ (Dany), *Pays de Thiers, le regard et la mémoire*, par l'Institut d'Études du Massif central, Université Blaise Pascal, Clermont-Ferrand (Chapitre 21, Les Colporteurs de la montagne Thiernoise au XIXe siècle).
Le Migrant, Colloque d'Aurillac 1985, Aurillac, 1986, dont : Le Rôle des réseaux de solidarité et d'exploitation dans la migration des maçons marchois au XVIIIe siècle, par Marie-Anne Moulin; Des Migrants considérés comme otages idéologiques, par Abel Poitrineau; L'Auvergnat de Madrid et la littérature espagnole, par Rose Duroux; Les Attitudes poli-

tiques des Auvergnats de Paris sous la IIIe République, par Roger Girard; Un Siècle de migration auvergnate au Pays basque, par Marc Prival; Pierre Prion, migrant du Rouergue (1687-1759), par Emmanuel Le Roy-Ladurie et Oreste Ranum; Groupe d'immigrants ou minorité religieuse? Les juifs à Paris au XVIIIe siècle, par André Burguière; Des Marches au Pays-Haut : la première migration italienne vers le bassin sidérurgique lorrain, par Laurence Joignon; L'Identité des invisibles, un million de Portugais en France, par Michel Oriol; Nous sommes tous des migrants, rapport de synthèse, par Claude Grimmer.

Les Français des États-Unis, Université Montpellier III, Montpellier, 1994, dont : La Présence française dans le « pays d'En-Haut », par Cornelius J. Jaenen; Espace et société en Amérique coloniale française dans le contexte comparatif du Nouveau Monde, par Joseph Zitomersky; Des Français et des Indiens en Amérique du Nord, par Danièle Vazeilles; Les Relations entre la Nouvelle-France et les colonies anglaises. Temps de guerre, temps de paix, par W.J. Eccles; Destinées d'Acadiens : 1755-1785. Trente ans d'épreuves et d'errance pour de futurs citoyens des États-Unis, par Jean Tarrade; Les Traces des Huguenots émigrés aux États-Unis, par Michel Peronnet; Naissance et renaissance de la société acadienne louisianaise, par Carl A. Brasseaux; Le Fait français en Louisiane (1699-1989), par Mathé Allain.

Les mariniers de Touraine : histoire et généalogie, Catalogue édité par le Cercle généalogique de Touraine à l'occasion de l'exposition réalisée au château de Tours en 1992.

Saint-Mammès, terre de mariniers, Musée départemental des Pays de Seine-et-Marne, 1994.

Articles de revues et périodiques

ANTONETTI (Pierre) : Les Corses à Marseille au XVIe siècle, in *Études d'Histoire provençale*, Orphys, 1974.

ARNOULT (Annie) : La Grande aventure des scieurs de long, in *Revue française de Généalogie*, n° 103, 1996.

BAULNY (Olivier) : Vues sur l'émigration des Pyrénéens au Rio de la Plata au XVIIIe siècle, in *Pyrénées*, 1970.

BAULNY (Olivier) : L'Émigration des Pyrénéens vers l'Espagne et les Indes de Castille au XVIIIe siècle, Arudy, 1972.

BERTE-LANGEREAU (Philippe) : Les Galvachers du Morvan, in *Revue française de Généalogie*, n° 107, 1996.

BESSON (Élisabeth) : Les Colporteurs de l'Oisans au XIXe siècle : témoignage et documents, in *Le Monde alpin et rhodanien, 1975.*

BRUCHET (Max) : Émigration des Savoyards originaires du Faucigny, in *Bulletin d'Histoire et de Philologie*, Paris, 1897.

CHAMARAT (Jocelyne) et REINHAREZ (Claudine) : Le Ramoneur, in *Généalogie-Magazine*, n° 31, 1985.

Chamarat (Jocelyne) et Reinharez (Claudine) : Les Maçons, in *Généalogie-Magazine*, n° 17, 1984.

Charles (A.) : Émigration basco-béarnaise sous la monarchie de Juillet et le Second Empire, in *Annales du Midi*, janvier 1962.

Chatelain (Abel) : L'Émigration temporaire des peigneurs de chanvre, in *Études Rhodaniennes*, 1949.

Chevalier (Louis) : La Formation de la population parisienne au xixe siècle, in *I.N.E.D., Travaux et Documents*, cahier n° 10, P.U.F., 1950.

Colonna (Jean-Noël) : Les Corses d'ailleurs, in *Kyrn*, n° 84, mars 1978.

Corvisier (André) : Les Hommes de troupes d'ancien régime : nos ancêtres ? in *Généalogie-Magazine*, n° 36, 1986.

Cosnay (Chantal) : Histoire de la famille, in *Revue française de Généalogie*, n° 100 à 107, 1995-1996.

Costemagne : Les Migrations dans le Comté de Nice au xviiie siècle, in *Actes de la Journée de Bandor*, 1973.

Documents sur les métiers du bois dans l'Ouest Roannais, *Cahiers du musée forèzien*.

Favre (Abbé) : Les Ramoneurs de Maurienne, Société d'Histoire et d'Archéologie de Maurienne, in *Études Rhodaniennes*, 1954, T. XI.

Gigot (Jean-Gabriel) : Des Flotteurs de bois sur la Marne aux « bragards » de Saint-Dizier, in *Histoire et traditions de Champagne*, Châlons, 1979.

Gondret (Abbé Jacques) : Mœurs et coutumes des habitants du Queyras au xixe siècle, in *Le Monde alpin et rhodanien*, 1953.

Lebeau (R.) : Deux anciens genre de vie opposés de la montagne jurassienne, in *Études Rhodaniennes*, XXVI, n° 4, 1951.

L'Émigration corse à Porto Rico, in *Revue d'Études corses*, n° 35, 1991.

Martini (Marien) : L'Émigration corse au Nouveau Monde, in *Bulletin de la Société des Sciences d'Histoire naturelle de la Corse*, n° 593.

Le Sueur (Bernard) : Le Pénichien, marinier du Nord, de 1850 à 1950, in *Le Chasse-Marée*, n° 32, novembre 1987.

Lettre du Québec, in *Généalogie-Magazine*, n° 15, 1984.

Massio (R.) : La Bigorre et Saint-Domingue au xviiie siècle, in *Annales*.

Milza (Pierre) : Mille ans d'immigration, les nouveaux Français, in *Généalogie-Magazine*, n° 51, 1987.

Mœurs et coutumes des habitants du Queyras au xixe siècle, in *Le Monde alpin et rhodanien*, 1973.

Mouvement de la population de la Corse de 1820 à 1953, in *Bulletin de la Société d'Histoire naturelle de la Corse*, n° 4, 1954.

Négroni (François de) : Le Drapeau corse au vent des Caraïbes, in *Kyrn*, n° 86, mai 1978.

Pasquier (Thierry du) : La Fuite des élites, in Généalogie-Magazine, n° 32, 1985.

Pinède (Christian) : Émigration dans le Sud-Ouest vers le milieu du xixe siècle, in *Annales du Midi*, 1957.

Pinède (Christian) : Une tentative d'émigration pyrénéenne organisée en République Argentine, in *Revue géographique des Pyrénées et du Sud-Ouest*, septembre 1957.

POITRINEAU (Abel) : Des migrants par milliers, in *Généalogie-Magazine*, n° 36, 1986.

POUSSOU (Jean-Pierre) : Les Départs des passagers pyrénéens par Bordeaux au XVIIIe siècle (1713-1787), in *Bulletin de la Société des Sciences, Lettres et Arts de Pau*, 1968.

RAVIS-GIORDANI (Georges) : Des cousins à la mode de Corse, in *Généalogie-Magazine*, n° 33, 1985.

TRANI (Nicolas) : Le Phénomène des migrations corses, in *Kyrn*, n° 40, mars 1974.

TUCCO-CHALA (Pierre) : L'Émigration béarnaise, in *Bulletin du Musée Bernadotte*, n° 16, déc. 1971.

VAUX DE FOLETIER (François de) : Les Familles tsiganes, in *Généalogie-Magazine*, n° 16, 1984.

WAHL (Alfred) : L'Alsace 1872 : la coupure, in *Généalogie-Magazine*, n° 34, 1985.

Table des matières

Impression réalisée sur CAMERON
par BRODARD ET TAUPIN
La Flèche
en juin 1997

Imprimé en France
Dépôt légal : juin 1997
N° d'édition : 97124 – N° d'impression : 1858S-5